Jacques Demeyère

Le Grand Eurêka !

Mon dictionnaire orthographique pour écrire tout seul

de boeck

SOMMAIRE

Page 3 : Code
Page 4 : Mode d'emploi
Page 5 : Noms propres : lieux et peuples
Pages 6 à 149 : Dictionnaire proprement dit
Page 151 : Guide orthographique usuel

Pages centrales bordeaux

1 : 176 mots usuels
2 et 3 : Répertoire « alphabétique » phonétique pour la recherche des mots
4 : Les nombres en lettres
5 à 8 : Sept règles pour nous simplifier l'orthographe

Recommandations orthographiques de 1990

Les mots à propos desquels une modification est « recommandée », que ce soit par *ajout*, par *suppression* ou par *changement*, figurent dans le Grand Eurêka, à côté de l'orthographe « ancienne ».

Ex. : des abat-jour(**s**),　　un ab**i**me,　　un nénu**f**ar
　　　　　　　　　　　un abîme　　un nénuphar

Pour toute information sur notre fonds, consultez notre site web : **www.deboeck.com**

© De Boeck Éducation, s.a., 2016　　　　　　　　　　　　　　　　　　7ᵉ édition
Fond Jean Pâques, 4 – 1348 Louvain-la-Neuve

Même si la loi autorise, moyennant le paiement de redevances (via la société Reprobel, créée à cet effet), la photocopie de courts extraits dans certains contextes bien déterminés, **il reste totalement interdit de reproduire**, sous quelque forme que ce soit, en tout ou en partie, **le présent ouvrage**. (Loi du 30 juin 1994 relative au droit d'auteur et aux droits voisins, modifiée par la loi du 3 avril 1995, parue au Moniteur du 27 juillet 1994 et mise à jour au 30 août 2000.)
La reprographie sauvage cause un préjudice grave aux auteurs et aux éditeurs.
Le «*photocopillage*» tue le livre !

Imprimé aux Pays-Bas

D. 2016/0074/036
ISBN 978-2-8041-9470-3

CODE

Le code phonétique employé – entre crochets [ ] – est **simple** et **accessible immédiatement**.
Il utilise — les « **voyelles** » (en minuscules imprimées)
— et les **consonnes** (en majuscules imprimées) de la langue française.

Ordre « alphabétique » phonétique

[a]	d**a**me, f**e**mme	[J]	**j**ardin, **ge**nou, a**gi**le, **gen**til,-...
[an]	mam**an**, v**en**t, ch**am**bre, t**em**pête, t**aon**	[L]	**l**avable
[B]	**b**o**b**ine	[M]	**m**a**m**an, som**m**e
[K]	ma**c**a**qu**e, é**qu**ipe, or**ch**estre, **k**épi, ...	[N]	ba**n**a**n**e, automn**e**, pa**n**ier, ...
[KS]	ta**x**e, a**cc**ident, a**ct**ion, ex**c**eption,-...	[GN]	ga**gn**er, ma**gn**ifique
[CH]	**ch**apeau, **sh**ort	[o]	vél**o**, s**o**l, p**au**vre, bur**eau**, **o**ignon, h**a**ll, ...
[D]	**d**ormir	[oi]	**oi**seau, b**oi**re, **wa**ters, ...
[e]	l**e**, t**e**nir	[oin]	l**oin**
[ǝ]	envelopp**e**, ils saut**ent**	[on]	coch**on**, col**om**be
[eu]	f**eu**, h**eu**reux, n**œu**d + comme en français-: m**eu**ble, v**eu**f, **œu**f, s**eu**l, j**eu**ne, p**eu**r, b**eu**rre, tee-sh**ir**t, c**œu**r, ...	[ou]	**ou**vrier, **aoû**t, gren**ou**ille, ...
		[P]	**p**a**p**ier, su**pp**lément
		[R]	**r**a**r**e, a**rr**êter, **rh**ume
[é]	**é**t**é**, **ai**m**er**, **e**ssence, ...	[S]	**s**alade, pen**s**er, **c**eri**s**e, **c**inéma, atten**t**ion, **sc**ier, ...
[è]	fid**è**le, m**er**, b**e**lle, n**ei**ge, l**ai**t, ...	[Ss]	a**ss**is, gla**c**e, a**c**ide a**ss**urer, a**sc**ension
[F]	**f**romage, **ph**oto		
[G]	**g**are, **g**orge, lu**g**ubre, **g**onfler, se**c**onde, ...	[T]	**t**ar**t**e, **th**ermomètre, ho**tt**e
[Gu]	**gu**enon, **gu**itare, ...	[u]	**u**sine
[GṄ]	dia**gn**ostic	[ü]	ai**gu**, ai**gu**ille
[GZ]	e**x**act, e**cz**éma	[ui]	h**ui**t
[i]	g**y**mnastique, t**ee**-shirt	[V]	**v**ache
[ien]	ch**ien**	[W.]	**w**aters, **w**eek-end, **oi**seau, **oua**te, **oui**
[in]	lap**in**, m**ain**, p**ein**ture, s**yn**dicat, a**gen**da, ...	[Y.]	vo**y**age, cu**ill**ère, grose**ill**e, pa**ill**e, mo**y**en, appu**y**er, ...
[un]	l**un**di, h**um**ble, à j**eun**	[Z]	**z**èbre, choi**s**ir

MODE D'EMPLOI

La recherche de mots se fait à partir de la « **phonétique** » (l'image auditive du mot). Pour trouver le mot « **pharmacien** » :

1. Ouvrir le dictionnaire au **répertoire phonétique** des **pages centrales bordeaux**.

2. Prononcer la **lettre initiale** du mot : **[F.]**.

3. Dans la catégorie des **[F.]** du **répertoire**, repérer la première syllabe... **[Fa.]** suivie du N° de la page ... 61.

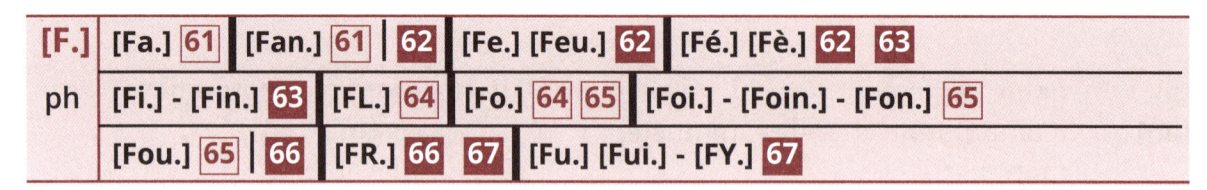

[F.]	[Fa.] 61	[Fan.] 61 | 62	[Fe.] [Feu.] 62	[Fé.] [Fè.] 62 | 63
ph	[Fi.] - [Fin.] 63	[FL.] 64	[Fo.] 64 | 65	[Foi.] - [Foin.] - [Fon.] 65
	[Fou.] 65 | 66	[FR.] 66 | 67	[Fu.] [Fui.] - [FY.] 67	

4. Appliquer le pouce sur la tranche du dictionnaire à la hauteur des pages 60-61 et ouvrir le dictionnaire à cette page.

5. Dans la rubrique [Fa.] rechercher [FaR.] puis [M.] ... un **pharmacien**.

NOTES : Si un mot n'est pas trouvé dans l'ouvrage, recourir à l'**analogie** et/ou au **guide orthographique usuel** (p. 151).

> *Ex. :* « affréter » • par analogie : les mots commençant par [aF.] s'écrivent le plus souvent **aff** (p. 9 - 1re col.)
>
> *Ex. :* « improductif » • dans le guide orthographique usuel : **M** devant **b, p, m** comme dans li**m**pide (p. 151 n° 24).

Les crochets •**[ ]** permettent de retrouver rapidement les mots dans les colonnes.

> *Ex. :* **1)** p. 7 - 1re col., [aK.] •[aKS] renvoie, parmi les [aK.], à la liste des •[aKS.] dans la 3e colonne.
>
> **2)** p. 21 - 1re col., renvoie, parmi les [BaN.] •[BaGN.] à •[ ] un bagnard / le bagne

---

REMARQUE IMPORTANTE
Les bandes grises sur chaque page sont destinées à être découpées pour mettre en évidence les onglets numérotés afin de faciliter le repérage des pages.

NOMS PROPRES : lieux et peuples*

[a.]
- [aF.] afghan.e - Afghanistan
- **africain.e** - Afrique
- [aL.] albanais.e - Albanie
- **algérien.ne** - Algérie
- **allemand.e** - Allemagne
- alpin.e - Alpes
- alsacien.ne - Alsace
- [aM.] **américain.e** - Amérique
- [aR.] **arabe** - Arabie
- argentin.e - Argentine
- arménien.ne - Arménie
- [aT.] atlantique
- [aZ.] **asiatique** - Asie

[an.]
- anglais.e - Angleterre
- antillais.e - Antilles

[B.]
- [Ba.] basque - (basquaise)
- [Bé.] béarnais.e - Béarn
- [Bè.] belge - Belgique
- [Bo.] bohémien.ne - Bohème
- bosniaque - Bosnie
- [Bou.] bourguignon.ne - Bourgogne
- [BRa.] brabançon.ne - Brabant
- [BRe.] breton.ne - Bretagne
- [BRé.] brésilien.ne - Brésil
- [BRi.] britannique
- [BRu.] bruxellois.e - Bruxelles
- [Bu.] bulgare - Bulgarie

[K.]
- [Ka.] **canadien.ne** - Canada
- catalan.e - Catalogne
- [Ké.] québécois.e - Québec
- [Ko.] caucasien.ne - Caucase
- [Kon.] congolais.e - Congo
- [KoR.] coréen.ne - Corée
- corse - Corse
- [KR.] croate - Croatie
- [Ku.] cubain.e - Cuba

[CH.]
- [CHan.] champenois.e - Champagne
- [CHi.] chilien.ne - Chili
- **chinois.e** - Chine
- chypriote - Chypre

[D.]
- [Da.] danois.e - Danemark
- [Do.] dauphinois.e - Dauphiné

[eu.]
- **européen.ne** - Europe

[é.] [è.]
- [éB.] hébreu
- [éJ.] égyptien.ne - Égypte
- [éK.] écossais.e - Écosse
- [èS.] **espagnol.e** - Espagne
- estonien.ne - Estonie
- [éT.] éthiopien.ne - Éthiopie

[F.]
- [Fin.] finlandais.e - Finlande
- [FLa.] flamand.e - Flandre
- [FRan.] **français.e** - France

[G.]
- [Ga.] gallois.e - Galles
- gascon.ne - Gascogne
- [Go.] gaulois.e - Gaule
- [GRè.] Grec.que - Grèce

[I.]
- [iR.] irakien.ne - Irak
- iranien.ne - Iran
- irlandais.e - Irlande
- [iS.] islandais.e - Islande
- israélien.ne - Israël
- [iT.] **italien.ne** - Italie

[in.]
- **indien.ne** - (Inde)
- indochinois.e - Indochine
- indonésien.ne - Indonésie
- hindou.e

[J.]
- [Ja.] jamaïcain.e - Jamaïque
- **japonais.e** - Japon
- javanais.e - Java
- [Jé.] géorgien.ne - Géorgie
- [Ji.] girondin.e - Gironde
- [Jo.] jordanien.ne - Jordanie
- [Jui.] juif (juive)

[L.]
- [La.] laotien.ne - Laos
- lapon.ne - Laponie
- [Lan.] landais.e - Landes
- [Li.] libanais.e - Liban
- liégeois.e - Liège
- limousin.e - Limoges
- lituanien.ne - Lituanie
- [Lo.] lorrain.e - Lorraine
- [Lu.] luxembourgeois.e - Luxembourg

[M.]
- [Ma.] malais.e - Malaisie
- malgache - Madagascar
- malien.ne - Mali
- **marocain.e** - Maroc
- marseillais.e - Marseille
- martien.ne - Mars
- [Mé.] méditerranéen.ne - Méditerranée
- [Mè.] mexicain.e - Mexique
- [Mon.] mongol.e - Mongolie
- [MoR.] maure

[N.]
- [Na.] napolitain.e - Naples
- [Né.] néerlandais.e
- [Ni.] nigérian.e - Nigéria
- nigérien.ne - Niger
- [No.] **nord-africain.e**
- nord-américain.e
- nordique
- normand.e - Normandie
- norvégien.ne - Norvège

[o.]
- [oKS.] occidental.e - Occident
- [oL.] hollandais.e - Hollande
- [oR.] oriental.e - Orient
- [oS.] australien.ne - Australie

- [oT.] autrichien.ne - Autriche
- [oV.] auvergnat.e - Auvergne

[oi.]
- wallon.ne - Wallonie

[on.]
- hongrois.e - Hongrie

[P.]
- [Pa.] pakistanais.e - Pakistan
- palestinien.ne - Palestine
- parisien.ne - Paris
- [Pé.] péruvien.ne - Pérou
- [Pi.] picard.e - Picardie
- pyrénéen.ne - Pyrénées
- [Po.] polynésien.ne - Polynésie
- polonais.e - Pologne
- portugais.e - Portugal
- [PR.] provençal.e - Provence

[R.]
- [Ro.] **romain.e** - Rome
- [Rou.] roumain.e - Roumanie
- [Ru.] **russe** - Russie

[S.]
- [Sa.] savoyard.e - Savoie
- [SK.] scandinave - Scandinavie
- [Sé.] sénégalais.e - Sénégal
- [Sè.] serbe - Serbie
- [Si.] siamois.e - Siam
- sibérien.ne - Sibérie
- syrien.ne - Syrie
- sicilien.ne - Sicile
- [SL.] slovaque - Slovaquie
- slovène - Slovénie
- [So.] soviétique
- [Sou.] soudanais.e - Soudan
- [Su.] sud-africain.e
- sud-américain.e
- suédois.e - Suède
- **suisse** - Suisse

[T.]
- [Ta.] thaïlandais.e - Thaïlande
- [TCH.] tchèque
- [Ti.] tibétain.e - Tibet
- tyrolien.ne - Tyrol
- [Tu.] tunisien.ne - Tunisie
- turc (turque) - Turquie

[u.]
- ukrainien.ne - Ukraine

[V.]
- [Vé.] vénitien.ne - Venise
- [Vi.] vietnamien.ne - Viêt-Nam

[W.]
- wallon.ne - Wallonie

[Y.]
- yankee [YanKi]
- yougoslave - Yougoslavie

[Z.]
- zaïrois.e - Zaïre

---

* **peuples :** adjectif : pas de majuscule (ex. : être africain.e)
  nom : majuscule (ex. : un.e **A**fricain.e)

[a]

	il/elle/on	**a**
	il/elle/on	a *acheté*
		à
		(à *la maison*)
		(à *4 heures*)
		(à *vélo*)
	tu	**as**

[aB.]

[aBa.]

[-]	il/on	abat
	les	abats (= tripes)
[J.]	un	abat-jour
	des	abat-jour(s)
[T.]	un	abattage
	un/en	abattant
	l'	abattement
	des	abattis
	un	abattoir
	(s')	**abattre**
	être	abattu.e
	j'ai	abattu (= *abattre*)
	il/elle	a battu (= *battre*)
[Z.]	être	abasourdi.e
		abasourdir
		abasourdissant.e
	un	abasourdissement

[aBan.]

	un/à l'	abandon
	être	abandonné.e
		abandonner

[aBD.]

	une	abdication
		abdiquer
	l'/un	abdomen
		abdominal.e
	(les)	abdominaux

[aBé.][aBè.]

[-]	un	abbé
[i.]	une	abbaye
[R.]		aberrant.e
	une	aberration
[S.]	j'ai	abaissé (= *abaisser*)
	il/elle	a baissé (= *baisser*)
	(s')	abaisser
	un	abc
[T.]		abêti.r
		abêtissant.e
	un	abêtissement
[Y.]	une	**abeille**

[aBi.]

[-]	un	habit
	les	**habits**
[L.]		habile.ment
	l'	habileté
	être	habilité.e
[M.]	un	**abîme** ou abime
	être	**abîmé.e** ou **abimé.e**
	(s')	**abîmer** ou **abimer**
[S.]	les	abysses
[T.]		habitable
	un	habitacle
	un.e	**habitant.e**
	un	habitat
	une	**habitation**
	il	**habite**
	être	habité.e
	je vais	**habiter**
	une/l'	**habitude**
	être	**habitué.e**
		habituel.le.ment
	(s')	habituer
[Y.]	un/l'	habillage
	être	**habillé.e**
	un	habillement
	(s')	**habiller**

[aBJ.]

| | | abject.e |
| | | abjurer |

[aBL.]

	une/l'	ablation
	une	ablette
	des	ablutions

[aBN.]

| | l' | abnégation |

[aBo.]

[L.]	être	aboli.e
		abolir
	l'	abolition
[M.]		**abominable.ment**
[N.]	être	abonné.e
	un	abonnement
	(s')	abonner
[R.]	un/l'/d'	abord
		abordable
	l'	abordage
		aborder
	les	abords

[aBoi.]

	il	aboie
	un	aboiement
	aux	abois
		aboyer

[aBon.]

		abondamment
	l'	abondance
		abondant.e
		abonder

[aBou.]

| | | abouti.r |
| | l' | aboutissement |

[aBR.]

[a.]		abracadabrant.e
		abrasif, -ive
[e.]	s'	abreuver
	un	abreuvoir
[é.]	un	abrégé
		abréger
	une	abréviation
[i.]	un	**abri**
	un	abribus
	un	abricot.ier
	être	abrité.e
	(s')	abriter
[o.]		abroger
[u.]		abrupt.e
	être	abruti.e
		abrutir
		abrutissant.e
	un	abrutissement

[aBS.]

[an.]	une	absence
	(un.e)	**absent.e**
	(s')	absenter
[è.]	un	abcès
[i.]	une	abscisse
[o.]		absolu.e
		absolument
		absorbant.e
		absorber
	l'	absorption
[ou.]		absoudre
[T.]	s'	abstenir
	une	abstention
	il/elle s'est	abstenu.e
	une	abstraction
		abstrait.e
[u.]		absurde
	une	absurdité

[aBu.]

	un	**abus**
		abuser
		abusif
		abusive.ment

[aK.] •[aKS]

[aKa.]

[B.]	un	acabit
		accablant.e
	être	accablé.e
	un	accablement
		accabler
[D.]	une	académie
	(un.e)	académicien.ne
		académique
[J.]	l'	acajou
[L.]	une	accalmie
[P.]	un	accaparement
		accaparer
		accapareur, -euse
[R.]		acariâtre
[S.]	un	acacia

[aKan.]

à quand ?

[aKe.][aKeu.]

	un	accueil
		accueillant.e
	être	**accueilli.e**
		accueillir
	un	aqueduc
		aqueux, -euse

[aKé.]

| | un | acquéreur |
| | | acquérir |

[aKi.]

[-]	il est	acquis
	pour	acquit
		à qui ?
[è.]		acquiescer
		à qui est-ce ?
[T.]	être	acquitté.e
	un	acquittement
	s'	acquitter
	il/elle	**a quitté**
[Z.]	elle est	acquise
	une	acquisition

[aKL.]

	des	acclamations
		acclamer
	l'	acclimatation
		acclimater

[aKN.]

de l'/une acné

[aKo.]

[L.]	des	accolades
	une	accolade
	être	accolé.e
	un	acolyte
[M.]		accommodant.e
	un	accommodement
		accommoder
[R.]	un	accord
	un	accordéon
	un.e	accordéoniste
	(s')	accorder
[S.]		accoster
[T.]	un	accotement
		à côté (de)
	un	à-côté
[Z.]		**à cause (de)**

[aKoi.]

	une	aquarelle
	un	aquarium
		aquatique
		à quoi... ?
		(à quoi ça sert ?)
		(à quoi on joue ?)

[aKoin.]

des accointances

[aKon.]

	un.e	accompagnateur, -trice
	être	accompagné.e
	un	accompagnement
	je vais	**accompagner**
		accompli.r
	un	accomplissement
	un	acompte

[aKou.]

[-]	un	à-coup
[CH.]	un	accouchement
	elle va	accoucher
[D.]	(s')	accouder
	un	accoudoir
[P.]	un	accouplement
	(s')	accoupler
[R.]		accourir
		accouru
[S.]	(l')	acoustique
[T.]	être	accoutré.e
	un	accoutrement
	(s')	accoutrer
	l'	accoutumance
	à l'	accoutumée
	s'	accoutumer

[aKR.]

[e.]		âcre.té
[é.]		accréditer
[i.]		acrylique
[o.]	un	accroc
	un	accrochage
	(s')	**accrocher**
	un(e)	**acrobate**
	une	acrobatie
		acrobatique
[oi.]	un	accroissement
	(s')	accroître ou accroitre
[ou.]	être	accroupi.e
	s'	accroupir

•[aKS.]

[an.]	un	accent
		accentuer
[e.]	un	axe
[é.][è.]		accéder
	un	accélérateur
	une	accélération
		accélérer
		acceptable
		accepter
	un	accès
		accessible
	une	accession
	un	accessoire
[i.]	un	**accident**
	être	accidenté.e
		accidentel.le.ment
	une	**action**
	un.e	actionnaire
		actionner

[aKT.]

[e.]	un	**acte**
	un	**acteur**
[é.]		acter
[i.]		actif, -ive.ment
		activer
	une	**activité**
[R.]	une	**actrice**
[u.]	l'	actualité
	il est	**actuel**
		actuelle.ment

[aKu.]

[-]	des	accus
[M.]	une	accumulation
		accumuler
[Z.]	un.e	accusateur, -trice
	une	accusation
		accuser

[aCH.]

[a.]	être	achalandé.e
	être	acharné.e
	un	acharnement
	s'	acharner
	un	achat
[é.][e.]		acheminer
		acheter
	un.e	acheteur, -euse
		achever
	une	hache
[é.][e.]	j'/il/elle	achète
	il/elle	achève
	un	achèvement
	c'est/du	haché
		hacher
	une	hachette
[i.]	du	hachis
[o.]		achopper
[oi.]	un	hachoir
[u.]		hachurer
	des	hachures

[aD.]

[aDa.]

	un	adagio
	l'	adaptation
	(s')	adapter

[aDé.][aDè.]

[K.]		adéquat.e
[P.]	un.e	adepte
[R.]	une/l'	adhérence
	(un.e)	adhérent.e
		adhérer
[Z.]		adhésif, -ive
	une	adhésion

[aDi.]

	une	addition
		additionner
	(un)	**adieu**
	les	adieux

[aDJ.]

		adjacent.e
		adjectif, -ive
	(un.e)	adjoint.e
	un	adjudant
		adjuger
		adjurer

[aDM.]

[è.]		admettre
[i.]	un.e	administrateur, -trice
		administratif, -ive.ment
	l'	administration
	(un.e)	administré.e
		administrer
		admirable.ment
	un.e	admirateur, -trice
		admiratif, -ive
	l'	admiration
		admirer
		admissible
	une	admission

[aDo.]

[L.]	l'	adolescence
	un.e	adolescent.e
[N.]	s'	adonner
[P.]		adopter
		adoptif, -ive
	l'	adoption
[R.]		adorable.ment
	l'	adoration
	un.e	adorateur, -trice
		adorer
[S.]	être	adossé.e
	(s')	adosser

[aDou.]

	être	adouci.e
		adoucir
		adoucissant.e
	l'	adoucissement

[aDR.]

[è.]	une	**adresse**
	(s')	adresser
[oi.]	être	**adroit** (= habile)
	être	**adroite** (= habile)
		à droite (pas à gauche)
		adroitement

[aDu.]

	(un.e)	**adulte**
	un/l'	adultère

[aDV.]

		advenir
	un	adverbe
	un.e	**adversaire**
		adverse
	l'	adversité
	quoi qu'il	advienne
	il	advient

[aé.][aè.]

[R.]	l'	aération
	être	aéré.e
		aérer
		aérien.ne
	un	aérodrome
		aérodynamique
	une	aérogare
	un	aéroglisseur
	un/une	aéronaute
	l'	aéronautique
	un	aéroplane
	un	aéroport
	un	aérosol
		aérospatial.e, -aux
	un	aérotrain
[T.]	il/elle/on	**a été**
	tu	as été

[aF.]

[aFa.]

		affable
	(s')	affaler
	être	affamé.e
		affamer *quelqu'un*

[aFé.][aFè.]

[-]	il/elle/on	**a fait**
[B.]	être	affaibli.e
		affaiblir
[K.]	une	affectation
	être	affecté.e
		affectif, -ive.ment
	l'	affection
		affectueux, -euse.ment
[R.]	une	**affaire**
	être	affairé.e
		affermi.r
[S.]	un	affaissement
	(s')	affaisser
[T.]	qu'il/elle	a faite (l'erreur)

[aFi.]

[CH.]	un	affichage
	une	affiche
	(s')	afficher
[L.]	d'	affilée
	s'	affilier
[N.]	une	affinité
[R.]		affirmatif, -ive.ment
	une	affirmation
	(s')	affirmer

[aFin.]

	il/elle/on	a faim
		afin (de) (que)

[aFL.]

[e.]		affleurer
	être	à fleur de
[i.]	une/l'	affliction
		affligeant.e
	être	affligé.e
[u.]	l'/une	affluence
	un	affluent
		affluer
	un	afflux

[aFo.]

[L.]		affolant.e
	être	affolé.e
	l'	affolement
	(s')	affoler
[N.]	être	aphone

[aFon.]

		à fond

[aFR.]

[an.]	être	affranchi.e
	un	affranchissement
[eu.]		affreux, -euse.ment
[on.]	un	affront
	un	affrontement
		affronter

[aFT.]

	un	aphte

[aFu.]

	être	affublé.e
	un/à l'	affût ou affut
		affûter ou affuter

[aG.]

[aGa.]

[R.]		hagard.e
[S.]		agaçant.e
	être	agacé.e
	un	agacement
		agacer
[T.]	une	agate
[V.]	un	agave

[aGuè.]

	(s')	aguerrir
	aux	aguets

[aGui.]

		aguichant.e
		aguicher

[aGL.]

	une	agglomération
	(de l')	aggloméré
	(s')	agglomérer
	(s')	agglutiner

[aGo.]

	une	agonie
		agonisant.e
		agoniser

[aGR.]

[a.]	une	agrafe
		agrafer
	une	agrafeuse
		aggravant.e
	une	aggravation
	(s')	aggraver
[an.]	être	agrandi.e
	(s')	agrandir
	un	agrandissement
[é.][è.]		agraire
		agréable.ment
		agréer
	une	agrégation
	un.e	agrégé.e
		agrément.er
	les	agrès
	être	agressé.e
		agresser
	(un)	agresseur
		agressif, -ive
	une	agression
		agressive.ment
	l'	agressivité
[i.]		agricole
	un.e	agriculteur, -trice
	l'	agriculture
	(s')	agripper
[o.]	un.e	agronome
	l'	agronomie
		agronomique
[u.]	les	agrumes

[aï.]

		aïe ! (j'ai mal)
	un.e	aïeul.e
	les	aïeux
	de l'	**ail**
		ailleurs
	être	haï.e
	des/en	haillons
		haïr
		haïssable
	un	hayon (de voiture)

[aJ.]

[aJan.]

	une	agence
	un	agencement
	être	agencé.e
		agencer
	un	**agent**
	un	**agent** de police
	une	agente

[aJe.][aJé.]

	l'	**âge**
	être	âgé.e
	être	agenouillé.e
	(s')	agenouiller
		à genoux

[aJi.]

[-]	il/elle a	agi
	il/elle	agit
[L.]		agile
		agilement
	l'	agilité
[o.]	des	agios
[R.]		**agir**
[S.]		agissant.e
	les	agissements
[T.]	un.e	agitateur, -trice
	l'	agitation
	être	agité.e
	(s')	**agiter**

[aJin.][aJun].

	un	agenda
	être	à jeun

[aJon.]

	un	ajonc

[aJou.]

	être	ajouré.e
	être	ajourné.e
	un	ajournement
		ajourner
	un	ajout
		ajouter

[aJu.]

	un	ajustement
		ajuster
	un	ajusteur

[aL.]

[aLa.]

	à la…
	alarmant.e
une	alarme
être	alarmé.e
	à l'armée *(militaire)*
(s')	alarmer
le	halage

[aLan.]

un	alambic
	alambiqué.e
	alangui.r
(les/aux)	alentours
(en)	allant

[aLB.]

un	albatros
un	**album**
de l'	albumine
une	hallebarde

[aLK.]

l'	**alcool**
	alcoolique
être	alcoolisé.e
l'	alcoolisme
un	alcootest ou alcotest

[aLCH.]

un	alchimiste

[aLe.][aLè.]

un	alevin
	haletant.e
	haleter
une	halle
une	hallebarde
les	halles *(= marché)*

[aLé.][aLè.]

[-]	ils/elles	allaient
	je/tu	allais
	il/elle	allait
	une	allée
	il/elle est	**allé.e**
	je vais	**aller**
	être	hâlé.e *(= bruni.e)*
		haler *(= tirer)*
[a.]		aléatoire
[KS.]	un	alexandrin
[CH.]		alléchant.e
		allécher

[é.]	des	allées et venues
[G.]		allègre.ment
	l'	allégresse
[J.]		alléger
[N.]	l'	**haleine**
[R.]	une	alerte
	être	alerté.e
		alerter
	une	allergie
		allergique
[T.]	un	allaitement
		allaiter
[Z.]	une	alèse

[aLF.]

l'	**alphabet**
	alphabétique
l'	alphabétisation

[aLG.]

une	algue

[aLi.]

[a.]	un	alliage
[an.]	une	alliance
[B.]	un	alibi
[é.]	un.e	aliéné.e
	être	allié.e
	(s')	allier
[G.]	un	alligator
[M.]	un	aliment
		alimentaire
	l'	alimentation
	(s')	alimenter
[GN.]	être	aligné.e
[N.]	un	alignement
	(s')	aligner
	un	alinéa
[T.]	être	alité.e

[aLJ.]

l'	algèbre

[aLM.]

un	almanach

[aLo.]

	allô !
une	allocation
une	allocution
l'	allopathie
	alors
un	halo
lampe	halogène

[aLon.]

être	allongé.e
un	allongement
(s')	**allonger**
nous	**allons**
	allons-y

[aLou.]

	allouer
une	alouette
être	alourdi.e
(s')	alourdir

[aLP.]

un	alpage
les	Alpes
	alpestre
	alpin.e
l'	alpinisme
un.e	alpiniste

[aLT.]

[é.]	une	halte
[é.]	une	altération
[è.]	une	altercation
	être	altéré.e
	l'	alternance
		alternatif, -ive.ment
		alterner
	(une)	altesse
	un	haltère
	l'	haltérophilie
[i.]		altier, -ière
	l'	altitude
[o.]	un	alto
[R.]	l'	altruisme
		altruiste

[aLu.]

[M.]	un	allumage
	être	allumé.e
		allumer
	une	**allumette**
	un.e	allumeur, -euse
	l'	**aluminium**
[N.]		alunir
	l'	alunissage
[R.]	l'/une	allure
[S.]		hallucinant.e
	une	hallucination
[V.]	des	alluvions
[Z.]	une	allusion

[aLV.]

un	alevin
un/une	alvéole

[aM.]

[aMa.]

[-]	un	amas
[B.]	l'/une	amabilité
[K.]	un	hamac
[D.]		amadouer
[L.]		amalgame.r
[N.]	une	amanite
[R.]	une	amarre
	(s')	amarrer
[S.]	(s')	amasser
[T.]	(un)	amateur

[aMan.]

	une	amande (= fruit)
	un	amandier
	un.e	amant.e
	une	amende (= punition)

[aMe.][aMeu.]

	une/l'	âme
		amener
		amenuiser
	l'	ameublement
		ameubli.r
		ameuter
	un	hameçon

[aMé.][aMè.]

[G.]	être	amaigri.e
		amaigrir
		amaigrissant.e
	un	amaigrissement
[L.]	une	amélioration
		améliorer
[N.]	un	aménagement
		aménager
	il/elle	amène
[R.]	c'est	amer
	elle est	amère
		amèrement
		amerrir
	un	amerrissage
	l'	amertume
[T.]	une	améthyste

[aMi.]

[-]	(un)	ami
	(une)	amie
[a.]	à l'	amiable
[an.]	l'	amiante

[K.]	être	amical.e, -aux
	(une)	amicale
		amicalement
[D.]		amidon.ner
	les	amygdales
[R.]	(un)	amiral
	des	amiraux
[T.]	l'	**amitié**

[aMin.]

| | | amincir |
| | | amincissant.e |

[aMN.]

	l'	amnésie
		amnésique
	une	amnistie

[aMo.]

[-]	un	hameau
[CH.]		amocher
[L.]		amolli.r
[N.]	de l'	ammoniaque
[R.]		amorce.r
		amorphe
		amorti.r
	un	amortissement
	un	amortisseur
[V.]		amovible

[aMoin.]

| | | amoindri.e |

[aMon.]

	(s')	amonceler
	un	amoncellement ou
		amoncèlement
	en/l'	amont

[aMou.]

	l'	**amour**
		amoureuse.ment
		amoureux
	l'	amour-propre

[aMS.]

| | un | hameçon |
| | un | hamster |

[aMu.]

		amusant.e
	je m'	amuse
	je me suis	amusé.e
	un	amuse-gueule
	un	amusement
	(s')	**amuser**

[aN.] •[aGN.]

[aNa.]

[K.]		anachronique
	un	anaconda
[G.]	un	anagramme
[L.]	une	analogie
		analogue
		analphabète
	une/l'	analyse
		analyser
	des	annales
[N.]	un	ananas
[R.]	l'	anarchie
		anarchique
[T.]	l'	anatomie

[aNâ.]

| | un.e | **âne**.rie |
| | un | hanneton |

[aNé.][aNè.]

[-]	une	**année**
[an.]	être	anéanti.e
		anéantir
	un	anéantissement
[K.]	une	anecdote
		anecdotique
[KS.]		annexe.r
	une	annexion
[M.]	une	anémie
		anémique
	une	anémone
[S.]	une	ânesse
	l'/une	anesthésie
	un.e	anesthésiste

[aNi.]

[-]	de l'	anis
[K.]	une	anicroche
[i.]		annihiler
[M.]	un	**animal**
	un.e	animateur, -trice
	une	animation
	des	**animaux**
	être	**animé.e**
	(s')	animer
	l'	animosité
[S.]	de l'	anis
[V.]	un	**anniversaire**

•[aGN.]

| | un | **agneau** |
| | des | agneaux |

[aNo.]

[-]	un/(des)	**anneau(x)**
[B.]		anobli.r
[D.]		anodin.e
[M.]	une	anomalie
[N.]		ânonner
	l'	anonymat
		anonyme
[R.]	un	anorak
		anormal.e, -aux
[T.]	une	annotation
		annoter

[aNon.]

	un	ânon
	une	annonce
		annoncer

[aNT.]

	un	hanneton

[aNu.]

[è.]	un	annuaire
		annuel.le.ment
[L.]	un/l'	annulaire
	une	annulation
	être	annulé.e
	(s')	annuler

[aP.]

[aPa.]

[-]	un	appât
[R.]	un	aparté
	l'	apartheid
	j'/tu	apparais
	il/elle	apparaît ou apparait
		apparaître ou apparaitre
	un	**appareil**
	un	appareillage
		appareiller
		apparemment
	l'/une	apparence
		apparent.e
	être	apparenté.e
	une	apparition
	un	**appartement**
	l'	appartenance
		appartenir
	cela	appartient
[T.]		apathique
		apatride
		appâter

[aPan.]

	un	appentis

[aPe.][aPeu.]

[P.]		**à peu près**
[R.]	être	apeuré.e
[Z.]	l'	apesanteur
	s'	apesantir

[aPé.][aPè.]

[-]		happer
[L.]	un	appel
	une	appellation
	il/elle	**appelle**
[N.]		à peine
[R.]		apercevoir
	j'/tu	aperçois
	il/elle	aperçoit
	ils/elles	aperçoivent
	il/elle a	aperçu
	un	aperçu
	(un)	apéritif
[T.]		appétissant.e
	l'	appétit
[Z.]		apaisant.e
	un	apaisement
	être	apaisé.e
	(s')	apaiser

[aPi.]

[K.]	(un)	à-pic
	un.e	apiculteur, -trice
	l'	apiculture
[é.]		**à pied**
[T.]	l'	apitoiement
	(s')	apitoyer

[aPin.]

	un	appendice
	l'/une	**appendicite**

[aPL.]

[a.]	être	aplani.e
		aplanir
	être	aplati.e
	(s')	aplatir
[i.]		applicable
	un	applicateur
	une/l'	application
	il/elle/une	applique
	être	appliqué.e
	(s')	**appliquer**
[o.]	il/elle a	applaudi
		applaudir
	des	applaudissements
[on.]	un/l'	aplomb

[aPo.]

[-]	un	appeau
[K.]	l'	apocalypse
		apocalyptique
[J.]	un	apogée
[R.]	un	apport
		apporter
[S.]	un	apostolat
		apostrophe.r
[T.]	une/l'	apothéose
	un	apothicaire
	un	apôtre
[V.]	être	appauvri.e
	(s')	appauvrir
	un	appauvrissement
[Z.]		apposer
	une	apposition

[aPoin.]

	un	appoint
	des	appointements

[aPR.]

[an.]	il/elle	**apprend**
		apprendre
	j'/tu	apprends
	un.e	apprenti.e
	un/l'	apprentissage
[e.]		âpre.ment
[é.][è.]		appréciable
	une	appréciation
		apprécier
		appréhender
	une	appréhension
		après
		après-demain
	un.e/l'	**après-midi**
		à présent
	quelque chose	à prêter
	(s')	apprêter (= se préparer)
[i.]	j'ai	**appris** (= apprendre)
	être	apprise
	être	apprivoisé.e
		apprivoiser
		a priori
	il/elle	**a pris** (= prendre)
	qu'il	a prise (= prendre)
[o.]		approbateur, -trice
	une	approbation
		approchant.e
	il/elle	approche
	une	approche
	je me suis	approché.e
	(s')	**approcher**
		approfondir

être		approprié.e
s'		approprier
être		approvisionné.e
(s')		approvisionner
		approximatif
		approximation
		approximative.ment
un		à-propos
[ou.]		approuver

[aPS.]

[an.]	une	absence
	un.e	**absent.e**
	(s')	absenter
[è.]	un	abcès
[i.]	une	abscisse
[o.]		absolu.e
		absolument
		absorbant.e
		absorber
[T.]	(s')	abstenir
	une	abstention
	il/elle s'est	abstenu.e
	une	abstraction
		abstrait.e
[u.]		absurde
	une	absurdité

[aPT.]

		apte
	l'/une	aptitude

[aPui.]

[-]	un	appui
	j'/il/elle	appuie
	ils/elles	appuient
[T.]	un	appuie-tête
[Y.]	il/elle a	appuyé
	être	appuyé.e
	(s')	**appuyer**

[aR.]

[aR.]

	un	are (= 100 m²)
	des	arrhes (= acompte)
	un/l'	**art** (artiste)

[aRa.]

[-]	un	haras (pour chevaux)
[B.]	être	**arabe**
	une	arabesque
[K.]		hara-kiri

[CH.]

	une	arachide
	l'	arrachage
	d'	arrache-pied
	(s')	**arracher**
[S.]		harassant.e
	être	harassé.e

[aRan.]

[-]	un	hareng
[G.]		harangue.r
[J.]		arrangeant.e
	un	arrangement
	(s')	**arranger**

[aRB.]

[a.]	une	arbalète
[i.]	un	arbitrage
		arbitraire.ment
	un	arbitre
		arbitrer
[o.]		arborer
		arborescent.e
	un.e	arboriculteur, -trice
	l'	arboriculture
[R.]	un	**arbre**
	un	arbrisseau
[u.]	un	arbuste

[aRK.]

[-]	un	arc
[a.]	une	arcade
		archaïque
[an.]	un	arc-en-ciel
	des	arcs-en-ciel
[B.]	un	arc-boutant
	s'	arc-bouter
[è.]	l'	archéologie
		archéologique
	un.e	archéologue
	être	arqué.e
[T.]		arctique

[aRCH.]

[ɐ.][e.]	une	arche
	un	archevêque
[é.][è.]	un	archer (= arc)
	un	archet (= violon)
[i.]	un	archipel
	un.e	**architecte**
	l'	architecture
	les	archives

[aRD.]

[a.]		ardemment
[an.]		ardent.e
[ɐ.]	l'	ardeur
[eur.]	une/(des)	harde(s)
[i.]	être	hardi.e
	la	hardiesse
		hardiment
[oi.]	une	ardoise
[u.]		ardu.e

[aRé.]

	un	are (=100 m²)
	des	arrhes (= acompte)

[aRé.][aRè.]

[-]	un	arrêt
[M.]	un	harem
[N.]	une	**araignée**
[GN.]	une	arène
[S.]	une	arrestation
[T.]	une	arête de poisson
	il/elle	**arrête**
	être	arrêté.e
	(s')	**arrêter**

[aRG.]

	l'	argot
	un	argument
	une	argumentation

[aRi.]

[K.]	un	**haricot**
[D.]		aride
[é.][è.]	en/l'	**arrière**
	être	arriéré.e
	une	arrière-boutique
	un	arrière-goût
	une	arrière-grand-mère
	les	arrière-grand-parents
	un	arrière-grand-père
	un/l'	arrière-pays
	une	arrière-pensée
	un	arrière-plan
	une	arrière-saison
	un	arrière-train
[S.]	(un.e)	aristocrate
	l'	aristocratie
		aristocratique
[T.]	l'	arithmétique
[V.]	un	arrivage
	un/en	arrivant
	il/elle	arrive
	je suis	arrivé.e
	une/l'	arrivée
		arriver
	un.e	arriviste

[aRJ.]

[an.]	l'	**argent**
	être	argenté.e
	l'	argenterie
[i.]	l'	argile
		argileux, -euse

[aRM.]

[a.]	un	armateur
	une/l'	armature
[é.]	une	**arme**
[e.]	l'	armement
[é.]	être	armé.e
	une/l'	**armée**
	(s')	armer
[i.]	l'	armistice
[o.]	un	harmonica
		harmonie.ux, -euse
		harmoniser
	un	harmonium
[oi.]	une	armoire

[aRN.][aRGN.]

	la	hargne
		hargneux, -euse
	un	harnachement
		harnacher
	un	harnais

[aRo.]

[G.]		arrogant.e
[M.]	un	aromate
		aromatique
		aromatiser
	un	arôme
[Z.]	l'	arrosage
	être	arrosé.e
		arroser
	un	arrosoir

[aRP.]

		arpent.er
	une	harpe
	un.e	harpiste
		harpon.ner

[aRS.]

	un/des	arsenal, -aux
	de l'	arsenic
	un	harcèlement
		harceler

[aRT.]

[é.][è.]	une	artère
		artériel.le
[i.]	un	artichaut
	un	article
		articulaire
	une	articulation
	être	articulé.e
	(s')	articuler
	un	artifice
	un feu d'	artifice
		artificiel.le.ment
	l'	artillerie
	un	artisan
		artisanal.e.ment
	l'	artisanat
		artisanaux
	un.e	**artiste**
		artistique.ment
[R.]	l'	arthrite
	l'	arthrose

[aS.]

[aS.]

	un	as

[aSsa.]

	(s')	assagir
	un.e	assaillant.e
		assailli.r
	un	assassin
	un	assassinat
	être	assassiné.e
		assassiner

[aSsan.]

[B.]	un	assemblage
	une	**assemblée**
	(s')	assembler
[D.]		ascendant.e
[S.]	un	**ascenseur**
	une	ascension
	l'	Ascension (= fête)
[T.]	un	assentiment

[aSsé.][aSsè.]

[-]		**assez**
[CH.]	un	assèchement
		assécher
[N.]		assaini.r
	un	assainissement
		asséner ou assener
[P.]		aseptiser
[R.]	être	acéré.e
		asservir
[T.]	un.e	ascète
[Y.]		asseyez-vous
[Z.]	un	assaisonnement
		assaisonner

	l'	asphalte
	une	asphyxie
	être	asphyxié.e
		asphyxier

[aSsi.]

[-]	être	**assis**
[D.]		acide
	l'	acidité
		acidulé.e
	être	assidu.e
	l'	assiduité
		assidûment ou assidument
[é.][è.]	de l'	**acier**
	une	aciérie
	être	assiégé.e
	une	**assiette**
[M.]	l'	assimilation
		assimiler
	l'	asymétrique
[S.]	l'	assistance
	un.e	assistant.e
		assister
[Z.]	être	**assise**
	les	assises

[aSM.]

	(un.e)	asthmatique
	l'	asthme

[aSso.]

[-]	un/l'	assaut
[M.]		assommant.e
		assommer
[R.]	être	assorti.e
	un	assortiment
[S.]	une	association
	être/un.e	associé.e
	(s')	associer

[aSsoi.]

		à soi (= vers soi)
	(s')	asseoir ou assoir
	être	assoiffé.e

[aSson.]

	(s')	assombrir

[aSsou.]

[P.]	être	assoupi.e
		assoupli.r
	un	assouplissement
[R.]		assourdi.r
		assourdissant.e
[V.]		assouvi.r

[aSP.]

[è.][è]	un	aspect
	une	asperge
		asperger
	une	aspérité
[i.]	un	aspic
	un	aspirateur
	une	aspiration
		aspirer
	une	aspirine

[aST.]

[é.]	un	astérisque
	un	astéroïde
[i.]	(un)	asticot.er
		astigmate
		astiquer
[R.]	un	astre
		astreignant.e
		astreindre
	l'	astrologie
		astrologique
	un.e	astrologue
	un.e	astronaute
		astronautique
	un.e	astronome
	l'	astronomie
		astronomique
[u.]	une	astuce
		astucieux, -ieuse.ment

[aSsu.]

[J.]		assujetti.r
[M.]		assumer
[R.]	une	assurance
	être	assuré.e
		assurément
	(s')	**assurer**
	un	assureur

[aT.]

[aTa.]

[B.]	être	attablé.e
	(s')	attabler
[K.]	un/en	attaquant
	une/il/elle	attaque
	être	attaqué.e
	(s')	**attaquer**
[CH.]	une	attache
		attachant.e
	être	attaché.e
	un	attaché-case
	un	attachement
	(s')	**attacher**
[R.]	être	attardé.e

[aTan.]

[-]	arriver	à temps
	il/elle	**attend**
	j'/tu	attends
[D.]	en	attendant
		attendre
	être	attendri.e
	(s')	attendrir
		attendrissant.e
	un	attendrissement
		attendu
[S.]	(une)	**attention**
	être	attentionné.e
[T.]	un	attentat
	une/l'	attente
		attenter
		attentif, -ive.ment

[aTe.][aTé.]

	un	**atelier**
	un	attelage
	(s')	atteler
		attenant.e
	la	hâte

[aTé.][aTè.]

[-]	être	athée
	(se)	hâter
[GN]	ils/elles	atteignent
[L.]	une	attelle
[N.]		atténuant.e
	une	atténuation
		atténuer
[R.]	être	atterré.e
	il a	atterri
		atterrir
	un	atterrissage
	il	atterrit
[S.]	une	attestation
		attester

[aTi.]

[F.]		hâtif
[R.]	un	attirail
	une	attirance
		attirant.e
		attirer
[T.]	être	attitré.e
	une	**attitude**
[V.]		hâtive.ment
[Z.]		attiser

[aTin.]

		atteindre
	j'ai	atteint
	une/être	atteinte

[aTL.]

	un	athlète
		athlétique
	l'	athlétisme
		atlantique
	l'	Atlantique
	un	atlas
	un	attelage
		atteler

[aTM.]

	une/l'	**atmosphère**
		atmosphérique

[aTo.]

	un	atoll
	un	atome
		atomique
	un	atomiseur

[aTou.]

	les	atours
		à tous
	il touche	à tout
	un	atout
	un	attouchement

[aTR.]

[a.]		**à travers**
	une	attraction
	il/une	attrape
	un	attrape-nigaud
		attraper
[é.]	un	âtre
[è.]	un	attrait
		attrayant.e
[i.]		attribuer
	un	attribut
	une/l'	attribution
		attristant
	être	attristé.e
[o.]		atroce.ment
	une	atrocité
	être	atrophié.e
[ou.]	un	attroupement
	(s')	attrouper

[aTu.]

		as-tu... ?

[aü.]

	il/elle	**a eu**
	être	ahuri.e
		ahurissant.e

[aV.]

[aVa.]

[CH.]	être	avachi.e
[L.]	en/l'	aval
	une	avalanche
	en	avalant
	il/elle	avale
		avaler
[R.]	(un.e)	avare
	l'	avarice
	une	avarie
	être	avarié.e
[T.]	un	avatar

[aVan.]

[-]	(en)	**avant**
[B.]	un	avant-bras
[D.]		avant-dernier
		avant-dernière
[G.]	une	avant-garde
	un	avant-goût
	une	avant-première
	un	avant-projet
[P.]	un	avant-propos
[S.]	(une)	avance
	il/elle	avance
	d'/à l'	avance
	une/être	avancée
	un	avancement
		avancer
	vous	avancez
	nous	avançons
	un	avant-centre
[T.]	un	**avantage**
		avantager
		avantageux, -euse.ment
		avant-hier
	une	**aventure**
	(s')	aventurer
		aventureux, -euse
	un.e	aventurier, -ière
[V.]	l'	avant-veille

[aVe.][aVeu.]

[-]	un	aveu
	des	aveux
[G.]		aveuglant.e
		aveugle
	un	aveuglement
		aveuglément
	être	aveuglé.e
		aveugler
	à l'	aveuglette

[N.]	un/à l'	avenant
	un/l'	avenir
	une	avenue

[aVé.][aVè.]

[-]	ils/elles	**avaient**
	j'/tu	**avais**
	il/elle	**avait**
	il y	avait
	vous	**avez**
[K.]		**avec**
[N.]	un	avènement
[R.]	s'	avérer
	une	**averse**
	il pleut	à verse
	une	aversion
	être	averti.e
		avertir
	un	avertissement
	un	avertisseur

[aVi.]

[-]	un	avis
[a.]	un.e	aviateur, -trice
	l'	aviation
[K.]	un	aviculteur
[D.]		avide.ment
	l'	avidité
[L.]		avilir
		avilissant.e
[on.]	un	**avion**
	nous	avions
[R.]	un	aviron
[Z.]	être	avisé.e
	(s')	aviser

[aVo.]

[K.]	un.e	avocat.e
[R.]	un	avortement
		avorter

[aVoi.]

[R.]		**avoir**
	je demande	à voir
[Z.]		avoisinant.e
		avoisiner

[aVon.]

| | nous | **avons** |

[aVou.]

		avouable
	il/elle	avoue
		avouer
	c'est	**à vous**

[aVR.]

| | | avril |

[aY.]

[-]		aïe ! *(j'ai mal)*
	de l'	ail
[a.]	un	ayatollah
[e.]	un.e	aïeul.e
[eu.]		
	les	aïeux
		ailleurs
[on.]	en	haillons
	un	hayon *(de voiture)*

[aZ.]

[a.]	une	azalée
	un/le	hasard
	(se)	hasarder
		hasardeux, -euse
[e.]	une	hase
[i.]		asiatique
	un	asile
	un	azimut
[o.]	l'	azote
[u.]	l'	azur

[an.]

	un	**an** *(une année)*
	les	ans
		en
		(en hiver)
		(en forme)
		(en France)
		(en jouant)
		(en auto)
		(en plastique)
		(en plus)

[an.ä]

enhardi.r

[anB.]

[anBa.]

[-]		en bas
[L.]	un	emballage
	un	emballement
		emballer
[R.]	un	embarcadère
	une	embarcation

	une	embardée
	un	embargo
	un	embarquement
	(s')	embarquer
	un	embarras
		embarrassant.e
	être	embarrassé.e
[S.]	une	ambassade
	un.e	ambassadeur, -drice

[anBè.]

		embellir
		embêtant.e
	un	embêtement
	(s')	embêter

[anBi.]

	une/l'	ambiance
		ambigu.ë ou ambigü.e
	une	ambigüité ou ambiguïté
		ambitieux, -euse
		ambition.ner

[anBL.]

	d'	emblée
	un	emblème

[anBo.]

	(l')	embauche.r
		embaumer
	une	embolie

[anBoi.]

	(s')	emboîter ou emboiter

[anBon.]

	(l')	embonpoint

[anBou.]

[-]	un	embout
[CH.]	être	embouché.e
	une/l')	embouchure
[R.]	(s')	embourber
[T.]	un	embouteillage
		embouteiller
		embouti.r

[anBR.]

[a.]	(s')	embraser
	une	embrasure
	une	embrassade
	(s')	**embrasser**
[an.]	un	embranchement
[é.]	de l'	ambre

[è.]	un	embrayage
		embrayer
[i.]		embrigader
	un	embryon
[un.]	les	embruns
[o.]	(s')	embrocher
[ou.]	être	embrouillé.e

[anBu.]

[CH.]	des	embûches
[é.]	(s')	embuer
[L.]	un.e	**ambulance**
	un.e	ambulancier, -ière
		ambulant.e
[R.]	un	hamburger
[S.]	une	embuscade
	être	embusqué.e

[anK] •[anKS.]

[a.]	une	encablure
	un	encadrement
		encadrer
	un	en-cas
		encastrer
[è.]		encaisser
	une	enquête
		enquêter
	un.e	enquêteur, -trice
[i.]	être	ankylosé.e
		enquiquinant.e
		enquiquiner
[L.]	une	enclave
		enclencher
	être	enclin.e
		enclore
	un	enclos
	une	enclume
[o.]		encaustique.r
	une	encoche
		en colère
	une	encolure
	(s')	encorder
		encore
[on.]	être	encombrant.e
	sans	encombre
	être	encombré.e
	un	encombrement
	(s')	encombrer
	à l'	encontre
[ou]		encourageant.e
	être	encouragé.e
	un	encouragement
		encourager
		encourir

[R.]	une	ancre *(de bateau)*
		encrasser
	de l'	**encre**
	un	encrier
•[ ]	l'	anxiété
		anxieux, -euse

[anCH.]

[an.]	être	enchanté.e
	un	enchantement
		enchanteur, -eresse
[é.]	être	enchevêtré.e
[e.]	un	enchevêtrement
	une	hanche
[è.]	être	enchaîné.e ou enchainé.e
	(s')	enchaîner ou enchainer
	un	enchaînement ou enchainement
	les	enchères
[oi.]	un	anchois

[anD.]

[B.]	le	handball
[e.]	être	endeuillé.e
[é.]		en dessous
[è.]	un	endettement
	(s')	endetter
[i.]	être	endiablé.e
		endiguer
	(s')	endimancher
	une	endive
	un	handicap
	être	handicapé.e
[o.]		endoctriner
		endolori.e
	être	endommagé.e
		endommager
		en dormant
	être	endormant.e
	être	endormi.e
	(s')	endormir
		endosser
[ou.]	une	andouille
	un	andouiller
	une	andouillette
[R.]	un/l'	**endroit**
[u.][ui.]		enduire
	(un)	enduit.e
	l'	endurance
		endurant.e
	un	endurci.e
	(s')	endurcir
		endurer

[anF.]

[a.]	une	emphase
		emphatique
		en face (de)
[an.]	l'	enfance
	un	**enfant**
	un	enfantillage
		enfantin.e
[é.][è.]	l'	**enfer**
	(s')	**enfermer**
	s'	enferrer
[i.]		amphibie
	un	amphithéâtre
	en	enfilade
		enfiler
[in.]		**enfin**
[L.]	(s')	enflammer
	(s')	enfler
	une	enflure
[o.]	une	amphore
[on.]	(s')	**enfoncer**
[ou.]		enfoui.r
		enfourcher
		enfourner
[R.]	une	anfractuosité
		enfreindre
[u.]	il/elle s'est	**enfui.e**
[ui.]		
	s'	enfuir
		enfumer

[anG.]

[a.]		engageante
	être	engagé.e
	un	engagement
	(s')	engager
	un	**hangar**
[e.]	une	engueulade
	(s')	engueuler
[i.]	une	anguille
	être	enguirlandé.e
[L.]	un	angle
		angli... *(de anglais)*
		anglo... *(de anglais)*
		englober
		englouti.r
[o.]		angora
	un	engorgement
	être	engorgé.e
[oi.]		angoissant.e
	une/l'	angoisse
	être	angoissé.e
[on.]	être	engoncé.e

[ou.]	un	engouement
	s'	engouffrer
	(s')	engourdi.r
	un	engourdissement
[R.]	un/l'	engrais
		engraisser
		engranger
	un	engrenage
[u.]		angulaire
		anguleux, -euse

[anJ.]

[an.]		engendrer
	une	enjambée
		enjamber
[é.] [eu.]	un	**ange**
	une	engelure
	un	enjeu
[é.]		angélique
[i.]	une	**angine**
[in.]	un	engin
[L.]	une	engelure
[o.]		enjôler
		enjôleur, -euse
		enjoliver
	un	enjoliveur
[ou.]	être	enjoué.e

[anL.]

[a.]		enlacer
[é.][è.]		enlaidi.r
		en l'air
	être	enlevé.e
	un	enlèvement
		enlever
[i.]	s'	enliser
[u.]	une	enluminure

[anM.]

[a.]		emmagasiner
		emmailloter
[an.]		emmancher
	une	emmanchure
[e.]	être	emmené.e
		emmener
[é.][è.]		emmêler
	un	emménagement
		emménager
	j'/il/elle	emmène
	(s')	emmerder

[i.]	(s')	emmitoufler
[u.]		emmurer

[anN.]

[a.]		**en arrière**
		en avant
[é.]		en effet
	être	enneigé.e
	l'	enneigement
[i.]		enivrant.e
	être	enivré.e
	(s')	enivrer
[o.]	(s')	enorgueillir
[ui.]	un	**ennui**
	il/elle s'	ennuie
	être	ennuyé.e
	(s')	**ennuyer**
		ennuyeux, -euse

[anP.]

[a.]	être	empaillé.é
		empaqueter
	s'	emparer
	être	empâté.e
		en panne
[é.]	être	empesé.e
	une	hampe
[é.][è.]	être	empêché.e
	un	empêchement
		empêcher
		empester
	être	empêtré.e
[i.]		empierrer
		empiéter
	(s')	empiffrer
		empiler
	un	empire
		empirer
		empirique.ment
[L.]		ample.ment
	l'	ampleur
	un	amplificateur
		amplifier
	un	emplacement
	un	emplâtre
	des	emplettes
		emplir
	un	emploi
	j'/il/elle	emploie
	(un.e)	employé.e
		employer
	un.e	employeur, -euse

	être	emplumé.e
[o.]		empocher
	être	emporté.e
	un	emportement
		emporter
	être	empoté.e
[oi.]	une	empoignade
	(s')	empoigner
	être	**empoisonné.e**
	un	empoisonnement
		empoisonner
	un.e	empoisonneur, -euse
[ou.]	une	**ampoule**
	être	empourpré.e
[R.]	un	empereur
	être	empressé.e
	un	empressement
	(s')	empresser
	être	empreint.e
	une	empreinte
	une	emprise
	être	emprisonné.e
	un	emprisonnement
		emprisonner
	un	emprunt
		emprunter
[u.]	une	amputation
		amputer

[anR.]

[a.]	être	enraciné.e
		en rage
	être	enragé.e
[e.]	être	enregistré.e
	un	enregistrement
		enregistrer
	(un.e)	enregistreur, -euse
[é.]	(s')	enrayer
[i.]	être	enrichi.e
	(s')	enrichir
		enrichissant.e
	un	enrichissement
[o.]		enrober
		enrôler
[ou.]	être	enroué.e
	(s')	enrouler
[u.]	être	**enrhumé.e**
	(s')	enrhumer

[anS.]

[a.]	(s')	ensabler
[an.]	de l'	encens
		encenser
	un	encensoir
	être	ensanglanté.e
		ensemble

[é.]	une	anse *(de panier)*
[e.]		ensemencer
		enseveli.r
[é.][è.]		ancestral.e, aux
	les	ancêtres
	l'	encéphale
	être	encerclé.e
	un	encerclement
		encercler
		en saignant *(= saigner)*
	(un.e)	enseignant.e
	une	enseigne
	l'	enseignement
		enseigner
[i.]		**ancien**
[ien.]		**ancienne.ment**
	l'	ancienneté
	une	encyclopédie
		encyclopédique
[in.]	une/être	**enceinte**
[o.]	être	**ensoleillé.e**
	être	ensommeillé.e
	être	ensorcelé.e
	un	ensorcellement ou
		ensorcèlement
[ui.]		**ensuite**
	(s')	ensuivre

[anT.]

[anTa.]

	l'	antagonisme
	l'	antarctique
	être	entaché.e
	une	entaille
		entailler
		entamer
	être	entartré.e
	un	entassement
		entasser

[anTan.]

eux, ils/elles		entendaient
il/elle		entendait
il/elle/on		**entend**
j'/tu		entends
		entendre
il/elle a		**entendu**
une		entente

[anTé.][anTè.]

(un)		antécédent
une		**antenne**
		antérieur.e.ment

	être	enterré.e
	un	**enterrement**
		enterrer
	un	en-tête
	un	entêtement
	(s')	entêter
	un château	hanté
	une maison	hantée
		hanter

[anTi.]

[a.]		antialcoolique
[B.]	un	antibiotique
		antibrouillard
[K.]		anticonformiste
		anticonstitutionnel.le.ment
	un	anticorps
		anticorrosion
	un/une	antiquaire
		antique
	une	antiquité
[CH.]	l'	antichambre
[D.]		antidérapant.e
	un	antidote
		antidrogue
[é.][è.]		**entier**
		entière.ment
[J.]	un	antigel
[L.]	une	antilope
[M.]		antimite(s)
[P.]	l'	antipathie
		antipathique
	l'	antipode
		antipoison
		antipollution
[S.]	l'	anticipation
		anticiper
	un	anticyclone
		antisémite
	(un)	antiseptique
[T.]		antitétanique
[V.]	un	antivol

[anTo.]

	une	anthologie
	l'	entomologie
		entonner
	un	entonnoir
	une	entorse
	s'	entortiller

[anTon.]

		en tombant

[anTou.]

		enthousiasmant.e
	l'	enthousiasme
	(s')	enthousiasmer
		enthousiaste
	un	entourage
	être	entouré.e
		entourer
		en tout
		en tout cas

[anTR.]

[a.]	(l')	anthracite
	un	entracte
	les	entrailles
		entrave.r
[e.]	un	antre
		entre
	il/elle	entre
	être	entrebâillé.e
	une	entrecôte
		entre-temps ou
		entretemps
[é.][è.]	une/l'	entraide
	s'	entraider
		entraînant.e ou
		entrainant.e
	un	entraînement ou
		entrainement
	(s')	entraîner ou entrainer
	un	entraîneur, -euse ou
		entraineur, -euse
	une	**entrée**
		entrer
[in.]	l'/plein d'	entrain
		en train de
[o.]	(un)	anthropophage
		anthro...
[ou.]		entrouvert.e
		entrouvrir

[anV.]

[a.]	être	envahi.e
		envahir
		envahissant.e
	un	envahisseur
	s'	envaser
[e.]	une	**enveloppe**
		envelopper
		envenimer
[è.]	l'	envergure
	(à l')	**envers**
[i.]		enviable
	être	en vie (= vivant)
	j'ai/l'	**envie**
		envier
	(un.e)	envieux, -euse

		environ
		environnant.e
		environner
	l'	**environnement**
	les	environs
		envisageable
		envisager
		en vitesse
[L.]	une	**enveloppe**
	un	enveloppement
		envelopper
[o.]	un/l'	envol
	il/elle s'est	envolé.e
	une	envolée
	(s')	**envoler**
[oi.]	un	envoi
	il/elle	**envoie**
	eux, ils/elles	envoient
	il/elle a	envoyé
		envoyer
[ou.]		envoûtant.e ou
		envoutant.e
		envoûter ou
		envouter

[anZ.]

un(e)	enzyme	

[Ba.]

[Ba]

		bah !
	c'est/le/un	**bas**
	il/elle (se)	bat
	je me/tu te	bats

[BaB.]

[a.]	un	baba
[i.]		babiller
	les	babines
	une	babiole
	un	baby-foot
	un.e	baby-sitter
[o.]	à	bâbord
[ou.]	une	babouche
	un	babouin

[BaK.]

	le	bac
	le	baccalauréat
		bâcler
	un	bactérie
	un	baquet
	un	bas-côté

[BaCH.]

	une	bâche
	être	bâché.e
	un.e	bachelier, -ière
	le	bachot

[BaD.]

	un.e	badaud.e
	un	badge
		badigeon.ner

[BaF.]

	un	baffle
		bafouer
		bafouille.r
	un	bas-fond

[BaG.]

	un	**bagage**
	une	**bagarre**
	(se)	**bagarrer**
	(un.e)	bagarreur, -euse
	le	bagout
	une	**bague.tte**

[BaJ.]

	une	bajoue

[BaL.]

[-]	un	bal (= danse)
	des	bals
	une	**balle**
[a.]	une	**balade** (= promenade)
	se	balader
	(un.e)	baladeur, -euse
	une	balafre
	être	balafré.e
	du	balatum
	une	ballade (= poème)
	le	ballast
[an.]	une	**balance**
	je me	balance
	je me suis	balancé.e
	un	balancement
	(se)	balancer
	un	balancier
	une	**balançoire**
		ballant.e
[B.]	les	balbutiements
		balbutier
[K.]	un	balcon
[D.]	un	baldaquin
[ø.]	une	**balle**
	une	ballerine

[é.][è.]	un	**balai** (= balayer)		un	barbouillage		être	bâti.e
	un	balayage			barbouiller		j'ai/un	bâti
		balayer		être	barbu.e		un	**bâtiment**
	une	balayette		une	barbue (= poisson)			**bâtir**
	un.e	balayeur, -euse	[K.]	une	**barque**.tte		une	bâtisse
	une	baleine	[D.]		barde.r		(un.e)	bâtisseur, -euse
		baleinier, -ière	[ɛ.][e]	une/la	**barre**	[M.]	un	battement
	un	ballet (= danse)		un	barreur	[o.]	un	**bateau**
[i.]	le	balisage		un	bas-relief		un	bâtonnet
	une	balise	[é.][è.]	un	barème	[on.]	un	bâton
	des	balivernes		être	barré.e	[R.]	un	batracien
[o.]	un	**ballon**		(se)	**barrer**		une	batterie
[on.]				une	**barrette**		(se)	**battre**
	être	ballonné.e	[i.]	un	barillet	[u.]	j'ai	**battu**
	un	ballonnement		être	bariolé.e		être	battu.e
	un	ballonnet		(un.e)	barricade.r		une	battue
	un	ballot		une	barrière			
	le	ballottage		une	barrique		**[Baü.]**	
	être	ballotté.e			barrir			
[ou]		balourd.e		un	barrissement		un	bahut
[R.]	une	ballerine		un	baryton			
[T.]	le	ball-trap	[M.]	un	barman		**[BaV.]**	
[u.]	un	baluchon	[o.][on.]	un	baromètre			
	une	balustrade		un.e	baron.ne	[a.]		**bavard.e**
					baroque		le	bavardage
[BaN.] •[BaGN.]				un	**barreau**			**bavarder**
						[an.]	le	bas-ventre
[a.]		banal.e, -als	**[BaS.]**			[ɛ.][eu.]	la	bave
		banaliser						baveux, -euse
	une	banalité	[K.]	une	bascule	[é.][è.]		baver
	une	**banane**			basculer		une	bavette
	(un)	bananier, -ière		le	basket	[oi.]	un	bavoir
[i.]	être	banni.e		le	basket-ball	[u.]	une	bavure
	une	bannière		les	baskets			
		bannir		la	basse-cour		**[BaY.]**	
•[ ]	un	bagnard	[ɛ.]	elle est	**basse**			
	le	bagne	[è.]	la	bassesse		un	bail
				un	basset (= chien)		un	bâillement
[Bao.]			[i.][in.]	un	**bassin**			bâiller
				une	bassine			bâillon.ner
	un	baobab					une	baïonnette
			[BaT.]					
[BaR.]							**[BaZ.]**	
			[a.]	une	**bataille**			
[-]	un	bar		(se)	batailler	[a.]	le	basalte
	une	**barre**		(un.e)	batailleur, -euse		être	basané.e
[a.]		baragouiner			bataillon		un	**bazar**
	une	baraque		un.e	bâtard.e			bazarder
	un	baraquement		une	batavia	[e /.]	une/la	**base**
		baratin.er		un	battage	[é.]		baser
	un	barrage	[an.]	un/en	battant	[i.]	le	basilic
[B.]		barbant.e	[é.][è.]	un	baptême		une	basilique
		barbare	[è.]	un.e	batelier, -ière	[ou.]	un	bazooka
	la	barbarie		un	battement			
	une	**barbe**		(un)	batteur		**[Ban.]**	
	un	barbecue	[i.]	être	baptisé.e			
	être	barbelé.e			baptiser	[-]	un	ban (= applaudir)
		barber					un	**banc** pour s'asseoir
	une	barbiche.tte					un	banc de poissons
	un	barbier						
		barboter						

[B.]	un	bambin
	du	bambou
[K.]		bancal.e, -als
		banquaire
	une	**banque**
	un	banquet
	une	banquette
	un	banquier
	la	banquise
[D.]	un	bandage
	une	**bande**
	être	bandé.e
	un	bandeau
	une	bandelette
		bander
	une	banderole
	un	**bandit**
	le	banditisme
	en	bandoulière
	un	banjo
[L.]	une	banlieue
	un.e	banlieusard.e

[Be.][Beu.]

[-]	des	boeufs
[D.]		bedonnant.e
[F.]	un	boeuf
[G.]	un	beuglement
		beugler
[L.]	une	belette
	la	belote
[R.]	un.e	beur (= Arabe)
	du	beurre
		beurrer
	un	beurrier
[Z.]	une	besace
	une	besogne
	le	**besoin**

[Bé.][Bè.]

[Bé.][Bè.]

	une	baie
	bouche	bée

[Béa.]

	il/elle est	béat.e

[Béan.]

		béant.e

[BéB.]

	un	bébé

[BéK.][BèK.]

	un	**bec**
	une	bécasse
	un	bec-de-lièvre
	une	becquée ou béquée
	une	béquille

[BéCH.][BèCH.]

	une	béchamel
	une	**bêche**
		bêcher

[BéF.]

	un	beffroi

[BéG.][BèG.]

	il/elle	bégaie
	le	bégaiement
		bégayer
	un	bégonia
	un.e	bègue

[Bèj.]

		beige

[BéL.][BèL.]

[-]	un	bel *homme*
[é.]	la chèvre	bêle
	le	bêlement
	elle est	**belle**
	la	belle-fille
		bellement
	la	belle-mère
	la	belle-soeur
[é.]		bêler
[F.]	la	belle-fille
[i.]	un	bélier
	(un.e)	belligérant.e
		belliqueux, -euse
[M.]	un	bêlement
		bellement (beau)
	la	belle-mère
[S.]	la	belle-soeur

[BéN.][BèN.]
•[BéGN.]
•[BèGN.]

[e /.]	une	benne
[é.]	une	bénédiction
	un	**bénéfice**
	(un.e)	bénéficiaire
		bénéficier
		bénéfique
		bénévole.ment
[i.]	être	béni.e
		bénigne
		bénir
	de l'eau	bénite
	un	bénitier
•[ ]	une	baignade
	je me suis	baigné.e
	(se)	baigner
	un.e	baigneur, -euse
	une	**baignoire**
	un	**beignet**
[in.]		bénin

[BéR.][BèR.]

[K.]	le	bercail
[è.]	un	béret
[J.]	la	berge
	un	**berger**
	une	**bergère**
	la	bergerie
	une	bergeronnette
[L.]	une	berline
	un	berlingot
	la	berlue
[M.]	un	bermuda
[N.]	un	bernard-l'ermite
	(en)	berne
		berner
[S.]	un	**berceau**
	le	bercement
		bercer
		berceur
	(une)	berceuse

[BéS.][BèS.]

	il/elle (se)	baisse
	une	baisse
	(se)	**baisser**
	être	bestial.e
	les	bestiaux
	une	bestiole
	un	best-seller

[BéT.][BèT.]

	le	bétail
	une/être	**bête**
		bêtement
		bêtifier
	une	**bêtise**
	le	**béton**
		bétonner
	une	bétonnière
	une	**bette.rave**

[BéV.]

	une	bévue

[BéZ.][BèZ.]

	le	baisemain
	un	**baiser**

[Bi.] •[Bien.]

[Bi]

	il est	bis *(= brun)*

[BiB.]

[L.]	un	bibelot
	la	bible
	un	bibliobus
	un.e	bibliothécaire
	une	bibliothèque
		biblique
[R.]	un	**biberon**

[BiK.]

	un	**bic**
		bicolore
	une	bicoque
	une	bique.tte

[BiCH.]

	une	biche.tte
		bichon.ne.r

[BiD.]

	un	bidet
	un	bidon
	un	bidonville

[Biè.]

	le/en	biais *(= biaiser)*
	une	bielle
	la	bière
	un	**billet**

•[Bien.]

[-]	c'est/le	**bien**
[K.]		bien que
[F.]	la	bienfaisance
		bienfaisant.e
	c'est	bien fait
	un	bienfait
	un.e	bienfaiteur, -trice
[N.]		bien-aimé.e
	le	bien-être
		bienheureux, -euse
[S.]	la	bienséance
		bien sûr
[T.]		**bientôt**

[V.]	la	bienveillance
		bienveillant.e
	la	bienvenue
	le/la	bienvenu.e

[BiF.]

		biffer
	un	**bifteck**
	une	bifurcation
		bifurquer

[BiG.]

		bigame
		bigarré.e
		bigarreau
	un/(des)	bigorneau(x)
	un	bigoudi

[BiJ.]

	un/(des)	**bijou(x)**
	une	bijouterie
	un.e	bijoutier, -ière

[BiL.]

	un	bilan
		bilatéral.e, -aux
	la	bile
		biliaire
		bilingue
	un	building

[BiM.]

		bimensuel.le
		bimoteur

[BiN.]

		binaire
		biner
	une	binette
	un	biniou

[Bio.]

	une	biographie
	la	biologie

[BiP.]

		bipède
	un	biplan

[BiS.]

[-]		bis *(= 2 fois)*
[K.]		biscornu.e
	une	biscotte
	un	**biscuit**

[è.]	un	biceps
	une	bissectrice
		bissextile
[i.]	une	**bicyclette**
[T.]	un	bistouri
		bistre
	un	bistro(t)

[BiT.]

	le	bitume

[BiV.]

	un	bivouac
		bivouaquer

[BiY.]

	un	billard
	une	**bille**
	un	**billet**
	la	billetterie

[BiZ.]

	une/la	bise
		biseau.té.e
	un	bison
	un	bisou
	des	bisous
		bizarre.ment
	une	bizarrerie
	le	business

[Bin.][Bun.]

	un/le	**bain**
	un	bain-marie
	le/la	benjamin.e
	la	benzine
	un	bungalow

[BL.]

[BLa.]

[F.]		blafard.e
[G.]	(une)	blague.r
	un.e	blagueur, -euse
[M.]		blâmable
	(un)	blâme.r
[S.]	un	blasphème
		blasphémer
[T.]	une	blatte
[Z.]	être	blasé.e
	un	blason
	un	blazer

[BLan.]

[-]		**blanc**
[K.]	la	blanquette
[CH.]		blanchâtre
		blanche
	la	blancheur
	être	blanchi.e
		blanchir
	une	blanchisserie
	un.e	blanchisseur, -euse

[BLeu.]

		bleu.e
		bleuâtre
	un	bleuet
		bleuir
		bleuté.e

[BLeuF.]

	(du)	bluff.er

[BLé.][BLè.]

[-]	du	**blé**
	être	blet
[D.]	un	bled
[M.]		blême
		blêmir
[R.]	un	blaireau
[S.]		blessant.e
	être	**blessé.e**
	(se)	blesser
	une	**blessure**
[T.]	elle est	blette

[BLi.]

	le	blizzard

[BLin.]

	un	blindage
	être	blindé.e

[BLo.]

	un	**bloc**
	un	blocage
	le	blocus
	être	bloqué.e
		bloquer
	(se)	blotti.r

[BLon.]

		blond.e
		blondir

[BLou.]

	une	**blouse**
	un	**blouson**
	un	blue-jean

[Bo.]

[Bo.]

	c'est	**beau**
	ils sont	beaux

[Boa.]

	un	boa

[BoB.]

	une	bobine
		bobiner

[BoK.] [BoKS.]

		beaucoup
	un	bocage
	un	**bocal**
	des	bocaux
	la	**boxe**
		boxer
	un.e	boxeur, -euse

[BoD.]

	un	baudet
	une	baudruche

[Boé.] [Boè.]

	la	bohème
	(un.e)	bohémien.ne

[BoF.]

	le	beau-fils
	le	beau-frère

[BoJ.]

	le	beaujolais

[BoL.]

	un	**bol**
	le	boléro
	un	bolet
	un	bolide
	le	bowling

[BoM.]

	un	baume

[BoN.]

		bonasse
	le	**bonheur**
	la	bonhomie ou
		bonhommie
	un	**bonhomme**
	une	bonification
		bonifier
	un	boniment
	(elle est)	**bonne**
	une	bonne femme
	de/à la	bonne heure
	la	bonne humeur
		bonne-maman
		bonnement
	un.e	bonnet.erie
	une	bonniche ou
		boniche

[BoP.]

	les	beaux-parents
	le	beau-père

[BoR.]

	un/le	**bord**
		bordeaux
	être	bordé.e
		border
	un	bordereau
		bordier, -ière
	une	**bordure**
		boréal.e
		borgne
	une	borne
	(se)	borner

[BoS.]

	un	bosquet
	le	boss (= patron)
	une	**bosse**
	être	bosselé.e
		bosser
	un.e	bosseur, -euse
	être/un.e	bossu.e

[BoT.]

	la	**beauté**
		botanique
	une	**botte**
	être	botté.e
	un	bottillon
	un	Bottin
	une	bottine

[BoV.]

	un	bovidé
		bovin.e

[BoY.]

	(un)	boycot.ter

[BoZ.]

	les	beaux-arts

[Boi.]

[-]	un/du	**bois**
	je/tu	bois
	il/elle	**boit**
[R.]		**boire**
[S.]	une	boisson
[T.]	une	**boîte** ou **boite**
	il/elle	boite
		boiter
		boiteux, -euse
	un	boîtier ou boitier
	une	boîte aux lettres ou boite aux lettres
		boitiller
[V.]	eux, ils/elles	boivent
[Y.]	un	boyau
[Z.]	être	boisé.e
	un	boisement
		boiser
	une	boiserie

[Bon.]

[-]	c'est	**bon**
	un	bon (= ticket)
	un	bond (= bondir)
[B.]	un	bombardement
		bombarder
	un	bombardier
	une	**bombe**
	être	bombé.e
		bomber
	un	**bonbon**
	une	bonbonne ou bombonne
	une	bonbonnière
[D.]	une	bonde
	être	bondé.e
		bondi
		bondir
[J.]		**bonjour**
[M.]		bon marché
[S.]		**bonsoir**
[T.]	la	bonté
[V.]		bon vivant
[Z.]	des	bonshommes
	un	bonzaï
	un	bonze

[Bou.]

[Bou]

	la	**boue**
	un/le	**bout**
	l'eau/ça	bout (= bouillir)

[BouK.]

	un	bouc
	une	**boucle**
	être	bouclé.e
		boucler
	une	bouclette
	un	bouclier
	un	**bouquet**
	un	bouquin
		bouquiner
	un.e	bouquiniste

[BouCH.]

	la	**bouche**
	il	bouche (= boucher)
	être	bouché.e
	une	bouchée
	le	**boucher**
		boucher
	la	bouchère
	une	boucherie
	un	bouche-trou
	un	bouchon

[BouD.]

		bouder
	un.e	boudeur, -euse
	le	bouddhisme
		boudin.é.e
	un	bout de…

[Boueu.]

		boueux, -euse

[Boué.]

	une	bouée

[BouF.]

		bouffant.e
	une	bouffée
		bouffer
		bouffi.e
	(un)	bouffon

[BouG.]

		bougon.ne.r

[BouJ.]

	il/elle	bouge
	il/elle a	bougé
	il/elle	bougeait
		bouger
	une	**bougie**
	un	bougeoir
	la	bougeotte

[BouL.]

	un/le	**boulanger**
	la	boulangère
	une	boulangerie
	une	**boule**
	un	bouleau (= arbre)
	un	bouledogue
	un	boulet
	une	boulette
	un	boulevard
		bouleversant.e
	un	bouleversement
		bouleverser
	un	boulon
		boulonner
	le	boulot (= travail)
	le	bowling

[BouM.]

	un	boomerang

[BouR.]

[-]	un	bourg
[a.]	une	bourrade
	une	bourrasque
		bourratif, -ive
[B.]	un	bourbier
[D.]	un	bourdon
	un	bourdonnement
		bourdonner
[e /.]	un	bourrelet
[é.]		bourrer
[G.]	une	bourgade
[i.]	une	bourriche
	une	bourrique
[J.]	(un.e)	bourgeois.e
	la	bourgeoisie
	un	**bourgeon**
		bourgeonner
[M.]	le	**bourgmestre**
[o.]	un	bourreau
[S.]	une	bourse
	la	Bourse
	(un)	boursier
	(une)	boursière
	être	boursouflé.e ou boursoufflé.e
[u.]		bourru.e

[BouS.]

	une	bousculade
	être	bousculé.e
		bousculer
	une	boussole

[BouT.]

	une	boutade
	un	boute-en-train
	une	**bouteille**
	une	**boutique**
	un	boutiquier
	un	boutoir
	un	**bouton**
		boutonner
		boutonneux, -euse
	une	boutonnière
	une	bouture
		bouturer

[BouV.]

	un	bouvier
	un	bouvreuil

[BouY.]

	la	bouillabaisse
		bouillant.e
	être	bouilli.e
	de la	bouillie
		bouillir
	une	bouilloire
	un/du	**bouillon**
		bouillonnant.e
	un	bouillonnement
		bouillonner
	une	bouillotte

[BouZ.]

	la	bouse
		bousiller

[BR.]

[BRa.]

[-]	un	**bras**
[K.]		braconner
	un	braconnier
		braque
		braquer
[D.]		brader
	une	braderie
[G.]	une	braguette
[L.]	à	bras-le-corps
[M.]		bramer
[S.]	un	**bracelet**
	un	brassard
	la	brasse
	une	brassée
		brasser
	une	brasserie
	un.e	brasseur, -euse
	une	brassière
[V.]		**brave**
		bravement
		braver
		bravo
	la	bravoure
[Y.]		braillard.e
	le	braille
		brailler
[Z.]	un	brasier

[BRan.]

[K.]	un	brancard
	un.e	brancardier, -ière
[CH.]	des	branchages
	une	**branche**
	un	branchement
		brancher
	une	branchette
	les	branchies
[D.]		brandir
[L.]		branlant.e
	le	branle-bas
		branler

[BRe.][BReu.]

	une	**brebis**
		bredouille
		bredouiller
	une	breloque
	une	**bretelle**
	un	breuvage
	un	brevet
	être	breveté.e

[BRè.][Bré.]

		braire
	être	braisé.e
	des	braises
	un	break
	une	brèche
	un	bréchet
		bref
		brève
	un	bréviaire

[BRi]

[B.]	des	bribes
[K.]	un	bric-à-brac
	un	bricolage
	une/il	bricole
		bricoler
	(un.e)	bricoleur, -euse
	une	**brique**
	un	briquet
	une	briqueterie
	une	briquette

[D.]	une	bride
	être	bridé.e
	un/le	bridge
[è.]		brièvement
[G.]	une	brigade
	un	brigadier
	un	brigand
	le	brigandage
[M.]		brimer
[o.]		brio
	une	brioche
[Y.]		brillamment
		brillant.e
	ça	**brille**
		briller
[Z.]	la	brise
	un	brise-glace
		briser

[BRin.][BRun.]

	un	brin
	une	brindille
		brun

[BRo.]

[-]	un	broc
[K.]	la	brocante
	un.e	brocanteur, -euse
[CH.]	une	broche
	être	broché.e
	un	brochet
	une	brochette
	une	brochure
[D.]	être	brodé.e
		broder
	la	broderie
[S.]	le	brossage
	une	**brosse**
	une	brosse à dents
		brosser

[BRoi.]

	il/elle	broie
		broyer
	(un)	broyeur

[BRon.]

[CH.]		broncher
	les	bronches
	une	bronchite
[Z.]	le	bronzage
	du	bronze
	être	bronzé.e
		bronzer

[BRou.]

	du	brou
	une	**brouette**
	du	brouhaha
	le	brouillage
	du/le	**brouillard**
	la	brouille
		brouiller
	un	**brouillon**
	être	brouillon.ne
	des	broussailles
	la	brousse
		brouter
	une	broutille

[BRu.] •[BRui.]

[-]	la	bru
•[ ]	la	bruine
	un	bruissement
	le/du	**bruit**
	un	bruitage
		bruyamment
		bruyante
	de la	bruyère
[L.]		**brûlant.e** ou **brulant.e**
	ça	brûle ou brule
	être	brûlé.e ou brulé.e
	à	brûle-pourpoint ou brule-pourpoint
	(se)	**brûler** ou **bruler**
	un	brûleur ou bruleur
	une	**brûlure** ou **brulure**
[M.]	la	**brume**
		brumeux, -euse
[N.]	un	brugnon
[GN.]		**brune**
	une	brunette
	être	bruni.e
		brunir
[S.]		brusque.ment
	être	brusqué.e
		brusquer
	la	brusquerie
[T.]	c'est	brut
		brutal.e.ment
		brutaliser
	la	brutalité
		brutaux
	une	brute
[Y.]	la	bruyère

[Bu.] •[Bui.]

[-]	j'ai	**bu**
	un	but
[an.]	une	buanderie
[K.]		buccal.e, -aux
[CH.]	une	**bûche** ou **buche**
	(un)	bûcher ou bucher
	un.e	bûcheron.ne ou bucheron.ne
[D.]	un/le	budget
		budgétaire
[é.]	la	buée
[F.]	un	buffet
	un	buffle
•[ ]	du	buis
	un	**buisson**
		buissonnière
[L.]	un	bulbe
	un	bull (= bulldozer)
	un	bulldozer
	une	**bulle**
	un	**bulletin**
[R.]	un.e	buraliste
	un	**bureau**
	un	bureaucrate
	la	bureaucratie
		bureaucratique
	une	burette
	un	burin
	être	buriné.e
		buriner
		burlesque
	un	burnous
[S.]	un	**bus**
	un nez	busqué
	un	buste
	un	bustier
[T.]	un	**but**
	du	butane
	une	butée
	être	buté.e
		buter
	un.e	buteur, -euse
	un	butin
		butiner
	un	butoir
	un	butor
	une	butte
		butter *de la terre*
[V.]		buvable
	ils/elles	buvaient
	je/tu	buvais
	il/elle	**buvait**
	un	buvard
	une	buvette
	un.e	buveur, -euse
	vous	buvez
	nous	buvons
[Z.]	un	busard
	une	**buse**

[Ka.]

[Ka.]

| | un | cas |
| | il n'y a | **qu'à** |

[KaB.]

[a.]		cabalistique
	une	**cabane**
	un	cabanon
	un	cabaret
	un	cabas
[an.]	un	caban
[è.]	un	cabestan
[i.]	un/du	cabillaud
	une	**cabine**
	un	cabinet
[L.]	un	**câble**
[o.]	être	cabossé.e
	un	cabot
	un	caboteur
		cabotin.e
[R.]	se	cabrer
	un	cabri
	une	cabriole
	un	cabriolet

[KaK.]

		caca
	une	**cacahouète** ou **cacahuète** ou **cacahouette**
	du	**cacao**
	un	cacatoès
	la	cacophonie
	un	**cactus**
	le	caquet
		caqueter
	(un)	kaki

[KaCH.]

	un	cachalot
	à	**cache-cache**
	un.e	cache
	être	caché.e
	(se)	**cacher**
	un	**cachet**
	une	**cachette**
	le	cachemire
	un	cache-nez
	un	cachot
	une	cachotterie
	(un.e)	cachottier, -ière

[KaD.]

[a.]		cadavérique
	un	cadavre
[an.]	une	cadence
	être	cadencé.e
[è.]	(le/la)	cadet.te
[i.]	un	caddie ou caddy
[N.]	un	cadenas
		cadenasser
[o.]	un	**cadeau**
	des	cadeaux
[R.]	un	cadran
	un	**cadre**
	être	cadré.e
	un.e	cadreur, -euse
	un.e	quadragénaire
	un	quadrige
	un	quadrilatère
	un	quadrillage
	être	quadrillé.e
		quadrille.r
	(un)	quadrupède
		quadruple
		quadrupler
	des	quadruplés
[u.]	il est	caduc
	elle est	caduque

[KaF.]

	le	cafard
		cafardeux, -euse
	un/du	**café**
	une	cafétéria
	une	cafetière
		cafouiller

[KaG.]

	une	**cagoule**

[Kaï.]

	un	**cahier**
	un	**caillou**
		caillouteux, -euse
	des	cailloux
	un	caïman
	un	kayak

[Ka.in]

		cahin-caha

[KaJ.]

	une	**cage**
	un	cageot
	un	cagibi
		cajoler

[KaL.]

[a.]	un	calamar
	une	calamité
[an.]	une	calandre
	une	calanque
	un	calembour
	un	**calendrier**
[K.]	du	calcaire
	le	**calcul**
	(un.e)	calculateur, -trice
		calculer
	une	**calculette**
		calque
[é.] [eu.]	une	cale
	un	caleçon
	un	cale-pied
	un	calepin
		calleux, -euse
[é.][è.]	une	calèche
	être	calé.e
		caler
	un	kaléidoscope
[F.]	être	calfeutré.e
[i.][in.]	un	calibre
	un	calice
	un	calicot
	un	calife
	à	califourchon
		câlin.e
	(un)	qualificatif, -ive
	une	qualification
	se	qualifier
	la	**qualité**
[M.]		calmant.e
	un	calmar
	(le)	**calme**
	être	calmé.e
		calmement
	(se)	calmer
[o.]		calomnie.r
	une	calorie
	un	calot
	une	calotte
[P.]	un	cale-pied
	un	calepin
[S.]		calciné.e
	le	calcium
	un	caleçon
[u.]	un	calumet
[V.]	un	calvaire
	la	calvitie

[KaM.]

[a.]	un.e	**camarade**
	la	camaraderie
[an.]	un	camembert
[é.]	un.e	camelot.e
[é.]	un	caméléon
	un	camélia ou camellia
	une	caméra
	un	caméraman
	un	caméscope
[i.]	un.e	**camion.nette**
	un	camionneur
	une	camisole
[o.]	la	camomille
[ou.]	le	camouflage
		camoufler

[KaN.] • [KaGN.]

[a.]	une	canadienne
	une	canaille
	un	**canal**
	une	canalisation
		canaliser
	un	canapé
	un	**canard**
	un	**canari**
	une	canne à pêche
[é.]	une	cane (= canard)
	un	caneton
	un	canevas
	une	**canne**
[è.]	une	canette ou cannette
	la	cannelle
	un	cannelloni
[i.]	un	caniche
	la	canicule
	un	canif
	(une)	canine
	un	caniveau
	un	cannibale
	un	canyon ou cañon
•[ ]	une	cagnotte
[in.]		canin
[o.] [on.]	des	canaux (= canal)
	un	canoë
	un	**canon**
		canonner
	un	canonnier
	un/le	canot.age
		canoter
	un	canotier
[T.]	un	caneton
[V.]	un	canevas

[Kao.]

un	cahot (= secousse)
	cahotant.e
le	chaos (= catastrophe)
le	kaolin
	K.O. (= assommé)

[Kaou.]

du/le	**caoutchouc**
être	caoutchouté.e
	caoutchouteux, -euse

[KaP.]

[-]	un/le	**cap**
[a.]		**capable**
	la	capacité
	être	caparaçonné.e
[é.]	une	cape
[i.]		capillaire
	un	**capitaine**
	(un/c'est)	capital
	une	capitale
	le	capitalisme
		capitaliste
	(des)	capitaux
	être	capitonné.e
	une	capitulation
		capituler
[o.]	un	caporal
	des	caporaux
	un.e	capot.e
		capoter
	le	kapok
[R.]	une	câpre
	un	caprice
		capricieux, -euse
[S.]	une	capsule
[T.]		capter
	un	capteur
		captif, -ive
		captivant.e
		captiver
	la	captivité
	une	capture
	être	capturé.e
		capturer
[u.]	une	capuche
	un	capuchon
	une	capucine

[KaR.]

[KaR.]

	car (= parce que)
un	**car** (= autocar)
un/le	**quart** (= 1/4)

[KaRa.]

une	**carabine**
être	carabiné.e
un	carabinier
	caracoler
un	**caractère**
être	caractériel.le
	caractériser
une	caractéristique
une	carafe
un/du	**caramel**
être	caramélisé.e
une	carapace
une	**caravane**
une	caravelle
le	karaté
un.e	karatéka

[KaRan.]

un	carambolage
une	carence
une	quarantaine
	quarante (=40)
	quarantième

[KaRB.]

une	carbonnade ou carbonade
le	carbone
	carbonique
être	carbonisé.e
un	carburant
le	carburateur

[KaRK.]

un	carcan
une	carcasse
un	carquois

[KaRD.]

	cardiaque
un	cardigan
(un)	cardinal
	cardinal.e, -aux
un	cardiologue
un	**quart d'heure**

[KaRé..]

une	carre
un	carrefour
le	carrelage
être	carrelé.e
	carreler
un	carreleur

[KaRé.] [KaRè.]

le	carême

	caressant.e
une	**caresse**
	caresser
un	**carré**
être	carré.e
	carrément

[KaRF.]

un	**carrefour**

[KaRG.]

une	cargaison
un	cargo

[KaRi.]

un	caribou
	caricatural.e, -aux
une	caricature
	caricaturer
une	carie
être	carié.e
un	carillon
	carillonner
une	carrière
une	carriole

[KaRL.]

une	carlingue
le	**carrelage**
être	carrelé.e
	carreler
un	carreleur

[KaRM.]

	carmin

[KaRN.]

un	carnage
	carnassier
(une)	carnassière
le	**carnaval**
	carnavalesque
un	**carnet**
	carnivore

[KaRo.]

une	**carotte**
un.e	carottier, -ière
un/(des)	**carreau(x)**
	carrossable
un	carrosse
la	carrosserie
un	carrossier

[KaRou.]

un	carrousel

[KaRP.]

une/le	carpe
une	carpette

[KaRT.]

	un	**cartable**
	une	**carte**
	le	cartilage
		cartilagineux, -euse
	un.e	cartomancien.ne
	du	**carton**
	être	cartonné.e
	une	cartouche
	une	cartouchière
	un	kart
	un	karting
	un	**quartier**

[KaRu.]

	une/la	carrure

[KaS.]

[a.]			cassable
[an.]			cassant.e
[K.]		une	cascade
		un.e	cascadeur, -euse
		un	**casque**
		être	casqué.e
		une	casquette
		un	casse-cou
		un	casse-croûte ou
			casse-croute
[é.]e.]	je/il/elle		**casse**
[eu.]	ça		casse
		un	casse-cou
		un	casse-croûte ou
			casse-croute
		un	casse-noisettes
		un	casse-noix
		(un.e)	casse-pieds
		une	**casserole**
		un	casse-tête
		un.e	casseur, -euse
[é.][è.]		être	cassé.e
		(se)	**casser**
		une	cassette
[i.]		du	cassis
[N.]		un	casse-noisettes
		un	casse-noix
[ou.]		le	cassoulet
[P.]		(un.e)	casse-pieds
[R.]		une	**casserole**
[T.]		un	casse-tête
		une	caste
		des	castagnettes
		un	castor
			castrer
[u.]		une	cassure

[KaT.]

[a.]	un	cataclysme
	les	catacombes
	un	catalogue
	un	catamaran
	un	cataplasme
	une	catapulte
	la	cataracte
	une	**catastrophe**
		catastrophique
[CH.]	le	catch
	un.e	catcheur, -euse
[é.]	un	catéchisme
	une	catégorie
		catégorique
	une	cathédrale
[i.]	en	catimini
[o.]	le	catholicisme
		catholique
		quatorze
		quatorzième
[R.]	un	quatrain
		quatre
		quatre heures
	un	quatre-quarts
	un	quatre-quatre
	les	quatre-saisons
		quatre-vingt(s)
		quatre-vingt-dix
		quatrième

[Kaü.]

	une	cahute

[KaV.]

[a.]	une	cavalcade
	une	cavalerie
	un	**cavalier**
	(une)	cavalière.ment
[e./.]	une	**cave**
[è.]	une	caverne
		caverneux, -euse
[i.]	du	caviar
	une	cavité
[o.]	un	caveau

[KaY.]

	un	**cahier**
	une	caille
	du lait	caillé
		cailler
	un	caillot
	un	**caillou**
		caillouteux, -euse
	des	cailloux
	un	kayak

[KaZ.]

		casanier, -ière
	une	casaque
	une	case
	être	casé.e
	(se)	caser
	une	caserne
	un	**casier**
	un	casino
		quasiment

[Kan.]

[-]	un	**camp**
		quand
		(quand *tu veux*)
		(quand *il pleut*)
[B.]	du	cambouis
	un	cambriolage
		cambrioler
	un.e	cambrioleur, -euse
[K.]	un	cancan
	un	cancre
[D.]	un	candélabre
	la	candeur
		candi
	(un.e)	candidat.e
	une/la	candidature
		candide
	le	qu'en-dira-t-on
[G.]	un	**kangourou**
[M.]		**quand même**
[P.]		campagnard.e
	la	**campagne**
	un	campagnol
	une	campanule
	un	campement
		camper
	un.e	campeur, -euse
	un	**camping**
[S.]	le	**cancer**
		cancéreux, -euse
		cancérigène
		cancérogène
[T.]	le	cantal
	une	cantate
	une	cantatrice
	la	**cantine**
	un.e	cantinier, -ière
	un	cantique
	un	canton
	à la	cantonade
		cantonal.e, -aux
	un	cantonnement
	se	cantonner

un.e	cantonnier, -ière	
	quant à *moi*	
une	**quantité**	

[Ke.] •[Keu.]

[-]		**que**
	(il faut	que...)
	(je sais	que...)
	(que *c'est beau !*)	
•[ ]	une	**queue**
[N.]	une	quenelle
	une	quenotte
	une	quenouille
[R.]	un	chœur *(= chant)*
	le	**cœur**
	une	querelle
	se	quereller
		querelleur, -euse
[Y.]	il/elle	cueille
	la	cueillette
		cueilli.r

[Ké.][Kè.]

[Kè]

un/le	quai

[KèK.]

un	cake

[KèL.]

[-][é.]		**quel...**
	(quel *travail !*)	
		quels
	(quels *travaux !*)	
		quelle...
	(quelle *belle moto !*)	
		quelles
	(quelles *belles motos !*)	
		qu'elle...
	(qu'elle est *belle !*)	
		qu'elles...
	(qu'elles sont *belles !*)	
[K.]		quelconque
		quelques... *(= plusieurs)*
	(quelques *minutes*)	
	(quelques *enfants*)	
		quelque chose
		quelquefois
		quelque part
		quelques-uns
		quelques-unes
		quelqu'un

[KéM.]

	quémander

[KéP.]

un	képi

[KèR.]

une	kermesse
le	kérosène
	quérir

[KéS.][Kès.]

une	**caisse**	
une	caissette	
un.e	caissier, -ière	
un	caisson	
	qu'est-ce que... ?	
	qu'est-ce que c'est ?	
	qu'est-ce qui... ?	
une	**question**	
	questionner	
un	questionnaire	

[KèT.]

le	ketchup
	quête.r
une	quetsche

[Ki.]

[-]		**qui**
[B.]	un	kibboutz
[K.]		quiconque
[CH.]	une	quiche
[D.]		kidnapper
	le	kidnapping
	un	quidam
[é.][è.]		**qui est-ce ?**
		qui est-ce qui... ?
		qui es-tu ?
	la	quiétude
[L.]	un	**kilo (kg)**
	un	kilogramme (kg)
	le	kilométrage
	un	**kilomètre (km)**
		kilométrique
	un	kilt
		qu'il...
		qu'il est...
		qu'ils sont...
[M.]	un	kimono
[N.]	un.e	kiné.sithérapeute
[GN.]	un	quignon
	la	quinine
[o.]	un	kiosque
[P.]	un	quiproquo
[R.]	le	kirsch
	une	kyrielle
[S.]	un	kyste
[T.]	en/un	kit
	une	quittance
	en	quittant
		quitte
		quitter
[V.]	le	qui-vive
[W.]	le	kiwi
[Y.]	une	quille

[Kin.] •[Kun.]

[K.]	un	quincailler ou
	un	quincaillier, -ière
	une	quincaillerie
	en	quinconce
		quinquagénaire
[T.]	un	quintal
	une	quinte
	un	quintette
		quintuple.r
[Z.]		**quinze = 15**
	une	quinzaine
		quinzième
•[ ]		qu'un...

[KL.]

[KLa.]

[K.]	un	claquage
[KS.]	une	**claque**
	un	claquement
	se	claquemurer
		claquer
	des	claquettes
	un	klaxon
		klaxonner
[M.]		clamer
	la	clameur
[P.]	un	clapet
	un	clapier
		clapoter
	un	clapotis
[R.]		clarifier
	une	clarinette
	la	clarté
[S.]	une	**classe**
	un	classement
		classer
	un	classeur
	une	classification
		classique
[V.]	un	clavecin
	une	clavette
	une	clavicule
	un	clavier

[KLan.]

	un	clan
		clandestin
		clandestine.ment
	la	clandestinité
	une	clenche

[KLe.]

| | un | club |

[KLé.][Klè.]

[-]	une	claie
	une	**clé** ou **clef** *pour ouvrir*
[M.]	une	clématite
	la	clémence
		clément.e
	une	clémentine
[R.]		**clair**
		claire.ment
	à	claire-voie
	une	clairière
	un	clairon
		claironner
	être	clairsemé.e
		clairvoyant.e
	un	clerc
	le	clergé

[KLi.]

[an.]	un.e	**client.e**
	la	clientèle
[K.]	une	clique
		cliqueter
	un	cliquetis
[CH.]	un	cliché
[M.]	le	**climat**
		climatique
	la	climatisation
	être	climatisé.e
[N.]	un	clignement
[GN.]		cligner
		clignotant.e
		clignoter
	un	clignoteur
	(une)	**clinique**
[P.]	un	clip

[KLin.]

| | un | clin d'œil |
| | | clinquant.e |

[KLo.]

[-]	être/un	clos
[a.]	un	cloaque
[K.]	une	cloque
[CH.]	un.e	clochard.e
	une	**cloche**
	à	cloche-pied
	(un)	clocher
	une	**clochette**
[P.]		clopin-clopant
[R.]	du	chlore *(= gaz)*
	le	chloroforme
	la	chlorophylle
		clore *(= fermer)*
[T.]	une	**clôture**
		clôturer
[Z.]	une	clause
	elle est	close

[KLoi.]

	une	cloison
	être	cloisonné.e
		cloître.r ou cloitre.r

[KLou.]

[-]	un	**clou**
	des	clous
[é.]		clouer
[N.]	un	**clown**
	une	clownerie
[T.]	être	clouté.e

[Ko.]

[Ko.]

| | | qu'au... |

[Koa.]

[B.]		cohabiter
[G.]		coaguler
[L.]		coaliser
	une	coalition
	un	koala
[S.]	un	coassement
		coasser
		voir aussi [Koi.] p. 34

[KoB.]

	un	cobaye
	un	cobra
	un	cow-boy

[KoK.]•[KoKS.]

[-]	un	**coq**
[a.]		cocagne
	la	cocaïne
	une	cocarde
		cocasse
[é.]	du	coke *(= charbon)*
	une	coque
	un	coquelicot
	la	coqueluche
	un	coquetier
[è.]	un	cocker
	être	coquet.te
	la	coquetterie
[i.][in.]	une	**coquille**
	un	**coquillage**
		coquin.e
[L.]	un	coquelicot
	la	coqueluche
[o.]	du/un	coco
	un	cocotier
	une	cocotte
[on.]	un	cocon
[P.]	un	cockpit
•[ ]	une	**coccinelle**
	le	coccyx
[T.]	un	cocktail ou coquetel
	un	coquetier

[KoCH.]

[.]	un.e	coche
[é.]		cocher, -ère
[M.]	un	cauchemar
		cauchemardesque
[o.]	un	**cochon**
[on.]	un	cochon d'Inde
	une	cochonne.rie
	un	cochonnet

[KoD.]

	un	code
	être	codé.e
		coder

[Koé.]

	un	coefficient
	un.e	coéquipier, -ière
		cohérent.e

[KoF.]

	un	coffrage
	un	**coffre**
	un	coffre-fort
	un	coffret

[Ko.in.]

	une	coïncidence
		coïncider
		voir aussi [Koin.] p. 34

[KoL.]

[-]	un	**col**
	la	colle
[a.]	un.e	collaborateur, -trice
	la	collaboration
		collaborer
	un	collage
	une	collation
[an.]	(un)	**collant**
		collante
[e.]	la	**colle**
[eu.]	un.e	colleur, -euse
[é.][è.]	le	choléra
	un	coléoptère
	la	**colère**
		coléreux, -euse
		colérique
	être	collé.e
	une	collecte
		collecter
		collectif
	une	**collection**
		collectionner
	un.e	collectionneur, -euse
		collective.ment
	la	collectivité
	un	**collège**
	un.e	collégien.ne
	un	collègue
		coller
	un	collet
[i.]	un	colibri
	un	colimaçon
	une	**colique**
	un	**colis**
	un	**collier**
	le	collimateur
	une	**colline**
	une	collision
	un	quolibet
[in.]	un	colin
	à	colin-maillard
[M.]		colmater
[o.]	un	colloque
	un	colonel
		colonial.e, -aux
	le	colonialisme
	une	**colonie**
	la	colonisation
		coloniser
	une	**colonne**
		colorant.e
	une	coloration
	être	coloré.e
		colorer
	un	coloriage

		colorier
	un	coloris
		colossal.e, -aux
	un	colosse
[on.]	un	colombage
	une	colombe
	un	colombier
	le	côlon (= intestin)
	un	colon
[P.]		colporter
	un.e	colporteur, -euse
[Z.]	du	colza

[KoM.]

[a.]	le	coma
		comateux, -euse
[an.]	un.e	commandant.e
	une	commande
	un	commandement
		commander
		commanditer
	un	commando
	le	commencement
		commencer
		commensurable
		comment
	un	commentaire
	un.e	commentateur, -trice
		commenter
[é.]		**comme**
[é.][è.]	une	comédie
	un.e	comédien.ne
		comestible
	une	comète
		commémoratif, -ive
	une	commémoration
		commémorer
	un	commérage
	une	commère
	(un.e)	**commerçant.e**
	le	**commerce**
		commercial.e, -aux
	la	commercialisation
		commercialiser
		commettre
[i.]	(un.e)	**comique**
	un	comité
	un/j'ai	commis
		commise
	le	commissaire
	un	commissariat
	une	commission
	un.e	commissionnaire
	des	**commissions**
	une	commissure
[o.]	(une)	commode
	une	commodité
	une	commotion
	être	commotionné.e

[un.]		commun
[u.]		communal.e
		communautaire
		communaux
	une	communauté
	(une)	**commune**
	un.e	communiant.e
		communicatif, -ive
	une	communication
		communier
	la	communion
	un/j'ai	communiqué
		communiquer
	le	communisme
		communiste
		commuter

[KoN.] •[KoGN]

[é.]	un	cône
[è.]	je/tu	connais
	la	connaissance
	un/la	connaisseur, -euse
	il/elle	connaît ou connait
		connaître ou
		connaitre
		connecter
	une	connexion
[i.]	un	conifère
		conique
	la	connivence
•[ ]	le	cognac
	une	cognée
	(se)	cogner
[u.]	j'ai/c'est	connu
	être	**connu.e**

[Koo.]

[P.]		coopérant.e
		coopératif, -ive
	la	coopération
	une	coopérative
		coopérer
[R.]	la	coordination
	les	coordonnées
		coordonner

[KoP.]

[i.]	il/elle	copie
	une	copie
		copier
	un.e	copieur, -euse
		copieux, -euse
	un.e	copilote
	une	copine
[in.]	un	**copain**
[o.]	un	copeau
[R.]	un.e	copropriétaire
	la	copropriété

[KoR.]

[-]	un	cor *(chasse/pied)*
	le	**corps**
[a.]	une	chorale
	du	corail
[B.]	une	**corbeille**
	un	corbillard
	un	**corbeau**
[D.]	un	cordage
	une	**corde**
	un	cordeau
	une	cordée
	une	cordelette
		cordial.e.ment
		cordiaux
	un	**cordon**
	un	cordon-bleu
	une	cordonnerie
	un.e	cordonnier, -ière
[é.][è.]	la	chorégraphie
		correct
		correcte.ment
		correctif, -ive
	une	**correction**
	(un.e)	correcteur, -trice
	la	**correspondance**
	un.e	correspondant.e
		correspondre
[i.]	un.e	choriste
		coriace
	la	corrida
	un	corridor
		corriger
		corrigible
	le	coryza
[M.]	un	cormoran
[N.]	une	**corne**
	la	cornée
	une	corneille
	la	cornemuse
	un	corner *(= foot.)*
	un	**cornet**
	une	corniche
	un	cornichon
	être	cornu.e
	une	cornue
[o.]	les	coraux *(= corail)*
	une	corolle
		corrosif, -ive
[on.]		corrompre
[P.]	une	corporation
		corporel.le
	la	corpulence
		corpulent.e

	un	corpuscule
[S.]	un	corsage
	un	corsaire
	être	corsé.e
	un	corset
[T.]	un	**cortège**
[u.]	la	corruption
[V.]	une	corvée

[KoS.]

[é.]	une	cosse
[i.]	une	caution
	un	quotient
[M.]	(un)	cosmétique
		cosmique
	un.e	**cosmonaute**
		cosmopolite
	le	cosmos
[T.]		caustique
		costaud.e
	un	**costume**
	être	costumé.e
[u.]		cossu.e

[KoT.]

[a.]	une	cotation
	un	quota
[é.]	une/la	**côte**
	une	cote *(= points)*
	être	côtelé.e
	une	côtelette
	une	cotte *de mailles*
	une	quote-part
[é.]	un/le	**côté**
	être	coté.e
		coter *(= noter)*
[i.]		côtier, -ière
	une	cotisation
		cotiser
		quotidien.ne.ment
[L.]		côtelé.e
	une	côtelette
[o.]	un	coteau
	une	cotonnade
		cotonneux, -euse
	le	cotonnier
[oi.]		côtoyer
[on.]	du	**coton**

[Koü.]

	la	cohue

[KoY.]

	un	coyote

[KoZ.]

	un	cosaque
		cause.r

[Koi.]

[-]		**quoi**
[K.]		quoique
		quoi que *tu fasses*
[D.]	(un.e)	quadragénaire
	un	quadrilatère
	(un)	quadrimoteur
	un	quadriréacteur
	un	quadrupède
		quadruple.r
[F.]	une	coiffe
	être	coiffé.e
	(se)	coiffer
	un.e	**coiffeur, -euse**
	une	**coiffure**
[T.]		quaternaire
	le	quartz
	un	quatuor
		voir aussi [Koa.] p. 32

[Koin.]

	un	**coin**
	être	**coincé.e**
		coincer
	une	coïncidence
		coïncider
	un	coing *(= fruit)*

[Kon.]

[Kon]

		qu'on
	(il faut)	qu'on *parte*)
	(je veux)	qu'on *se taise*)

[KonB.]

[a.]	un	**combat**
	(un.e)	combattant.e
		combatif, -ive ou
		combattif, -ive
	la	combativité ou
		combattivité
		combattre
	j'ai	combattu
[i.]		**combien**
[ien.]		
	une	combinaison
	une	combine
		combiner

[L.]	(un)	comble
		combler
[u.]	(un)	combustible
	la	combustion

[KonK.]

[a.]		concasser
		concave
[é.][è.]	un.e	conquérant.e
		conquérir
	une	conquête
[L.]	un	conclave
	j'ai	conclu
		concluant.e
		conclure
	une	conclusion
[o.]	la	concorde
		concorder
[on.]	un	concombre
[ou.]		concourir
	un	**concours**
[R.]		concret
		concrète.ment
[u.]	le	concubinage
	la	concurrence
		concurrencer
	un.e	**concurrent.e**

[KonD.]

[a.]		condamnable
	une	condamnation
	être	condamné.e
		condamner
[an.]	un	condensateur
	la	condensation
	un	condensé
	être	condensé.e
		condenser
[i.]	un	condiment
	un	condisciple
	une	**condition**
		conditionnel.le
		conditionner
[o.]	les	condoléances
	un	condor
[u.]	un.e	**conducteur, -trice**
[ui.]		**conduire**
	je/tu	conduis
	un/j'ai	**conduit**
	il/elle	conduit
	(la)	**conduite**

[KonF.]

[é.][è.]	la	confection
		confectionner
	la	confédération
	être	confédéré.e
	une	**conférence**
	un.e	conférencier, -ière
	(la)	confesse
	(se)	confesser
	un	confesseur
	la	confession
		confessionnal, -aux
		confessionnel.le
	des	confetti(s)
[i.]	la	**confiance**
		confiant.e
	une	confidence
	un.e	confident.e
		confidentiel.le.ment
	(se)	confier
	être	confiné.e
		confiner
	une	confirmation
		confirmer
	la	confiscation
	un.e	confiseur, -euse
	une	confiserie
		confisquer
	un fruit	confit
		confite
	la	**confiture**
[in.]	aux	confins
[L.]	une	conflagration
	un	conflit
	un	confluent
[o.]		conforme
		conformément
	(se)	conformer
	le	conformisme
	la/en	conformité
	le	**confort**
		confortable.ment
		conforter
[on.]		confondre
	j'ai	confondu
[R.]	un	confrère
	une	confrontation
		confronter
[u.]		confus.e
	la	confusion

[KonG.]

		congratuler
	un	congre
	un	congrès
	un.e	congressiste

[KonJ.]

[é.]	un	**congé**
[é.][è.]		congédier
	un	congélateur
	être	congelé.e
	un.e	congénère
		congénital.e, -aux
	une	congère
	une	congestion
	être	congestionné.e
	une	conjecture
[L.]	être	congelé.e
[oin.]	un.e	conjoint.e
[on.]	une	conjonction
	une	conjonctivite
	une	conjoncture
[u.]		conjugal.e, -aux
	la	**conjugaison**
		conjuguer
	une	conjuration
		conjurer

[KonP.]

[KonPa.]

[-]	un	compas
[K.]		compact.e
[GN.]	une	**compagne**
	la	compagnie
	un	**compagnon**
[R.]		comparable
	la	comparaison
		comparaître ou
		comparaitre
		comparatif
		comparative.ment
		comparer
	un.e	comparse
	un	compartiment
	une	comparution
[S.]	la	compassion
[T.]	la	compatiblité
		compatible
		compatir
	un.e	compatriote

[KonPan.]

	une	compensation
		compenser

[KonPé(è).]

	un	compère
	une	compétence
		compétent.e
		compétitif, -ive
	une	**compétition**
	la	compétitivité

[KonPi.]

	une	compilation

[KonPL.]

[é.][è.]	se	complaire
	la	complaisance
		complaisant.e
	un	complément
		complémentaire
		complet
		complète.ment
		compléter
		complexe
	être	complexé.e
	la	complexité
[i.]	une	complication
	un.e	complice
	la	complicité
	un	compliment
		complimenter
	être	**compliqué.e**
[in.]	une	complainte
[o.]	un	complot
		comploter

[KonPo.]

[R.]	un	comportement
	(se)	comporter
[S.]	un	compost
		composter
[T.]	la	**compote**
	un	compotier
[Z.]	un.e	composant.e
	un	composé
		composer
	un.e	compositeur, -trice
	une	composition

[KonPR.]

[an.]	il/elle	comprend
		comprendre
	je/tu	comprends
[é.][è.]		compréhensible
		compréhensif, -ive
	la	compréhension
	une	compresse
		compressible
	la	compression
[i.]	un	comprimé
		comprimer
		compris.e
[o.]		compromettant.e
		compromettre
		compromis.e

[KonS.]
[KonSa.]

	(se)	consacrer

[KonSan.]

	être	concentré.e
	(se)	concentrer
		concentrique
	le	consentement
		consentir

[KonSK.]

		conscrit.e

[KonSé.][KonSè.]

[K.]	la	consécration
		consécutif
		consécutive.ment
	une/la	conséquence
[D.]		concéder
[P.]	la	conception
[R.]		concerner
	un	**concert**
	se	concerter
	un	concerto
	(un.e)	conservateur, -trice
	la	conservation
	un	conservatoire
	une	conserve
		conserver
[S.]		concession.naire
[Y.]	un	**conseil**
	il/elle	conseille
	un.e	conseiller, -ère
		conseiller

[KonSi.]

[-]		concis
[a.]		consciemment
[an.]	la	conscience
		consciencieuse.ment
		consciencieux
		conscient.e
[D.]		considérable.ment
	la	considération
		considérer
[è.]	un.e	**concierge**
[L.]	un	concile
	un	conciliabule
		conciliant.e
	la	conciliation
		concilier
[N.]	une	consigne
[GN.]		consigner
[S.]	la	consistance
		consistant.e
		consister
[T.]	un.e	concitoyen.ne
[Z.]		concise
	la	concision

[KonSo.]

[L.]		consolant.e
	un.e	consolateur, -trice
	la	consolation
	je/une	console
	être	consolé.e
		consoler
		consolider
[M.]	un.e	consommateur, -trice
	la	consommation
	un	consommé
		consommer
[N.]	une	consonne
[P.]	un.e	conspirateur, -trice
	la	conspiration
		conspirer
		conspuer

[KonST.]

[a.]		constamment
	un	constat
	une	constatation
		constater
[an.]		constant.e
[è.]	une	constellation
		consternant.e
	la	consternation
	être	consterné.e
[i.]	la	constipation
	être	constipé.e
		constituant.e
		constituer
	la	constitution
		constitutionnel.le.ment
[R.]	un.e	constructeur, -trice
		constructif, -ive
	la	construction
		construire
		construit.e

[KonSu.]

[L.]	un	consul
	le	consulat
	une	consultation
		consulter
[M.]	(se)	consumer

[KonT.]
[KonTa.]

[B.]		comptable
	la	comptabilité
[K.]	un/le	contact
		contacter

[J.]	un	comptage
		contagieux, -euse
	la	contagion
[M.]	la	contamination
		contaminer

[KonTan.]

[-]	en	comptant (= compter)
	au	comptant
	être	**content** (= heureux)
[P.]	la	contemplation
		contempler
		contemporain.e
[T.]		**contente**
	le	contentement
	(se)	contenter

[KonTé.][KonTe.]
[KonTeu.]

	le	**compte** (= calcul)
	un	compte-gouttes
	un	compte rendu
	un	compteur (= compter)
	un	comte (= noble)
	un	**conte** (de fée)
	la	contenance
		contenant.e
	un	conteneur
		contenir
	(le)	contenu
	un	conteur (= raconter)
	une	conteuse

[KonTé.][KonTè.]

[-]		compter (= calculer)
	un/le	comté
		conter (= raconter)
[KS.]	un	contexte
[N.]	un	container
[S.]	une	comtesse
		contestable
	un.e	contestataire
	la	contestation
		contester

[KonTi.]

[G.]		contigu, -uë ou
		contigu, -üe
[N.]	une	comptine
	un	continent
		continental.e, -aux
	un/en	continu
	il/elle	continue
		continuel.le.ment
		continuer

[KonTin.]

	(un)	contingent

[KonTo.]

	une	contorsion

[KonTon.]

		contondant.e

[KonTou.]

	un	contour
	un	contournement
		contourner

[KonTR.]

[a.]	la	contraception
		contracter
	une	contraction
		contractuel.le
	une	contradiction
		contradictoire
		contrariant.e
	être	contrarié.e
		contrarier
	la	contrariété
	un	contraste
	un	contrat
	une	contravention
	une	contre-allée
	une	contre-attaque
	un	compte rendu
[an.]	un	**contre**
[é.][e.]		contrebalancer
	une	contrebande
	un.e	contrebandier, -ière
	en	contrebas
	une	contrebasse
		contrecarrer
	à	contrecœur
	un	contrecoup
		contredire
		contrefaire
		contrefait.e
	un	contrefort
	à/le	contre-jour
	un.e	contremaître.sse ou
		contremaitre.sse
	la	contrepartie
	à/le	contre-pied
	le	contreplaqué
	un	contrepoids
	un	contrepoison
	à/un	contresens
	un	contretemps

[é.][è.]		**contraire.ment**
	une	contrée
		contrer
[i.]†	un.e	contribuable
		contribuer
	une	contribution
[in.]		contraindre
		contraint
	(une)	contrainte
[o.]		contrôlable
	un	**contrôle**
		contrôler
	un.e	contrôleur, -euse
	un	contrordre
	une	controverse
	être	controversé.e
[u.]	par	contumace
	une	contusion

[KonV.]

[a.]	la	convalescence
		convalescent.e
[an.]	une	convention
		conventionnel.le.ment
[é.]		convenable.ment
	une	convenance
		convenir
		convenu
[è.]		converger
	la	**conversation**
		converser
	la	conversion
	être	converti.e
	(un)	convertible
		convertir
		convexe
[i.]	la	conviction
	cela	convient
		convier
	un.e	convive
		convivial.e, -aux
[in.]		convaincant.e
		convaincre
	être	convaincu.e
[o.]	une	convocation
		convoler
		convoquer
[oi.]	un	convoi
		convoiter
	la	convoitise
		convoyer
	un.e	convoyeur, -euse
	quelqu'un	qu'on voit
[u.]	une	convulsion

[Kou.]

[Kou]

	le	**cou** (= tête)
	il/elle	coud (= coudre)
	je/tu	couds
	un	**coup**
	un	coup de pied
	un	coup de poing
	un	coup de soleil
	le	coût (= prix)

[KouCH.]

	un	couchage
		couchant.e
	une	couche
	être	couché.e
	(se)/le	**coucher**
	une	couchette

[KouD.]

	le	**coude**
	une	coudée
		coudoyer
		coudre
	un	coudrier
	un	coup de pied
	un	coup de poing
	un	coup de soleil

[Kouè.]

	la	couenne
	une	couette

[KouF.]

	un	couffin

[KouK.]

	(un)	coucou
	une	**couque**

[KouL.]

[a.]		un	coulage
[an.]			coulant.e
[é.][e.]		il/elle	coule
[é.]		une	coulée
			couler
		une	**couleur**
		une	couleuvre
[i.]		un	coulis
			coulissant.e
		une	coulisse
			coulisser
[oi.]		un	**couloir**

[KouP.]

[a.]			**coupable**
[an.]			**coupant.e**
[é.]		une	coupe
[é.][è.]		être	coupé.e
		un	coupe-gorge
		un	coupe-papier
		(se)	**couper**
		un	couperet
		un	coupe-vent
[L.]		un	couple
		un	couplet
[o.]		une	coupole
[on.]		un	coupe-ongles
		un	coupon
[R.]		un	couperet
[u.]		une	**coupure**

[KouR.]

[-]		une/la	**cour**
		en	cours
		un/le	**cours**
		je/tu	cours
		il/elle	**court** (= courir)
		c'est	**court** (courte)
		un	court (tennis)
[a.]		le	**courage**
			courageuse.ment
			courageux
			couramment
[an.]			**courant.e**
[B.]		être	courbatu.e
		être	courbaturé.e
		des	courbatures
		(une)	courbe
		être	courbé.e
		(se)	courber
		une	courbette
		la	courbure
		un	court-bouillon
[é.][e.]	eux, ils/elles	courent
[eu.]		un	**coureur**
		une	coureuse
	la chasse à	courre
[i.]			**courir**
		un	courrier
[J.]		une	courge.tte
[o.]		une	**couronne**
		un	couronnement
			couronner
[oi.]		une	courroie
[ou.]		être	courroucé.e
		le	courroux
[S.]		une/la	**course**
		un.e	coursier, -ière
		un	court-circuit

[KouT.]

[T.]		un.e	courtisan.e
			courtiser
			courtois.e
		la	courtoisie
[u.]		il/elle a	**couru**

[KouS.]

	du	couscous
	un	**coussin**

[KouT.]

[-]		le	coût ou cout
[an.]			coûtant.e ou coutant.e
[é.]		ça	coûte ou coute
[eu.]			
[é.][è.]		il a	coûté ou couté
		un	coutelas
		la	coutellerie
			coûter ou **couter**
			coûteux, -euse ou coûteux, -euse
[o.]		un	**couteau**
[u.]		la	coutume
		la	**couture**
		un.e	couturier, -ière

[KouV.]

[an.]		en	couvant (= couver)
		un	couvent
[eu.]		une	couveuse
[é.][è.]		une	couvée
			couver
		un	**couvercle**
			couvert.e
		une	**couverture**
[R.]		il/elle	couvre
		un	couvre-feu
		un	couvre-lit
		un	couvreur
			couvrir

[KouZ.]

	un.e	**cousin.e**
		cousu.e

[KR.]

[KRa.]

[B.]		un	**crabe**
[K.]		être	craquelé.e
		un	craquement
			craquer
[CH.]		le	crachat
			cracher
			cracheur, -euse
		le	crachin

	un	crachoir
[M.]		cramoisi.e
[N.]	un	**crâne**
		crâner
	(un.e)	crâneur, -euse
		crânien.ne
[P.]	un	**crapaud**
	une	crapule
[S.]	la	crasse
		crasseux, -euse
[T.]	un	cratère
[V.]	une	cravache
	une	**cravate**

[KRan.]

[-]	le	cran
[P.]	une	**crampe**
	un	crampon
	se	cramponner

[KRe.][KReu.]

[-]	un	creux
[V.]	une	crevaison
		crevant.e
	une	crevasse
	être	crevé.e
		crever
	une	crevette
[Z.]		creuse
		creuser
	un	creuset

[KRé.][KRè.]

[-]	une	craie
[a.]	(un.e)	créateur, -trice
		créatif, -ive
	la	création
	la	créativité
	une	créature
[an.]	un.e	créancier, -ière
[CH.]	une	crèche
[D.]		crédible
	le/à	crédit
		créditer
		crédule
	la	crédulité
[é.]		créer
[M.]	une	crémaillère
		crématoire
	la	**crème**
	une	crémerie ou crèmerie
		crémeux, -euse
	un.e	crémier, -ière
[N.]	je	craignais
[GN.]	un	créneau

[o.]		créole
[P.]	une/du	**crêpe**
	une	crêperie
	un/être	crépi
	un	crépitement
		crépiter
	être	crépu.e
	le	crépuscule
[S.]	une	crécelle
	du	cresson
[T.]		chrétien.ne
	la	chrétienté
	une	crête
	(un.e)	crétin.e
[Y.]		crayeux, -euse
	un	crayon
		crayonner

[KRi.]

[-]	un	**cri**
	je/il/elle	**crie**
[a.]		criard.e
[an.]	(en)	criant
		criante
[B.]	un	crible
	être	criblé.e
[K.]	un	cric
	le	cricket *(= jeu)*
	une	crique
	un	criquet *(= insecte)*
[é.]	la	criée
		crier
[M.]	un	**crime**
	(un.e)	criminel.le
[N.]	une	crinière
[P.]	une	crypte
[S.]	le	christianisme
	être	crispé.e
		crisser
	du	**cristal**
		cristallin.e
	être	cristallisé.e
[T.]	un	critère
	(la)	critique
		critiquer
[Z.]	une	chrysalide
	un	chrysanthème
	une	**crise**

[KRin.]

[-]	je/tu	crains
	il/elle	craint
	du	crin *(= poil)*
[D.]		**craindre**
[T.]	la	crainte
		craintif, -ive

[KRo.]

[-]	un	croc
[a.]	un	croassement
		croasser
[K.]	un	croc-en-jambe
	un	**crocodile**
	un	crocus
		croquant.e
	un	croque-monsieur
	un	croque-mort
		croquer
	le	croquet
	une	croquette
	un	croquis
[CH.]	une	croche
	un	croche-pied
	un	**crochet**
		crocheter
	être	crochu.e
[L.]	le	crawl *(= nage)*
[M.]	du	chrome
	être	chromé.e
[N.]	(une)	chronique
	la	chronologie
		chronologique
	un	chrono.mètre
[S.]	un	cross
	une	crosse
[T.]	un	crotale
	une	crotte
	être	crotté.e
	du	crottin

[KRoi.]

[-]	je/tu	crois
	il/elle	**croit** *(= croire)*
	il/elle	croît *(= grandir)*
	une	**croix**
[R.]		**croire**
[S.]	un	croassement
		croasser
	la	croissance
	un	croissant
		croissant.e
[T.]		croître ou croitre
[Y.]		croyable
	il/elle	croyait
	la	croyance
		croyant.e
	vous	croyez
[Z.]	une	croisade
	être	croisé.e
	la	croisée
	un	croisement
		croiser
	un	croiseur
	une	croisière

[KRou.]

[P.] la croupe
 un croupion
  croupir
[S.] croustillant.e
  croustiller
[T.] une croûte ou croute
 un croûton ou crouton

[KRu]

[-] être cru.e
 (tout cru)
 (toute crue)
 j'ai **cru**
[CH.] une cruche
[D.] des crudités
[è.] **cruel**
  cruelle.ment
[o.] la cruauté
[S.] crucial.e, -aux
 être crucifié.e
 un crucifix
 un crustacé

[KS.]

  xénophobe
 la xénophobie
 un xylophone

[Ku.] •[Kui.]

[Ku.]

 le cul

[KuB.]

 un **cube**
  cubique
 le cubitus

[KuD.]

 un cul-de-jatte
 un cul-de-sac

•[Kui.]

[-] j'ai/c'est **cuit**
[R.] du **cuir**
 une cuirasse
 être cuirassé.e
 un cuirassier
  cuire
[S.] une **cuisse**
 la cuisson

[T.] elle est **cuite**
[V.] le/du **cuivre**
[Y.] une cuiller ou cuillère
 une cuillerée
[Z.] une **cuisine**
  cuisiner
 un.e cuisinier, -ière

[KuL.]

[a.] une culasse
[B.] une culbute
  culbuter
[i.] culinaire
[M.] culminant.e
[o.] un culot
 une **culotte**
 être culotté.e
[P.] être culpabilisé.e
[T.] un culte
 un.e cultivateur, -trice
  cultiver
 la **culture**
  culturel.le.ment

[KuM.]

  cumuler
 un cumulus

[KuN.]

  qu'une...

[KuP.]

  cupide.ment
 la cupidité

[KuR.]

[é.] une cure
 un cure-dent(s)
[é.] un curé
 la curée
[i.] **curieux**
  curieuse.ment
 une curiosité
 un.e curiste
 le curry

[KuT.]

  cutané.e
 la cutiréaction ou
  cuti-réaction

[KuV.]

 une cuve
 une cuvée
 une cuvette

[CHa.]

[CHa]

 le chas d'une aiguille
 un **chat** (= animal)

[CHaK.]

 un chacal
  chacun.e
  chaque
  (chaque fois)
  (chaque jour)

[CHaG.]

 (le) chagrin
  chagrine
 être chagriné.e

[CHaL.]

 un chaland
 un châle
 un chalet
 la **chaleur**
  chaleureux
  chaleureuse.ment
 un challenge
 une chaloupe
 un chalumeau
 un chalut.ier

[CHaM.]

 se chamailler
 être chamarré.e
 un **chameau**
 un chamelier
 une chamelle
 un chamois

[CHaP.]

  chaparder
 une chape
 un **chapeau**
 un chapelet
 un.e chapelier, -ière
 une chapelle
 la chapelure
 un chaperon
 un chapiteau
 un chapitre
 un chapon

[CHaR.]

[-] un char
[a.] le charabia
 une charade

[B.]	du	**charbon**		[o.]	un	**château**		**[CHe.]**
	un	charbonnage			un	château fort	[M.]	un **chemin**
	un.e	charbonnier, -ière		[oi.]	le	chatoiement		le chemin de fer
[K.]	la	**charcuterie**				chatoyant.e		une **cheminée**
	un.e	**charcutier, -ière**				chatoyer		cheminer
[D.]	un	chardon		[on.]	un	chaton		un cheminot
	un	chardonneret		[ou.]	un.e	chatouille.ment		une **chemise**
[é.]	un	charretier				**chatouiller**		une chemiserie
[è.]	une	**charrette**				chatouilleux, -euse		une chemisette
[i.]	un	**chariot** ou **charriot**		[R.]		châtrer		un chemisier
		charitable					[N.]	un chenal
	la	charité		**[CHaü.]**				un chenapan
	le	charivari			(le)	chahut.er		des chenaux
		charrier				chahuteur, -euse		des chenets
[J.]	une	charge			un	chat-huant		un chenil
	être	chargé.e						une **chenille**
	un	chargement		**[CHaV.]**			[V.]	un **cheval**
	(se)	charger				chavirer		chevaleresque
	un	chargeur						la chevalerie
[L.]	un	charlatan						un chevalet
[M.]		**charmant.e**		**[CHan.]**				un **chevalier**
	le	charme		[-]	un	**champ** (de blé)		une chevalière
	être	charmé.e			le/un	**chant** (= chanter)		chevalin.e
	(un.e)	charmeur, -euse		[B.]		chambard.er		une chevauchée
[N.]	un	charnier			un	chambardement		des **chevaux**
	une	charnière			un	chambellan		être chevelu.e
	être	charnu.e			un	chambranle		une chevelure
[o.]		charognard.e			une	**chambre**		le chevet
	une	charogne			une	chambrée		un **cheveu**
[P.]	une	charpente			une	chambrette		des cheveux
	un	charpentier		[D.]	un	chandail		une **cheville**
	la	charpie			un	chandelier		un chevreau
[T.]	un	charretier			une	chandelle		une chevrette
	une	charte		[J.]	il/elle/le	change		un chevreuil
	un	charter			il/elle	changeait		chevron.né.e
[u.]	une	charrue				changeant.e		la chevrotine
					un/le	changement		
[CHaS.]						**changer**		**[CHé.][CHè.]**
	la	**chasse**		[P.]	le	champagne	[-]		**chez**
	être	chassé.e				champêtre			*chez toi*
	un	chasse-neige			un	**champignon**			*chez moi*
		chasser			un.e	**champion.ne**			*chez le boucher...*
	un	**chasseur**			un	**championnat**	[K.]	un	**chèque**
	un	châssis			du	**shampooing** ou		un	chéquier
	la	chasteté				**shampoing**	[D.]	un	chef d'œuvre
				[S.]		chançard.e	[F.]	le	**chef**
[CHaT.]					la	**chance**		un	chef-lieu
[é.]	un.e	châtelain.e				chancelant.e	[M.]	un	schéma
	une	**chatte**				chanceler			schématique.ment
[è.]	une	**châtaigne**			une	**chanson**.nette	[N.]	une	**chaîne** ou **chaine**
	un	châtaignier			un	chansonnier		une	chaînette ou chainette
[i.]		châtier		[T.]	le	chantage		un	chaînon ou chainon
	une	chatière				**chanter**		un	**chêne**
	un	châtiment			un.e	chanteur, -euse		un	chêne-liège
[in.]		châtain			un	chantier	[P.]	le	cheptel
[L.]	un.e	châtelain.e				chantonner			
				[V.]	du	chanvre			

[R.]	de la	**chair**
	une	chaire *(= tribune)*
	c'est	**cher**
		cher *ami*
		chercher
	un.e	chercheur, -euse
	elle est	**chère**
		chère *maman*
	faire bonne	chère
	mon	**chéri**
	ma	**chérie**
		chérir
	un	chérubin
	un	shérif
[T.]		chétif, -ive
[V.]	une	**chèvre**
	le	chèvrefeuille
[Y.]	un	cheikh ou cheik
[Z.]	une	**chaise**

[CHi.] •[CHien.]

[K.]	c'est	**chic**
		chic *alors !*
	une	chicane
		chicaner
	le	chicon
	un	chicot
	la	chicorée
	une	chique
	une	chiquenaude
		chiquer
[CH.]		chiche !
		chichement !
[è.]	une	chienne
•[ ]	un	**chien**
	du	chiendent
	un	chien-loup
[F.]	une	chiffe *molle*
	un	**chiffon**
	être	chiffonné.e
		chiffonner
	un.e	chiffonnier, -ière
	un	**chiffre**
		chiffrer
[M.]	une	chimère
		chimérique
	la	chimie
		chimique
	un.e	chimiste
[N.]	une	chignole
[GN.]	un	chignon
	être	chiné.e
		chiner
	(un.e)	chinois.e.rie
[o.]	un	chiot

[P.]		chiper
	une	chipie
	un	chipotage
		chipoter
	des	chips
[R.]		chirurgical.e, -aux
	la	chirurgie
	un.e	chirurgien.ne
[S.]	un	schisme
	le	schiste

[CHin.]

	un	chimpanzé

[CHo.]

[-]	c'est/il fait	**chaud**
	de la	chaux
	un	show *(= spectacle)*
[B.]	le	show-business
		ou show-biz
[K.]	un	**choc**
	du	choco
	du	**chocolat**
	une	chocolaterie
	un	chocolatier
		choquant.e
	être	choqué.e
		choquer
[D.]		**chaude.ment**
	une	chaudière
	un	chaudron
[F.]	le	**chauffage**
	un	chauffard
	ça	chauffe
	un	chauffe-bain
	un	chauffe-eau
		chauffer
	un.e	**chauffeur**, -euse
[M.]	le	chaume *(= paille)*
	une	chaumière
	le	**chômage**
	il/elle	chôme
		chômer
	un.e	chômeur, -euse
[P.]	une	chope
		choper
[R.]	un	short
[S.]	être	chaussé.e
	une	**chaussée**
	un	chausse-pied
	(se)	chausser
	une	chausse-trappe ou
		chausse-trape
	une	**chaussette**
	un	**chausson**
	une	**chaussure**

[V.]		chauve
	une	chauve-souris
		chauvin.e
	le	chauvinisme
[Z.]	une	**chose**
	quelque	chose

[CHoi.]

		choir
j'ai		choisi
être		choisi.e
		choisir
un/le		**choix**
être		choyé.e
		choyer

[CHou.]

[-]	un	**chou**
	des	choux
[K.]	la	choucroute
[CH.]		chouchou
		chouchouter
[è.]	une	**chouette**
	c'est	chouette !
[F.]	un	chou-fleur
	des	choux-fleurs
[i.]	un	chewing-gum
[S.]	un	schuss
[T.]	un	shoot
		shooter

[CHu.]

	un	chuchotement
		chuchoter
		chut ! *(= silence)*
	une	**chute**
		chuter

[CHW.]

	du	chewing-gum

[Da.]

[B.]		**d'abord**
		d'habitude
[K.]		**d'accord**
	un.e	dactylo.graphe
	la	dactylographie
[D.]	un/à	dada
	un	dadais

[G.]	une	dague
[L.]	un	dahlia
	un	dallage
	une	**dalle**
	être	dallé.e
		daller *(= des dalles)*
	je viens	**d'aller**
[M.]	une	**dame**
		damer
	un	damier
[N.]	la	damnation
	être	damné.e
[P.]		d'aplomb
		d'après
[R.]	beaucoup	**d'arbres**
	un	dard
		darder
	une	dartre
[T.]	une/la	**date** *(= calendrier)*
		dater
	une	datte *(= fruit)*
	un	dattier
[V.]		**d'avance**
		davantage *(= plus)*
	je n'ai pas	d'avantage
	je viens	**d'avoir**
[Y.]		**d'ailleurs**

[Dan.]

[-]		**dans** *(= dedans)*
		dans *la maison*
	je refuse	d'en *prendre*
	une	**dent**
[B.]		d'emblée
[D.]	se	dandiner
[J.]	un/le	**danger**
		dangereux
		dangereuse.ment
[R.]	une	denrée
[S.]	un	dancing
	une/la	**danse**
		danser
	un.e	danseur, -euse
	c'est	dense
	la	densité
[T.]		dentaire
	être	denté.e
	être	dentelé.e
	la	**dentelle**
	un	dentier
	du	**dentifrice**
	le	**dentiste**
	la	dentition
	je viens	**d'entrer**

[De.][Deu.]

[-]		**de**
		deux *(=2)*
[B.]		**debout**
[D.]		**dedans**
	il n'a pas	de dents
[G.]	un	**degré**
[L.]		de la *crème*
		de la *maison*
	je viens	de là *(= de là-bas)*
[M.]		**demain**
	une/je	**demande**
	j'ai	demandé
		demander
	un.e	demandeur, -euse
	une	demeure
		demeurer
	(un)	**demi**
	(une)	**demie**
	une heure et	demie
		de mieux en mieux
	un	demi-cercle
	une	demi-finale
	un	demi-frère
	une	demi-heure
	un	demi-mal
	une	demi-mesure
	à	demi-mot
		demi-pension.naire
	une	demi-soeur
	un	demi-tarif
	un	demi-tour
	une	**demoiselle**
[N.]		**de nouveau**
[oR.]		**dehors**
[P.]		de peur
		de plus en plus
		depuis
	un	deux-pièces
[R.]	un	deux-roues
[S.]	(en)	deçà *(de)*
		deci... delà
	(un)/de	**dessous**
	de	dessous
	au-	dessous *(de)*
	en	dessous
	par-	dessous
	un	dessous-de-plat
	(le)	**dessus**
	là-	dessus
	au-	dessus *(de)*
	ci-	dessus
	par-	dessus
	un	dessus-de-lit
[T.]		**de tout**
		de toute façon

[V.]	eux, ils/elles	devaient
	je/tu	devais
	il/elle	devait
		devancer
		devant
	une	devanture
		devenir
	il/elle est	**devenu.e**
	vous	**devez**
	ils/elles	deviennent
	je/tu	deviens
	il/elle	devient
	un	devin
		deviner
	une	devinette
	un	devis
	une	devise
	un	**devoir**
	nous	devons
[Y.]	un	**deuil**
[Z.]		**deuxième.ment**

[Dé.][Dè.]

	un	dé
		dès *le matin*
		dès que
		des
		des *bonbons*
		des *enfants*

[Déan.]

		déambuler

[DéB.]

[a.]	un	déballage
		déballer
	(se)	débarbouiller
	un	débarquement
		débarquer
	un	débarras
		débarrasser
	un	débat
	il/elle se	débat
	(se)	débattre
[i.]	un/le	débit
		débiter
	un.e	débiteur, -trice
[L.]	il/elle	déblaie
	les	déblais
		déblayer
	le	déblocage
		débloquer
[o.]	la	débauche
	être	débauché.e
	un	débordement
		déborder

[oi.]	les	déboires		[DéKL.]			[DéKou.]	
	le	déboisement	[a.]	la	déclamation	[CH.]		découcher
		déboiser			déclamatoire	[D.]		découdre
		déboîter ou déboiter			déclamer	[L.]		découle.r
[ou.]	un	débouché		une	déclaration	[P.]	un	découpage
		déboucher			**déclarer**			**découper**
		débouler			déclasser	[R.]		décourageant.e
		débourser	[an.]	le	déclenchement		être	**découragé.e**
		déboutonner			déclencher		le	découragement
[R.]	être	débraillé.e	[i.]	un	déclic		(se)	décourager
		débrancher			décliner	[V.]	(à)	**découvert**
	le	débrayage	[in.]	le	déclin		(une)	**découverte**
		débrayer	[ou.]		déclouer			**découvrir**
	être	débridé.e		[DéKo.]		[Z.]	être	décousu.e
	des	débris	[CH.]		décocher		[DéKR.]	
		débrouillard.e	[D.]		décoder	[a.]		décrasser
	la	débrouillardise		un	décodeur	[é.][è.]		décrépit.e
	(se)	débrouiller	[L.]	le	décollage		un	décret
		débroussailler			décoller			décréter
[u.]		débusquer			décolleté.e	[i.]	être	décrié.e
	un/le	**début**			décolorer			décrire
	un.e	débutant.e	[M.]		décommander	[o.]		décrocher
		débuter	[N.]		déconnecter	[oi.]		décroissant.e
			[R.]	un	**décor**			décroître ou décroitre
[DéK.][DèK.]				un.e	décorateur, -trice	[u.]	une	décrue
[DéKa.]					décoratif, -ive		[DèKS.]	
[CH.]		décacheter		la	décoration		la	dextérité
[D.]	une	décade		être	décoré.e		[DéKu.]	
	la	décadence			**décorer**			décupler
[F.]	il/elle est	décaféiné.e			décortiquer			
[L.]	un	décalage		[DéKoi.]			**[DéCH.]**	
	une	décalcomanie		être	**décoiffé.e**	[a.]	une	décharge
		décaler		(se)	décoiffer		un	déchargement
	un	décalitre		[DéKon.]				décharger
		décalquer	[B.]	des	décombres			décharné.e
[M.]	un	décamètre	[F.]		déconfit.e	[an.]		déchanter
[P.]		décaper		la	déconfiture	[é.][è.]	être	déchaîné.e ou
	être	décapité.e	[J.]		décongeler			déchainé.e
		décapiter			décongestionner		la	déchéance
		décapotable	[P.]		décomposer		un	déchet
		décapsuler		la	décomposition		des	déchets
	un	décapsuleur	[S.]	être	déconcentré.e	[i.]	le	déchiffrement
[T.]	le	décathlon			déconcertant.e			déchiffrer
[DéKan.]				être	déconcerté.e			déchiqueter
		décamper			déconseiller			déchirante
	se	décanter			déconsidérer		être	déchiré.e
[DèKe.]			[T.]		décontaminer		un	déchirement
		dès que			décontenancer			**déchirer**
[DéKè.]				la	décontraction		une	déchirure
		desquels (m.)		être	décontracté.e	[o.]	(se)	déchausser
		desquelles (f.)		(se)	décontracter	[oi.]		déchoir
			[V.]	une	déconvenue	[u.]	être	déchu.e

[DéD.]

[a.]	un	dédale
[è.]		dédaigner
		dédaigneux, -euse
[i.]		dédicace.r
		dédier
	(se)	dédire
[in.]	le	dédain
[o.]	le	dédommagement
		dédommager
[ou.]		dédoubler
[R.]		dédramatiser
[u.]	une	déduction
[ui.]		déduire

[Déè.]

	une	déesse

[DéF.]

[a.]	une	défaillance
		défaillant.e
		défaillir
		défavorable
	être	défavorisé.e
[an.]	il/elle/on	défend
		défendre
	je/tu	défends
	être	défendu.e
	la	**défense**
	un	défenseur
		défensif
	(la)	défensive
[é.][è.]		**défaire**
	il est	défait
	une	défaite
	(un.e)	défaitiste
	la	défection
		défectueux, -euse
	la	déférence
		déferler
[i.]	un	**défi**
	la	défiance
	une	déficience
		déficient.e
	(un)	déficit.aire
	(se)	défier
	être	défiguré.e
	un	défilé
		défiler
		défini.r
		définitif, -ive.ment
	la	définition
[un.]	une	défunt.e
[L.]	une	déflagration

[o.] un défaut

		déformant.e
	une	déformation
	être	déformé.e
	(se)	déformer
[on.]	(se)	défoncer
[ou.]	se	défouler
[R.]	être	défraîchi.e ou
		défraichi.e
		défrayer
		défricher

[DéG.]

[a.]	un	dégagement
	(se)	dégager
		dégarni.e
	des	**dégâts**
[e.]		déguenillé.e
[é.][è.]		dégaine.r
		déguerpir
[i.]	un	déguisement
	être	déguisé.e
	(se)	**déguiser**
[on.]	(se)	dégonfler
[ou.]		dégouliner
	être	dégourdi.e
	(se)	dégourdir
	le	dégoût ou dégout
		dégoûtant.e ou
		dégoutant.e
	être	dégoûté.e ou
		dégouté.e
[R.]		dégradant.e
	la	dégradation
	être	dégradé.e
		dégrafer
		dégressif, -ive
	une	dégringolade
		dégringoler
		dégrossi.r
[u.]	une	dégustation
		déguster

[DéJ.]

[a.]		déjà
[eu.]	(le)	**déjeuner**
[é.]		dégeler
[é.]	le	**dégel**
[è.]	il	dégèle
		dégénérer
[i.]		dégivrer
[ou.]		déjouer

[DéL.]

[a.]	être	délabré.e
	le	délabrement
		délacer (lacets)
	un	délassement
	(se)	délasser
	un.e	délateur, -trice
	la	délation
	être	délavé.e
[é.][è.]	un	délai
		délaisser
		délayer
	(se)	délecter
	une	délégation
	un.e	délégué.e
	(se)	délester
[i.]	une	délibération
		délibérément
		délibérer
		délicat.e.ment
	la	délicatesse
	un	délice
		délicieux
		délicieuse.ment
		délier
		délimiter
		délirant.e
		délire.r
	un	délit
	la	délivrance
		délivrer
[in.]	la	délinquance
	un.e	délinquant.e
[o.]		déloger
[oi.]		déloyal.e, -aux
[T.]	un	delta.plane
[u.]	un	déluge
	il/elle est	déluré.e

[DéM.]

[a.]		démagogique
		démaquillant.e
	(se)	démaquiller
	la	démarcation
	une	démarche
	(se)	démarquer
	un	démarrage
		démarrer
	un	démarreur
		démasquer
[an.]	une	démangeaison
		démanger
		démanteler
	il/elle est	démantibulé.e
	la	démence
		dément.e
		démentiel.le
	(un)	démenti.r

[e.]	se	démener		**[Déo.]**				déposséder
	être	démesuré.e		un	déodorant	un		dépôt
[é.][è.]		démêler				un		dépotoir
	un	déménagement		**[DéP.]**		[ou.]	une	dépouille
		déménager	[a.]	un	dépannage		le	dépouillement
	un	déménageur			dépanner		(se)	dépouiller
	(se)	démettre		un.e	dépanneur, -euse		au	dépourvu
[i.]	une/la	démission			dépaqueter		être	dépourvu.e
		démissionner		être	dépareillé.e	[R.]		déprécier
[o.]	une	démobilisation			déparer		la	déprédation
		démobiliser		le	**départ**			dépressif, -ive
		démocrate			départager		une	dépression
	la	démocratie		un	département			déprimant.e
		démocratique.ment			départemental.e, -aux		être	déprimé.e
		démocratiser		(se)	départir	[u.]	un.e	député.e
	être	démodé.e		un	dépassement			
	se	démoder			**dépasser**	**[DéR.][DèR.]**		
	la	démographie	[an.]	la	dépendance	[a.]		déraciner
		démoli.r			dépendant.e		le	déraillement
	un	démolisseur			dépendre			**dérailler**
	la	démolition		aux	dépens		un	dérailleur
		démoniaque		une	dépense		un	dérapage
		démoraliser		(se)	**dépenser**			déraper
		démordre			dépensier, -ière	[an.]	être	dérangé.e
[on.]	un	démon	[e.]		dépecer		un	dérangement
	un.e	démonstrateur, -trice			dépeupler		(se)	**déranger**
		démonstratif, -ive	[é.][è.]	le	dépaysement	[é.][è.]		déraisonner
	la	démonstration			dépayser		un	dérèglement
		démontable		une	dépêche		(se)	dérégler
		démonter		(se)	**dépêcher**	[i.]		dérider
		démontrer			dépêche-toi		la	dérision
[ou.]		démouler			dépêchez-vous			dérisoire
[u.]		démuni.r		être	dépeigné.e			dérivatif, -ive
				une	déperdition		(à) la	dérive
[DéN.] •[DéGN.]					dépérir		un	dérivé
				se	dépêtrer			dériver
[a.]		dénaturer	[i.]		dépister		un	dériveur
[é.]		déneiger		être	dépité.e		un	derrick
[i.]		dénicher	[L.]	un	déplacement			**derrière**
		dénigrer			déplacer	[N.]		**dernier**
	la	dénivellation			déplaire			**dernière.ment**
•[ ]		daigner			déplaisant.e	[o.]	à la	dérobée
[o.]	un	dénominateur		ça me	déplaît ou déplait		(se)	dérober
		dénommer		être	déplâtré.e		une	dérogation
		dénoter		(un)	dépliant.e	[ou.]	le	déroulement
[oi.]		dénoyauter			déplier		(se)	**dérouler**
[on.]		dénombrer		le	déploiement		une	déroute
		dénoncer			déplorable		être	dérouté.e
		dénonciateur, -trice			déplorer			
	la	dénonciation	(se)		déployer	**[DéS.][DèS.]**		
[ou.]	le	dénouement	[o.]		dépoli.r	[a.]		décemment
		dénouer		la	déportation			dessaler
[u.]		dénuder		(se)	déporter	[an.]		**décembre**
	être	dénué.e			**déposer**		la	décence
	le	dénuement		un.e	dépositaire		être	décent.e
				une	déposition			décentraliser

	il/elle	descend
	la	descendance
	(un.e)/(en)	descendant.e
		descendre
	je/tu	descends
	une	**descente**
	j'ai	descendu
	je suis	descendu.e
[é.][e.]		déceler
		décevant.e
		décevoir
[é.][è.]	il/elle est	décédé.e
	une	décennie
	une	déception
		décerner
	un	**décès**
		desceller
	une	description
	(se)	dessaisir
	le	dessèchement
		dessécher
		desserrer
	un	**dessert**
		desservi.r
[i.]	un	décibel
	être	décidé.e
		décidément
	(se)	**décider**
	un	décigramme (= dg)
	un	décilitre (= dl)
		décimal.e, -aux
		décimer
	un	décimètre (= dm)
		décisif, -ive
	une	décision
	un.e	dessinateur, -trice
		dessiner
[in.]	un/à	dessein (= idée)
	un	**dessin** (= dessiner)
[o.]	se	désolidariser
[ou.]		dessouder
[P.]	un.e	despote
		despotique
[T.]		déstabiliser
	le	destin
	le/la	destinataire
	une	destination
	la	destinée
	être	destiné.e
	(se)	destiner
		destituer
		destructeur, -trice
		destructible
	la	destruction
[u.]	être	**déçu.e**

[DéT.][DèT.]

[a.]	un	détachant
	le	détachement
	(se)	**détacher**
	un	**détail**
	un.e	détaillant.e
		détailler
		détaler
		détartrer
		détaxer
[an.]		détendre
	être	détendu.e
	la	détente
	un.e	détenteur, -trice
	la	détention
[é.]		dételer
		détenir
		détenu.e
	une	dette
[é.][è.]		détecter
	la	détection
	un.e	détective
	un	détergent
	la	détérioration
	(se)	détériorer
		déterminant.e
	la	détermination
	être	déterminé.e
	(se)	déterminer
		déterrer
		détestable
		détester
[in.]		déteindre
	je viens	d'éteindre (= éteindre)
[L.]		dételer
[N.]		détenir
	(un.e)	détenu.e
[o.]	un	détonateur
	une	détonation
[ou.]	un	détour
	un	détournement
		détourner
[R.]	un.e	détracteur, -trice
	être	détraqué.e
		d'être
	être	détrempé.e
	la	détresse
	au	détriment
	les	détritus
	un	détroit
	(se)	détromper
	être	détrôné.e
		détruire
	être	**détruit.e**

[DéV.]

[a.]		dévaler
		dévaliser
		dévaloriser
	une	dévaluation
		dévaluer
		dévaster
[è.]	la	déveine
	un	déversement
	(se)	déverser
	(se)	dévêtir
	être	dévêtu.e
[i.]	une	déviation
		dévier
		dévisager
		dévisser
[L.]	le	développement
	(se)	développer
[o.]		**dévorer**
	un.e	dévot.e
	la	dévotion
[oi.]		dévoiler
[ou.]	être	dévoué.e
	le	dévouement
	se	dévouer

[DéZ.]

[DéZa.]

[B.]	être	désabusé.e
	être	déshabillé.e
	(se)	**déshabiller**
		des habits
[K.]	(un)	désaccord.é.e
[F.]	être	désaffecté.e
[G.]		**désagréable.ment**
	un	désagrément
	se	désagréger
[L.]		désaltérant.e
	se	désaltérer
[M.]		**des amis**
		désamorcer
[P.]	être	désappointé.e
	le	désappointement
		désapprobateur, -trice
	la	désapprobation
		désapprouver
[R.]		**des arbres**
	être	désarçonné.e
		désarmant.e
	être	désarmé.e
	le	désarmement
	le	désarroi
[S.]	un	désastre
		désastreux, -euse

[V.]	un	désavantage		[DéZo.]			[D.]	un	diadème
		désavantager		[B.]	il/elle a	désobéi	[F.]	un	diaphragme
		désavantageux, -euse				désobéir	[G.]	un	diagnostic
		des avantages			la	désobéissance			diagnostiquer
		désavouer				désobéissant.e		une	diagonale
					eux, ils/elles	désobéissent	[L.]	un	dialecte
[DéZan.]				[D.]	un	désodorisant		un/le	dialogue
	être	désemparé.e				désodoriser			dialoguer
	sans	désemparer		[L.]		désolant.e	[M.]	un	**diamant**
	être	désenchanté.e			la	désolation		un.e	diamantaire
		des enfants			être	**désolé.e**			diamétral.e.ment
[DéZe.]				[N.]		déshonorant.e		un	**diamètre**
	être	désoeuvré.e			être	déshonoré.e	[P.]	un	diapason
[DéZé(è).]				[P.]		désopilant.e		une	diapositive
	le	déséquilibre		[R.]	être	désordonné.e	[R.]	une/la	**diarrhée**
	être	déséquilibré.e			le	**désordre**	**[DiK.] •[DiKS.]**		
	(un)	**désert**			la	désorganisation	•[ ]	la	diction
		déserte			être	désorganisé.e		un	**dictionnaire**
	un	déserteur			être	désorienté.e	[T.]	un	dictateur
	la	désertion				désormais			dictatorial.e, -aux
		désertique		[S.]	être	désossé.e		la	**dictature**
		désespérant.e		[T.]		**des autos**		une	**dictée**
	être	désespéré.e		**[DéZoi.]**					dicter
		désespérément				**des oiseaux**		un	dicton
	le	désespoir		**[DéZou.]**			**[Dieu]**		
		désherber				**des outils**			Dieu
	être	déshérité.e		**[DéZu.]**				un	dieu
[DéZi.]						désuet, -ète		les	dieux
	être	déshydraté.e			la	désunion	**[Dié.]**		
	une	désignation				désuni.r	[T.]	la	diète
		désigner				**des usines**		un.e	diététicien.ne
	une	désillusion							diététique
		des images		**[Di.]**			[Z.]	une	dièse
	le	désir		**[Di]**					diesel ou diésel
		désirable			je/tu	dis	**[DiF.]**		
		désirer			j'ai/il	dit	[a.]	la	diffamation
		désireux, -euse			il/elle a	**dit**			diffamer
	se	désister		**[Dia.]**			[é.]	en	différé
[DéZin.]				[-]	une	dia			différemment
		désinfectant.e		[B.]	le	diabète		la	**différence**
	être	désinfecté.e				diabétique			différencier
		désinfecter			un/le	diable		un	différend
	la	désinfection				diablement		c'est	**différent**
	la	désintégration			une	diablerie			**différente**
	(se)	désintégrer			une	diablesse			différer
	être	désintéressé.e			un	diablotin	[i.]		**difficile.ment**
	la	désintoxication				diabolique		la	**difficulté**
		désintoxiquer					[o.]		difforme
		désinvolte					[T.]	la	diphtérie
	la	désinvolture					[u.]		diffuser
								une	diffusion

[DiG.]

| | une | digression |
| | une | digue |

[DiJ.]

[é.]		**digérer**
		digeste
		digestif, -ive
	la	digestion
[i.]		digital.e, -aux
	la	digitale

[DiL.]

[a.]		dilapider
	la	dilatation
	être	dilaté.e
	(se)	dilater
[e.]		dis-le (= dire)
[è.]	un	dilemme
		dilettante
[i.]	une	diligence
[u.]	être	dilué.e
	(se)	diluer
	la	dilution

[DiM.]

[an.]	le	**dimanche**
	une	dimension
[é.]	la	dîme ou dime
[i.]	cela	diminue
		diminuer
	un	diminutif
	une	diminution
[oi.]		dis-moi (= dire)

[DiN.] •[DiGN.]

[a.]		dynamique
		dynamiser
	le	dynamisme
	la	dynamite
		dynamiter
	une	dynamo
	la	dynastie
[é.]	j'ai	dîné ou diné
	(le)	**dîner** ou **diner**
	une	dînette ou dinette
•[ ]		digne.ment
	un	dignitaire
	la	dignité
[o.]	un	dinosaure

[Dio.]

| | un | diocèse |
| | | diocésain.e |

[DiP.]

	un	diplodocus
	un.e	diplomate
	la	diplomatie
		diplomatique.ment
	un	**diplôme**
	être	diplômé.e

[DiR.]

[é]		**dire**
[è.]		**direct.e.ment**
	un/le	**directeur**
		directif
	la	**direction**
	(une)	directive
	des	directives
	une/la	**directrice**
[i.]	un	dirigeable
	un/en	dirigeant
	une	dirigeante
	(se)	**diriger**

[DiS.]

[DiS.]

| | | **dix (10)** |

[DiSsan.]

| | une | dissension |
| | la | dysenterie |

[DiSK.]

[a.]	la	disqualification
	être	disqualifié.e
[é]	un.e	disquaire
[é.][è.]	un	**disque**
	une	disquette
[o.]		discordant.e
	la	discorde
	(une)	disco.thèque
[on.]		discontinu.e
	sans	discontinuer
[ou.]	un	discount
		discourir
	un	**discours**
[R.]		discrédit.er
		discret
		discrète.ment
	la	discrétion
	une	discrimination
[u.]		disculper
	une	discussion
		discutable
		discuter

[DiSsé(è).]

	le	discernement
		discerner
	la	dissection
		disséminer
		disséquer

[DiSG.]

| | la | disgrâce |
| | | disgracieux, -euse |

[DiSsi.]

	un.e	disciple
	la	discipline
	être	discipliné.e
	un.e	dissident.e
	la	dissimulation
		dissimuler
	la	dissipation
		dissiper
		dissymétrique

[DiSJ.]

		disjoindre
		disjoint.e
	un	disjoncteur

[DiSL.]

| | | disloquer |
| | | dyslexique |

[DiSN.]

| | | **dix-neuf (19)** |

[DiSso.]

		dissocier
	la	dissolution
	un	dissolvant

[DiSsou.]

		dissoudre
	être	dissous ou dissout
		dissoute

[DiSP.]

[a.]	je/tu	disparais
	il/elle	disparaît ou disparait
		disparaître ou **disparaitre**
		disparate
	la	disparition
		disparu.e
[an.]	un	dispensaire
	une	dispense
	être	dispensé.e

[é.][è.]		disperser
	la	dispersion
[o.]		disponible
	être	dispos.e
		disposer
	un	dispositif
	la	disposition
[R.]	la	disproportion
	être	disproportionné.e
[u.]	une	**dispute**
	(se)	**disputer**

[DiS.S.]

		dix-sept (17)

[DiST.]

[an.]	une	**distance**
	(se)	distancer
		distant.e
[i.]	la	distillation
		distiller
	une	distillerie
[in.]		distinct
		distincte.ment
		distinctif, -ive.ment
	la	distinction
	être	distingué.e
	(se)	**distinguer**
[oi.]	un livre	d'histoire(s)
[R.]	une	distraction
	(se)	distraire
		distrait.e
		distrayant.e
	il/elle	distribue
		distribuer
	un.e	distributeur, -trice
	la	distribution
	un	district

[DiSsu.]

		dissuader
	la	dissuasion

[DiT.]

	elle est	dite
		dites-le
		dites-moi
		dithyrambique

[Diu.]

		diurne

[DiV.]

[a.]		divaguer
[an.]	un	**divan**

[è.]	un jardin	d'hiver *(saison)*
	une	divergence
		divergent.e
		diverger
	c'est	**divers**
		diverse.ment
		diversifier
	une	diversion
	la	diversité
	être	diverti.e
	(se)	divertir
		divertissant.e
	un	divertissement
[i.]	un	dividende
	la	divination
		divine.ment
	la	divinité
	être	divisé.e
	(se)	**diviser**
	un	diviseur
		divisible
	une	division
[in.]		divin
[o.]	un	**divorce**
	être	divorcé.e
		divorcer
[u.]		divulguer

[DiZ.]

[an.]	en	disant
		dix ans *(= 10 ans)*
[é]	ils/elles	**disent**
[è.]	il/elle	disait
	la	disette *(= faim)*
	une	**dizaine**
[i.]	un	dixième
[N.]		**dix-neuf** = 19
[on.]	nous	disons
[ui.]		**dix-huit** = 18

[Din.][Dun.]

[Din.]

[-]	un	daim
[D.]	une	dinde
	un cochon	d'Inde
	un	dindon
	un	dindonneau
[G.]	(un.e)	dingue

[Dun.]

		d'un côté
		d'un coup

[DJ.]

[a.]	le	jazz
[è.]	un	gentleman
[i.]	un	jean
	des	jeans
	une	jeep
[o.]	le	jogging
[ou.]	un	juke-box

[Do.]

[Do]

	beaucoup	**d'eau**
	la note	do
	le	**dos**

[DoK.]

[-]	les	docks
[è.]	un	docker
[T.]		docte
	un	**docteur**
	un	doctorat
	une	doctoresse
	une	doctrine
[u.]	un	document
	(un)	documentaire
	un.e	documentaliste
	la	documentation
	(se)	documenter

[DoD.]

		dodeliner
		dodu.e
	un	dos-d'âne

[DoF.]

	un	**dauphin**

[DoG.]

		dogmatique
	un	dogme
	un	dogue

[DoL.]

	un	dollar
	un	dolmen

[DoM.]

[a.]		domanial.e, -aux
	c'est	**dommage**
	des	dommages

[Do.]

[é.]	un	dôme
[è.]	un	domaine
		domestique.r
[i.]	le	domicile
	être	domicilié.e
		dominant.e
	(un.e)	dominateur, -trice
	la	domination
		dominer
		dominical.e, -aux
	un	domino

[DoN.]

	un.e	donateur, -trice
	je/il/elle	**donne**
	ils/elles	donnent
		donner
	un.e	donneur, -euse

[DoP.]

	le	dopage
	être	dopé.e
	(se)	doper
	le	doping

[DoR.]

[-]	un coeur	d'or
	je/tu	dors
	il/elle	**dort**
[a.]	une	daurade ou dorade
[é.]	être	**doré.e**
		dorénavant
	(se)	dorer
[i.]	un	doryphore
[L.]		dorloter
[M.]	(en)	dormant.e
	eux, ils/elles	dorment
	un.e	dormeur, -euse
	j'ai	**dormi**
		dormir
[S.]		dorsal.e, -aux
[T.]	un	dortoir
[u.]	une	dorure
[Z.]		d'ores et déjà

[DoS.]

		docile.ment
	la	docilité
	un	dossard
	un	**dossier**

[DoT.]

		d'autant
	quelqu'un	**d'autre**
	beaucoup	**d'autres**
	une	dot
	(se)	doter

[DoZ.]

	un	dosage
	une	dose
	être	dosé.e
		doser
	un	doseur

[Doi.]

[-]	un	**doigt**
	je/tu	dois
	il/elle/on	**doit**
[N.]	la	douane
	(un)	douanier
		douanière
[T.]	le	doigté
	un	doigtier
[V.]	ils/elles	**doivent**
[Y.]	un.e	doyen.ne
	un.e	doyenné

[Don.]

[-]	un	don *qu'on donne*
		dont
	ce	dont *on parle*
[K.]		**donc**
[J.]	un	donjon
[P.]	être	dompté.e
		dompter
	un.e	dompteur, -euse

[Dou.]

[Dou.]

[-]		d'où
		d'où *viens-tu ?*
	c'est	**doux**
[a.]	la	douane
		douanier, -ière
[B.]	un	doublage
		double
	un	doublé
	une	double-fenêtre
	le	doublement
		doubler
	un.e	doubleur, -euse
	une	doublure
[CH.]	une	**douche**
	être	douché.e
	(se)	doucher
	une	douchette
[é.]	être	doué.e
[L.]	la	**douleur**
		douloureuse.ment
		douloureux

[S.]		douceâtre ou douçâtre
	(en)	**douce**
		doucement
	la	douceur
		doucereux, -euse
[T.]	un/je	**doute**
		douter
		douteux, -euse
[V.]	une	douve
[Y.]	une	douille
		douillet.te
[Z.]		**douze (12)**
	une	douzaine
	(un)	douzième

[DR.]

[DRa.]

[-]	un	**drap**
[K.]		draconien.ne
	un	drakkar
[CH.]	une	drache
[G.]		draguer
	un.e	**dragon.ne**
[J.]	une	dragée
[M.]		dramatique.ment
		dramatiser
	un	**drame**
[P.]	(se)	draper
	une	draperie
	un	drapier
	un	**drapeau**

[DRè.]

	le	drainage
		drainer
	le	dressage
	être	dressé.e
	(se)	**dresser**
	un.e	dresseur, -euse
	une	drève

[DRi.]

		dribbler
	un	drille

[DRin.]

	un	drain

[DRo.]

[G.]	la	**drogue**
	être	drogué.e
	(se)	droguer
	une	droguerie
	une	droguiste
[L.]		**drôle.ment**
	une	drôlerie
[M.]	un	dromadaire

[DRoi.]

	un/c'est	**droit**
	tout	droit
	à/(la)	**droite**
	(un.e)	droitier, -ière
	la	droiture

[DRu.]

		dru.e
	un	druide

[Du.]

[-]		**du**
		(du *papier*)
		(du *fer*)
	(je viens	du *magasin*)
	j'ai	**dû** (= devoir)
[B.]		dubitatif, -ive.ment
[K.]	un	duc
	la	**ducasse**
		duquel
[CH.]	un	duché
	une	duchesse
[è.]	un	duel
[F.]	un	duffel-coat ou duffle-coat
[M.]		dûment
[N.]	une	dune
	plus	d'une…
[o.]	un	duo
	le	duodénum
[P.]		dupe.r
	une	duperie
	un	duplex
	un	duplicata
	un	duplicateur
	la	duplicité
[R.]	c'est	**dur**
		durable
		durant
	être	durci.e
		durcir
	le	durcissement
	elle est	**dure**
	ça	**dure**
	ça a	duré
	la	durée
		durement
		durer
	la	dureté
	un	durillon
[V.]	le	duvet
		duveteux, -euse

[e.][eu.]

[-]		euh != *heu* !
		eux (= ils)
	des	**œufs**
[K.]	un	eucalyptus
[F.]	un	euphémisme
	l'	euphorie
		euphorique
	un	**œuf**
[M.]		**eux-mêmes**
[R.]	un	euro
	une	**heure**
		heureuse.ment
		heureux
	un	heurt
		heurter
[V.]	une	**œuvre**
[Y.]	un	**œil**
	un	œil-de-boeuf
	des	œils-de-boeuf
	une	œillade
	un	œillet
	une	œillère

[é][è]

		eh !
	tu	es
	il/elle	**est**
		et
	une	haie
		hé ! (= appel)

[éa.]

		et alors
		et après

[éB.][èB.]

[a.]	être	ébahi.e
	des	ébats
	s'	ébattre
[D.]		**hebdomadaire**
[é.][è.]	l'	ébène
	un.e	ébéniste
	l'	ébénisterie
	être	éberlué.e
	un	hébergement
		héberger
	être	hébété.e
[ien.]		**eh bien !**

[L.]	être	ébloui.e
		éblouir
		éblouissant.e
	un	éblouissement
[o.]	(une)	ébauche.r
	être	éborgné.e
[ou.]	un	éboueur
	être	ébouillanté.e
	être	éboulé.e
	un	éboulement
	(s')	ébouler
	un	éboulis
	être	ébouriffé.e
[R.]		ébrancher
	être	ébranlé.e
	(s')	ébranler
	un	ébrasement
	être	ébréché.e
	l'	ébriété
	s'	ébrouer
	(s')	ébruiter
[u.]	l'	ébullition

[éK.] •[èKS.]

[éKa.]

[R.]		écarlate
		écarquiller
	un	écart
	être	écarté.e
		écarteler
	un	écartement
	(s')	**écarter**
	une heure	**et quart**
[T.]	une	hécatombe
[Y.]	une	**écaille**
	(s')	écailler

[éKe.][éKeu.]

		écœurant.e
	être	écœuré.e
	un	écueil

[éKè.]

	une	**équerre**
		équestre

[éKi.]

[L.]	un/l'/en	**équilibre**
	être	équilibré.e
	(s')	équilibrer
	un.e	équilibriste
[M.]	une	ecchymose
[N.]	un	équinoxe

[P.]	un	équipage
	une	**équipe**
	une	équipée
	un'	équipement
	s'	équiper
	un.e	équipier, -ière
		équitable.ment
	l'	équitation
	l'	équité
		équivalent.e
		équivaloir
	cela	équivaut
		équivoque

[éKL.]

[a.]	être	éclaboussé.e
	une	éclaboussure
	un	éclat
		éclatant.e
	un	éclatement
		éclater
[é.][è.]		ecclésiastique
	un	**éclair**
	un/l'	**éclairage**
	une	éclaircie
		éclaircir
	un	éclaircissement
	être	éclairé.e
	(s')	**éclairer**
	un	éclaireur
[i.]	une	éclipse
	(s')	éclipser
[o.]	être	éclopé.e
		éclore
		éclos.e
	une	éclosion
[u.]	une	écluse
	un.e	éclusier, -ière

[éKo.]

[-]	un/l'	écho
[G.]	une	échographie
[L.]	une	**école**
	un.e	écolier, -ière
	l'	écologie
		écologique
	un.e	écologiste
[N.]		économe
	une/l'	**économie**
		économique.ment
		économiser
	un.e	économiste
[P.]		écoper
[R.]	une	**écorce**
	être	écorché.e
	une	écorchure
[S.]		écosser
	un	écosystème

[éKoi.]

	l'	équateur
		équatorial.e, -aux

[éKou.]

[L.]	être	écoulé.e
	un	écoulement
	(s')	écouler
[R.]		écourter
[T.]	en	écoutant
	il/elle	écoute
	une/l'	écoute
		écouter
	un	écouteur
	une	écoutille

[éKR.]

[a.]		écrasant.e
	être	écrasé.e
	un	écrasement
	(s')	**écraser**
[an.]	un	écran
[e.]	une	écrevisse
[é.]	être	écrémé.e
		écrémer
[i.]	il s'est	écrié
	(s')	écrier
		écrire
	un/j'ai	**écrit**
	il/elle (a)	écrit
	un	écriteau
	une/l'	**écriture**
	un.e	écrivain.e
[in.]	un	écrin
[ou.]	un	écrou
	des	écrous
	être	écroué.e
	être	écroulé.e
	l'	écroulement
	(s')	écrouler
[u.]		écru.e

[èKS.]
[èKSan.]

	une	excentricité
		excentrique
		exsangue

[èKSK.]

[a.]	un.e	excavateur, -trice
	une	excavation
[i.]		exquis.e
[L.]		exclamatif, -ive
	une	exclamation
	il/elle s'est	exclamé.e
	(s')	exclamer

	être	exclu.e
		exclure
		exclusif
	une	exclusion
		exclusive.ment
	une	exclusivité
[o.]		excommunier
[R.]	une	excrément
	une	excroissance
[u.]	une	**excursion**
	une	excuse
	être	excusé.e
	(s')	**excuser**
		excusez-moi

[èKSé.][èKSè.]

[-]	un	excès
[D.]		excédent.aire
		excéder
[K.]		exécrable
[L.]	l'	excellence
		excellent.e
		exceller
[P.]	une	exception
		exceptionnel.le
		exceptionnellement
		excepté
[S.]		excessif
		excessive.ment

[èKSi.]

	un	excipient
		excitant.e
	l'	excitation
	être	**excité.e**
	(s')	exciter

[èKSP.]

[a.]	s'	expatrier
[an.]		expansif, -ive
	l'	expansion
[é.][è.]	un	expédient
		expédier
	un.e	expéditeur, -trice
		expéditif, -ive
	une	expédition
	une	**expérience**
		expérimental.e, -aux
	une	expérimentation
	être	expérimenté.e
		expérimenter
	(un.e)	expert.e
	une	expertise
		expertiser
[i.]		expier
	une	expiration
		expirer

[L.]		explicatif, -ive
	une	explication
		explicite.ment
		expliquer
	un	**exploit**
	un.e	exploitant.e
	une	exploitation
		exploiter
	un.e	exploiteur, -euse
	un.e	explorateur, -trice
	une	exploration
		explorer
		exploser
	(un)	explosif, -ive
	une	**explosion**
[o.]	l'	exportation
	(s')	exporter
		exposant.e
	être	exposé.e
		exposer
	une	exposition
[R.]		**exprès, -esse**
	(un)	express
		expressément
		expressif, -ive
	une/l'	expression
	(s')	exprimer
		exproprier
[u.]	être	expulsé.e
	une	expulsion

[èKST.]

[a.]	une	extase
	(s')	extasier
[an.]	un	extenseur
		extensible
	une	extension
[é.][è.]		exténuant.e
	être	exténué.e
		extérieur.e.ment
	une	extermination
		exterminer
		externe
[i.]		extirper
[in.]	un	extincteur
	une	extinction
[o.]		extorquer
[R.]	c'est/un	extra
	(un)	extracteur, -trice
	une	extraction
		extra-fin
		extraire
	(un)	extrait.e
		extra-lucide
		extraordinaire.ment
	(un.e)	extra-terrestre
	l'	extravagance
		extravagant.e
		extrême
		extrêmement
	l'	extrême-onction
		extrémiste
	l'	extrémité

[èKSV.]

	un	ex-voto

[èKT.]

	un	hectare
	un	hectolitre

[éKu.] •[éKui.]

[-]	un	écu
[é.]	une	écuelle
•[ ]	un	écuyer
	une	écuyère
		équidistant.e
		équilatéral.e, -aux
[M.]	l'	écume
		écumer
	une	écumoire
[R.]	un	**écureuil**
	une	écurie
[S.]	un	écusson

[éCH.]

[a.]	un	échafaud
	un	échafaudage
		échafauder
	un	échalas
	une	échalote
	une	échappatoire
	s'être	échappé.e
	une	échappée
	un	échappement
	(s')	**échapper**
	une	écharde
	une	**écharpe**
	s'	écharper
	une	échasse
	un	échassier
[an.]	être	échancré.e
	une	échancrure
	un	échange
	(s')	**échanger**
	un	échangeur
	un	échantillon
[é.][e.]	un	échelon
	(s')	échelonner
	être	échevelé.e
	un.e	échevin.e
		échevinal.e
	un	écheveau

[éD.][èD.]

[é.][è.]	une	échéance
	le cas	échéant
	un	**échec**
	une	**échelle**
[i.]	l'	échine
	un	échiquier
[L.]	(s')	échelon.ner
[o.]	un	échauffement
	(s')	échauffer
	une	échauffourée
	une	échoppe
[ou.]	j'/il/elle	échoue
	(s')	échouer
[V.]	un	écheveau
	un.e	échevin.e
		échevinal.e

[an.]		édenté.e
[é.][e.]	j'/il/elle	**aide**
	l'/une	**aide**
	ils/elles	aident
		et demi
	une heure	**et demie**
[é.]	être	aidé.e
	(s')	**aider**
	un	edelweiss ou édelweiss
	un	oedème
[i.]		édifiant.e
	l'	édification
	un	édifice
		édifier
	un	édit
		éditer
	un.e	éditeur, -trice
	un	édition
		éditorial.e, -aux
[R.]	un	édredon
[u.]	un.e	éducateur, -trice
		éducatif, -ive
	une/l'	**éducation**
	être	éduqué.e
		éduquer

[éF.]

[éFa.]

[R.]		effarant.e
	être	effaré.e
	un	effarement
	être	effarouché.e
[S.]	être	effacé.e
	un	effacement
	(s')	**effacer**
	un	effaceur

[éFé.][éFè.]

[-]	un	effet
	en	**effet**
[K.]		effectif
		effective.ment
		effectuer
[M.]	être	efféminé.e
		éphémère
	une	éphéméride
[R.]	l'	effervescence
		effervescent.e

[éFe.3]

| | | effeuiller |

[éFi.]

		efficace.ment
	l'	efficacité
	une	effigie
	être	effilé.e
	(s')	effilocher

[éFL.]

	être	efflanqué.e
		effleurer
	un	effluve

[éFoR.]

| | s' | efforcer |
| | un | **effort** |

[éFon.]

	être	effondré.e
	un	effondrement
	(s')	effondrer

[éFR.]

[a.]	une	effraction
[é.][è.]	il	effraie
	une	effraie
		effrayant.e
	être	effrayé.e
	(s')	**effrayer**
		effréné.e
[i.]	(s')	effriter
[oi.]	un	effroi
		effroyable.ment
[on.]	être	effronté.e

[éFu.]

| | une | effusion |

[éG.][èG.] •[èGZ.]

[éGa.]

[L.]	c'est	**égal**
	il est	égal
	elle est	**égale**
		également
		égaler
	une	égalisation
		égaliser
		égalitaire
	l'	égalité
[R.]	un	égard
	des	égards
	un	égarement
	être	égaré.e
	(s')	égarer

[éGui.]

	un	aiguisage
	être	aiguisé.e
		aiguiser

[éGL.][èGL.]

	un	**aigle**
	un	aiglon
	un	églantier
	une	églantine
	un	églefin
	une	**église**

[éGo.]

	ils sont	**égaux**
		égocentrique
	l'	égoïsme
		égoïste.ment
	être	égorgé.e
	un	égorgement
		égorger
	s'	égosiller

[éGou.]

	un	**égout**
	un	égoutier
	(s')	égoutter
	un	égouttoir

[éGR.][èGR.]

[a.]	être	égratigné.e
	une	égratignure
[é.][e.]		aigre
	une	aigreur
	être	égrené.e
[è.]	une	aigrette
[i.]	être	aigri.e
	s'	aigrir

[éGü]

| | il est | aigu |
| | elle est | aigüe ou aiguë |

[éGüi.]

	un	aiguillage
	une	**aiguille**
		aiguiller
	un	aiguilleur
	un	aiguillon

•[èGZ.]

[a.]		exacerber
	c'est	**exact**
		exacte.ment
	l'	exactitude
	une	exagération
	il/elle	exagère
	c'est	exagéré
		exagérément
		exagérer
		exaltant.e
	l'	exaltation
		exalter
	un	**examen**
	un.e	examinateur, -trice
	être	examiné.e
		examiner
	une	exaspération
		exaspérer
		exhaler
	un	hexagone
[an.]	un	**exemple**
		exemplaire
		exempt.e.r
		exsangue
[é.][è.]	un	eczéma ou exéma
		ex aequo
		exécrable
		exécutant.e
		exécuter
		exécutif, -ive
	une	exécution
	(s')	exercer
	un	**exercice**
[i.]		exhiber
		exigeant.e
	une	exigence
		exiger
	c'est	exigu
	elle est	exigüe ou exiguë
	l'	exiguïté ou exigüité
	un	exil
	(un.e)	exilé.e
	(s')	exiler
	l'	existence
		exister

	[o.]		exaucer
			exorbitant.e
		une	exhortation
			exhorter
		un	exode
		être	exonéré.e
			exotique
		l'	exotisme
	[u.]		exhumer
			exubérant.e
			exulter

[éL.][èL.]

[éLa.]

[B.]	une	élaboration
		élaborer
[G.]	un	élagage
		élaguer
	un	élagueur
[R.]	être	élargi.e
	(s')	élargir
	un	élargissement
[S.]	l'	élasticité
	(un)	**élastique**
		hélas !

[éLan.]

	un	**élan**
	être	élancé.e
	(s')	élancer

[éLe.][èLe.]

	une	aile *(d'oiseau)*
	un	aileron
	un	élevage
	être	élevé.e
	j'ai	élevé
	(s')	**élever**
	un.e	éleveur, -euse
		elle
		(elle *est belle*)
		(elle *joue*)
		elles
		(elles *sont belles*)
		(elles *jouent*)

[éLé.][éLè.]

[-]		ailé.e *(avec des ailes)*
[K.]	un	électeur
	une	élection
		électoral.e.ment
		électoraux
	une	électrice
	un.e	électricien.ne
	l'	**électricité**
		électrifier
		électrique
		électriser
	être	électrocuté.e
	un	électrophone
	l'	électrocution
		électroménager
	un	électron
	un.e	électronicien.ne
		électronique
[F.]	un	**éléphant**
	un	éléphanteau
[G.]		élégamment
	l'	élégance
		élégant.e
[M.]	un	élément
		élémentaire
[V.]	une	élévation
		élévateur, -trice
	un.e	**élève**
	il/elle	élève

[èLF.]

	un	elfe

[éLi.]

[K.]	un	élixir
	un	**hélicoptère**
[é.]	un	ailier
[J.]		éligible
[M.]		élimé.e
	une	élimination
		éliminatoire
	être	éliminé.e
		éliminer
[P.]	une	ellipse
		elliptique
	un	héliport
[R.]		élire
[S.]	une	**hélice**
[T.]	une	élite
[Z.]	une	élision

[èLM.]

		elle m'aime *(= amour)*
		elles m'aiment
		elle-même
		(= soi-même)
		elles-mêmes

[éLo.]

[K.]	l'	élocution
	l'	éloquence
		éloquent.e
[J.]	un	éloge
		élogieux, -euse

[éLoi.]

	être	éloigné.e
	un	éloignement
	(s')	**éloigner**

[éLu.]

	être	**élu.e**
		élucider
	une	élucubration
		éluder

[éLV.]

	un	élevage
	être	élevé.e
	(s')	**élever**
	un.e	éleveur, -euse

[éM.][èM.]

[éMa.]

[B.]		**aimable**
[N.]	une	émanation
		émaner
[S.]	être	émacié.e
[T.]	un	hématome
[Y.]	de l'	**email**
	être	émaillé.e

[éMan.]

[-]	(un)	aimant
[S.]	l'	émancipation
	être	émancipé.e
[T.]		aimante
	être	aimanté.e
		aimanter

[éMe.][éMeu.]

	j'/il/elle	**aime**
	ils/elles	aiment
	une	émeraude
	une	émeute
	un.e	émeutier, -ière

[éMé.][éMè.]

[-]	j'ai	**aimé**
	être	aimé.e
	(s')	**aimer**
[CH.]	être	éméché.e
[R.]		émergé.e
	être	émerveillé.e
	(s')	émerveiller
	l'/un	émerveillement
[T.]	(un.e)	émetteur, -trice
		émettre

[éMi.]

[é.]	être	émietté.e
[G.]	un.e	émigrant.e
	l'	émigration
	être	**émigré.e**
		émigrer
[N.]	une	éminence
		éminent.e
[R.]	un	émir.at
[S.]	(un)	émissaire
	une	**émission**
	un	hémisphère

[éMo.]

[-]	des	émaux
[R.]	une	hémorragie
[S.]	une	émotion
	être	émotionné.e
[T.]		émotif, -ive

[éMoi.]

	en/un	émoi
		et moi

[éMou.]

	(s')	émousser
		émoustiller
		émouvant.e
	(s')	émouvoir

[éMu.]

	être	ému.e
	l'	émulation
	les	émules
	une	émulsion

[éN.][èN.]

[èNé.][èNeu.]

	l'	aine
	(un.e)	**ennemi.e**
	la	haine
		haineux, -euse

[éNé.][éNè.]

	l'	**aîné ou ainé**
	l'	**aînée ou ainé.e**
	l'	énergie
		énergique.ment
	un	énergumène
		énervant.e
	être	**énervé.e**
	un	énervement

	(s')	énerver
	du	henné

[éNi.]

		énigmatique
	une	énigme
		hennir
	un	hennissement

[éNin.]

	un	hennin

[éNon.]

	un	énoncé
		énoncer

[éNoR.]

		énorme
		énormément
	une	énormité

[éo.][éon.]

	(une)	éolien.ne
		éhonté.e

[éP.]

[èP.]

		hep !

[éPa.]

[N.]	un.e	épagneul.e
[GN.]	être	épanoui.e
	(s')	épanouir
	l'	épanouissement
[R.]		épargnant.e
	l'	épargne
		épargner
	un	éparpillement
	(s')	éparpiller
		épars.e
[T.]	être	épatant.e
	être	épaté.e
		épater
		hépatique
	une	hépatite
[V.]	une	épave

[éPan.]

	un	épanchement
	(s')	épancher
	un	épandage

[éPé.]

		épeler
	(un)	éperon.ner

[éPé.][éPè.]

[-]	c'est	**épais**
	une	**épée**
[P.]		épépiner
[R.]		éperdu.e
		éperdument
	un	éperlan
	un	épervier
[S.]	elle est	épaisse
	une	épaisseur
	être	épaissi.e
	(s')	épaissir

[éPi.]

[-]	un	épi
[K.]		épique
[D.]	une	épidémie
	l'	épiderme
[eu.]	un	épieu
[L.]	l'	épilation
	l'	épilepsie
		épileptique
	(s')	épiler
		épilogue.r
[N.]	des	épinards
	une	**épine**
		épineux, -euse
[S.]	un	épicéa
	être	épicé.e
	une	**épicerie**
	des	épices
	un.e	épicier, -ière
[T.]	une	épitaphe
	une	épithète
[Z.]	un	épisode
		éposodique

[éPin.]

	une	**épingle**
		épingler

[éPL.]

[é.]		épeler
[o.]	être	éploré.e
[u.]	l'	épluchage
	être	épluché.e
		éplucher
	une	épluchure

[éPo.]

[K.]	une	**époque**
[P.]	une/l'	**épaule**
		épauler
	une	épaulette
	une	épopée

[éPon.]

	une	**éponge**
		éponger

[éPou.]

[-]	un/les	époux
[M.]	(s')	époumoner
[S.]		épousseter
		époustoufler
[V.]		**épouvantable**
	un	épouvantail
	l'	épouvante
		épouvanter
[Z.]	une	épouse
		épouser

[éPR.]

		éperon.ner
	une	épreuve
		éprouver
	une	éprouvette

[éPu.][éPui.]

		épuisant.e
	être	épuisé.e
	l'	épuisement
	(s')	**épuiser**
	une	épuisette
	une	épuration
		épurer
		et puis

[éR.][èR.]

[èR]

	un/de l'	**air**
	une	aire (= surface)
	une/l'	ère (= époque)
	il/elle	erre (= errer)

[éRa.]

	un	érable
		érafler
	une	éraflure
	être	éraillé.e

[èRan.]

		errant.e

[èRB.]

	un	herbage
	de l'	**herbe**
	(un)	herbicide
	un	herbier
	(un)	herbivore
		herboriser

[èRK.]

	un	hercule
		herculéen.ne

[èRɇ.][èRe.]

	une/l'	ère (= époque)
	une	aire (= surface)
	il/elle	erre (= errer)
	une	**erreur**

[éRé.][éRè.]

[-]		errer
[K.]	l'	érection
[D.]		héréditaire
	l'	hérédité
[L.]	une	airelle
[T.]	(un.e)	hérétique
[Z.]	une	hérésie

[èRG.]

	(un)	ergot.er

[éRi.]

[J.]		ériger
[S.]	être	hérissé.e
	un	**hérisson**
[T.]	un	héritage
		hériter
	(un.e)	héritier, -ière

[éRin.]

		éreintant.e
	être	éreinté.e

[èRM.]

[a.]		hermaphrodite
[é.]		hermétique.ment
[i.]	un	ermitage
	un	ermite
	une	hermine

[èRN.]

	une	hernie

[éRo.][èRo.]

[-]	un	héraut (= messager)
	un	**héros**
[i.]	une	héroïne
		héroïque
	l'	héroïsme
[N.]	être	erroné.e
[T.]		érotique

[éRon]

	un	héron

[èRS.]

	une	herse

[éRu.]

	(un.e)	érudit.e
	une	érudition
	une	éruption

[èRZ.]

	un	ersatz

[éS.][èS.]

[éSsan]

	de l'	**essence**
	il est	essentiel
		essentielle.ment

[èSB.]

	l'	esbroufe

[èSK.]

[a.]	un	**escabeau**
	une	escabelle
	une	escadre
	une	escadrille
	un	escadron
	une	**escalade**
		escalader
	un	escalator
	une	escale
	un	**escalier**
	une	escalope
		escamotable
		escamoter
	une	escapade
	une	escarbille
	une	escarcelle
	un	**escargot**
	une	escarmouche
	être	escarpé.e
	un	escarpement
	un	escarpin
	une	escarpolette
[an.]	l'	escampette
[e.]		**est-ce que**

[i.]	un	eskimo ou esquimau		un	espadon	[J.]	un	**étage**
	(un.e)	esquimau.de		une	espadrille		s'	étager
	(une)	esquisse.r		une	espagnolette		une	**étagère**
	(une)	esquive.r		un	espalier	[L.]	un	étal
		est-ce qu'il	[é.][è.]	une	**espèce**		un/l'	**étalage**
[in.]		esquinter		l'	espérance		un.e	étalagiste
[L.]	(s')	esclaffer		j'/il/elle	espère			étale
	un	esclandre			**espérer**		un	étalement
	l'	esclavage	[i.]	(un.e)	espiègle		un	étalon
	un	**esclave**		l'	espièglerie		(s')	**étaler**
[o.]	un	escogriffe		l'	espionnage	[M.]	une	étamine
	une	escorte		un.e	espion.ne		un	état-major
		escorter			espionner	[P.]	une	étape
[on.]		escompte.r	[L.]	une	esplanade			
[ou]	une	escouade	[oi.]	un/l'	**espoir**	**[éTan.]**		
[R.]	l'	escrime	[R.]	un/l'	**esprit**			
	s'	escrimer				[-]	un	**étang**
	un	escroc	**[èST.]**				(en)	**étant**
		escroquer				[CH.]		étanche
	une	escroquerie	[-]	l'	est		l'	étanchéité
			[a.]	une	estafilade	[D.]	un	étendard
[éSsé.][éSsè]			[an.]	un.e	estampe			**étendre**
			[é.]	un.e	esthéticien.ne		être	étendu.e
[-]	un	essai			esthétique		une	étendue
	il/elle/on	essaie	[i.]	une	estimation			
	ils/elles	essaient		l'	estime	**[èTe̊]**		
[L.]	une	aisselle			estimer			
[M.]		essaimer			estival.e, -aux		vous	**êtes**
[R.]	être	écervelé.e		un.e	estivant.e			
[Y.]	un	essayage	[o.]	un/l'	**estomac**	**[éTé.][éTè.]**		
		essayer	[on.]	(s')	estomper			
			[R.]	une/l'	**estrade**	[-]	un	étai
[éSsi.]				l'	estragon		ils/elles	étaient
				être	estropié.e		tu	étais
	à bon	escient	[u.]	un	estuaire		il/elle	**était**
	un	essieu		un	esturgeon		j'ai	**été**
	des	essieux					l'	**été**
			[éSsui.]			[GN.]	ils/elles	éteignent
[éSsin.]							vous	éteignez
				il/elle	essuie		nous	éteignons
	un	essaim		eux, ils/elles	essuient	[R.]		éternel.le.ment
				un	essuie-glace		s'	éterniser
[éSso.]				un	essuie-main(s)		l'	éternité
				j'ai	essuyé		il/elle	éternue
	un/l'	essor		(s')	**essuyer**		un	éternuement
	un	essorage		vous	essuyez			éternuer
		essorer					l'	éther
	une	essoreuse						hétéroclite
			[éT.][èT.]					hétérogène
[éSsou.]						[Y.]		étayer
			[éTa.]					
	être	essoufflé.e				**[éTi.]**		
	un	essoufflement	[-]	un/l'	**état**			
	s'	essouffler		l'	État (= pays)	[K.]	un	étiquetage
			[B.]	une	étable			étiqueter
[èSP.]				être	établi.e		une	**étiquette**
				un	établi	[M.]	l'	étymologie
[-]	un/l'	**espace**		(s')	établir			étymologique
	être	espacé.e		un	établissement	[o.]	(s')	étioler
	un	espacement				[R.]	(s')	étirer
		espacer					un	étirement
	des	espaces verts						

[éTin.]

[-]	de l'	étain
	j'/tu	éteins
	j'ai	**éteint**
	il/elle	**éteint**
[D.]		éteindre
[S.]		étincelant.e
		étinceler
	une	**étincelle**

[èTN.]

	l'	ethnie
		ethnique
	l'	ethnologie
	un.e	ethnologue

[éTo.]

[-]	un	étau
[F.]	une	étoffe
	(s')	étoffer
[N.]		étonnamment
		étonnant.e
	un	étonnement
	(s')	**étonner**

[éToi.]

	une	**étoile**
	une	étoile *de mer*
	une	étoile *filante*
	le ciel	étoilé

[éTou.]

[F.]		étouffant.e
	être	étouffé.e
	à l'	étouffée
	l'	étouffement
	(s')	**étouffer**
[R.]	une	étourderie
	être	étourdi.e
		étourdir
		étourdissant.e
	un	étourdissement
	un	étourneau

[éTR.][èTR.]

[a.]	une	étrave
[an.]		étrange
		étrangement
	(un.e)	**étranger, -ère**
	une	étrangeté
	être	étranglé.e
	un	étranglement
	(s')	étrangler
	un.e	étrangleur, -euse
[e/.]		**être** *(= verbe)*
	un	être *(= personne)*
	un	hêtre *(= arbre)*

[é.][è.]		étrenner
	les	**étrennes**
[i.]	un	étrier
		étriller
		étriqué.e
	(s')	étriper
[in.]		étreindre
	une	étreinte
[oi.]		**étroit**
		étroite.ment
	une	étroitesse

[èTS.]

		etc. ou **et cetera** ou **et caetera**

[éTu.]•[éTui.]

[D.]	une/l'	**étude**
	un.e	**étudiant.e**
		étudier
•[ ]	un	étui
[V.]	une	étuve
	à l'	étuvée
		étuver

[éV.]

[éVa.]

[K.]	une	évacuation
		évacuer
[D.]	être	évadé.e
	(s')	évader
[L.]	une	évaluation
		évaluer
[N.]	être	évanoui.e
	s'	évanouir
	un	évanouissement
[P.]	une	évaporation
	être	évaporé.e
	s'	évaporer
[Z.]	être	évasé.e
		évasif
	une	évasion
		évasive.ment

[éVan.]

[J.]		évangélique
		évangéliser
	un	évangile
	l'	Evangile
[T.]	un	éventail
	un	éventaire
		éventer
	être	éventré.e
		éventrer

[éVé.][éVè.]

[a.]	un	hévéa
[K.]	un	évêque
[CH.]	un	évêché
[N.]	un	événement ou évènement
[R.]	(s')	évertuer
[Y.]	un	éveil
	il/elle s'	éveille
	être	**éveillé.e**
	(s')	éveiller

[éVi.]

[K.]	une	éviction
[D.]		**évidemment**
	une	évidence
		évident.e
		évider
[é.]	un	**évier**
[T.]		évitable
		éviter
	(vous)	évitez de...

[éVin.]

		évincer

[éVo.]

[K.]		évocateur, -trice
	une	évocation
		évoquer
[L.]	être	évolué.e
		évoluer
		évolutif, -ive
	l'	évolution

[éY.]

	(que vous)	ayez
		ayez du courage
	(que nous)	ayons
		ayons du courage

[éZ.][èZ.]

[an.]	l'	aisance
[ɛ.]	à l'	**aise**
[é.]	être	aisé.e
		aisément
[i.]		hésitant.e
	une	hésitation
		hésiter
[o.]	un	oesophage

[Fa.]

[Fa.]
	la note	fa
	il est	fat *(= poseur)*

[FaB.]
[L.]	une	fable
[R.]	un.e	fabricant.e
	une	fabrication
	en	fabriquant
	(une)	fabrique
		fabriquer
[u.]		fabuleux, -euse

[FaK.] •[FaKS.]
[-]	la	fac
[i.]	un	fakir
[o.]	un	phacochère
•[ ]	un	fac-similé
	une	faction
	un	fax
[T.]	un	**facteur**
		factice
	une	factrice
	une	facture
[u.]		facultatif, -ive
	la/une	faculté

[FaCH.]
	être	**fâché.e**
	se	fâcher
		fâcheux, -euse
	le	fascisme
		fasciste

[FaD.]
		fade
	la	fadeur

[FaG.]
	un	fagot
	être	fagoté.e

[Faï.]
	de la	faïence

[FaL.]
[a.]		fallacieux, -euse
[an.]	une	phalange
[è]	une	falaise
	il	**fallait**
[oi.]	(il va)	falloir
[S.]	une	falsification
		falsifier

[u.]	(il aurait)	fallu

[FaM.]
[é.]	une	**femme**
[eu.]		fameux, -euse
[é.]	mal	famé.e
		famélique
[i.]		familial.e, -aux
	(se)	familiariser
	la	familiarité
		familier
		familière.ment
	une	**famille**
	une/la	famine

[FaN.]
[a.]	un	fanal
		fanatique
	le	fanatisme
[é.]	être	fané.e
	(se)	faner
[i.]	un	fanion
[on.]	un	fanon

[FaR.]
[-]	du	fard *(= maquillage)*
[a.]		faramineux, -euse
	un	pharaon
[an.]	une	farandole
[D.]	une	**farde**
	un	fardeau
	se	farder
[é.]	un	**phare**
[F.]	un	farfadet
		farfelu.e
[i.]	la	**farine**
		farineux, -euse
[in.]	le	pharynx
[M.]		pharmaceutique
	une	**pharmacie**
	un.e	**pharmacien.ne**
[ou.]		farouche.ment
[S.]	une	**farce**
	être	farcé.e
	un.e	farceur, -euse
	être	farci.e
		farcir

[FaS.]
[a.]	une	façade
[é.]	une/la	**face**
[é.][è.]	une	facétie
		facétieux, -euse
	une	facette
[i.]		facial.e, -aux

		facile.ment
	une/la	facilité
		faciliter *(= verbe)*
	un	fascicule
		fascinant.e
	la	fascination
	être	fasciné.e
	le	fascisme
		fasciste
[o.]		façonner
[on.]	une/la	**façon**
[T.]		faste
		fastidieux, -euse
		fastueux, -euse

[FaT.]
[-]	(un)	fat *(= poseur)*
[a.]	c'est	fatal
		fatale.ment
	la	fatalité
[i.]		fatidique
	c'est	**fatigant**
		fatigante
	en se	fatiguant
	la	**fatigue**
	être	**fatigué.e**
	se	fatiguer
[R.]	un	fatras

[FaV.]
[e.]	une	faveur
[o.]		**favorable.ment**
	être	favorisé.e
		favoriser
		favori.te
	le	favoritisme

[FaY.]
	de la	faïence
	une	faille
	j'ai	**failli**
		faillir
	une	faillite

[FaZ.]
	une	phase

[Fan.]
[-]	le	faon *de la biche*
[D.]	se	fendiller
	(se)	**fendre**
	être	fendu.e
[F.]	une	fanfare
	(un.e)	fanfaron.ne
	une	fanfaronnade
	une	fanfreluche

[J.]	la	fange
[T.]	une	fantaisie
	(un.e)	fantaisiste
		fantasmagorique
		fantasque
	un	fantassin
		fantastique
	un	fantoche
	un	**fantôme**
	une	fente

[Fe.][Feu.]

[-]	un/le	**feu**
	un	feu d'artifice
	des	**feux**
[M.]	une	**femelle**
[N.]	la	fenaison
	une	**fenêtre**
	du	fenouil
	le	foehn
[R.]	il/elle	**fera**
	tu	feras
	je	**ferai**
	vous	ferez
	nous	ferons
	ils/elles	feront
[T.]	le/un	feutre
	être	feutré.e
	la	feutrine
[Y.]	un/le	**feuillage**
	une	**feuille**
	un	feuillet
	être	feuilleté.e
		feuilleter
	un	feuilleton
		feuillu.e
[Z.]		faisable
	eux, ils/elles	faisaient
	je/tu	faisais
	lui, il/elle	**faisait**
	un	faisan
		faisandé.e
	poule	faisane
	en	**faisant**
	nous	faisons

[Fé.][Fè.]

[Fé.][Fè.]

	je/tu	fais
	j'ai/il/elle	**fait**
	un	fait
	une	**fée**

[FèB.]

		faible
		faiblement
	la	faiblesse
		faibli.r
		fébrile
	la	fébrilité

[FéK.]

	la	fécondation
		fécond.e.r
	la	fécondité
	la	fécule
		féculent.e

[FéD.]

		fédéral.e, -aux
	le	fédéralisme
	(un.e)	fédéraliste
	une	fédération

[Féé.]

	une	féerie
		féerique

[FéL.]

[é.]	être	fêlé.e
[i.]	des	félicitations
	(se)	**féliciter**
		féline
[in.]	(un)	félin
[on.]	(un.e)	félon.ne
[u.]	une	fêlure

[FéM.]

		féminin
		féminine
		féminiser
		féministe
	la	féminité
	le	fémur

[FéN.]

[é.]	une	faîne ou faine
[é.][è.]		**fainéant.e**
	la	fainéantise
	un	fennec
[i.]	un	phénix
[o.]		phénoménal.e, -aux
	un	**phénomène**

[Féo.]

		féodal.e, -aux
	la	féodalité

[FéR.][FèR.]

[-]	du	**fer**
	un	fer à repasser
[a.]	de la	ferraille
	un	ferrailleur
[é.]	je vais	**faire**
[é.]	être	ferré.e
[i.]		férié.e
	un	ferry
[M.]	une	**ferme**
	je/il/elle	ferme
		ferme.ment
	un	ferment
	la	fermentation
	être	fermenté.e
	eux, ils/elles	ferment
	(se)	**fermer**
	la	fermeté
	une	fermeture
	un	**fermier**
	une	fermière
	un	fermoir
[o.]		féroce.ment
	la	férocité
		ferroviaire
[P.]	un	faire-part
[T.]		fertile
		fertiliser
	la	fertilité
[u.]		féru.e
[v.]		fervent.e
	la	ferveur

[FèS.][FéS.]

	un	faisceau
	une	fesse
	une/la	fessée
	un	festin
	un	festival
	des	festivals

[FéT.][FèT.]

[é.]	le	faîte ou faite (= sommet)
	(vous)	faites
	une/la	**fête**
[é.][è.]	que	fait-elle ?
		fêter
[i.]	que	fait-il ?
	un	fétiche
		fétide

[on.]	que	fait-on ?
[ou.]	un	faitout ou fait-tout
[u.]	que	fais-tu ?
	un	fétu

[FéV.][Fèv.]

	une	fève
		février

[Fi.]

[Fi]

	je me	fie (= se fier)

[Fia.]

[B.]	la	fiabilité
		fiable
[K.]	un	fiacre
[S.]	un	fiasco

[Fian.]

[S.]	les	fiançailles
	être	**fiancé.e**
	se	fiancer
	des	fiancé(e)s
[T.]	la	fiente

[FiB.]

	une	fibre

[FiK.] •[FiKS.]

•[ ]	la	fiction
	une	fixation
		fixe.ment
	(se)	fixer
[T.]		fictif, -ive

[FiCH.]

[é.]	une	**fiche**
	je m'en	fiche
[é.]	(se)	ficher
[i.]	un	fichier
[u.]	un/c'est	fichu

[FiD.]

		fidèle.ment
	la	fidélité

[Fié.][Fiè.]

[-]	se	fier
[F.]	un	fief
[L.]	du	fiel
[R.]	il est	**fier**
	elle est	**fière**
		fièrement
	la	fierté
[T.]	une	**fillette**
[V.]	la	**fièvre**
		fiévreux, -euse

[FiF.]

	un	fifre
	un	fifrelin

[FiG.]

[é.]	une	figue
[i.]	un	figuier
[u.]	une	figurant.e
	la	figuration
	une	**figure**
	se	figurer
	une	figurine

[FiJ.]

	(se)	figer

[FiL.]

[-]	un	**fil**
	du/un	fil de fer
[a.]	un	filament
	une	filature
	la	philatélie
		philatéliste
[an.]		filandreux, -euse
		filant.e
		philanthrope
[é.]	une	**file**
	il	file (= filer)
[é.][è.]	il a	filé
		filer
	un	**filet**
[i.]		filial.e, -aux
	une	filiale
	une	filière
		filiforme
	un/en	filigrane
[M.]	un	**film**
	être	filmé.e
		filmer
[o.]	un.e	philosophe
	la	philosophie
		philosophique
[on.]	un	filon
[ou.]		filou
[T.]	un	filtre (pour filtrer)
		filtrer
	un	philtre (d'amour)

[FiN.] •[FiGN.]

[a.]		final (m.)
	(la)	finale
		finalement
		finaliste
[an.]	un	financement
		financer
	les	finances
	(un)	financier
		financière.ment
[é.]		fine.ment
[è.]	la	finesse
[i.]	j'ai/c'est	**fini**
		finir
	la	finition
•[ ]		fignoler

[Fio.]

	une	fiole
	des	fioritures

[Fiou.]

	du	fioul = fuel

[FiR.]

	le	firmament
	une	firme

[FiS.]

[-]	le	**fils**
[K.]	le	fisc
		fiscal.e, -aux
[è.]	une	ficelle
[L.]	être	ficelé.e
		ficeler
[u.]	une	fissure
	être	fissuré.e
	se	fissurer

[FiY.]

	une	**fille**
	une	**fillette**
	un.e	filleul.e

[FiZ.]

	un.e	physicien.ne
	la	physionomie
		physionomiste
		physique.ment

[Fin.]

	j'ai	**faim**
	une	feinte
	la/c'est	**fin**

[FL.]

[FLa.]

[K.]	un	**flacon**
	une	**flaque**
[CH.]	un	flash
[G.]		flagrant.e
[J.]		flageoler
	des	flageolets
[M.]	être	flamand.e *(= langue)*
	un	flamant *(= oiseau)*
	une	**flamme**
	une	flammèche
[N.]	la	flanelle
		flâner
	la	flânerie
		flâneur, -euse
[S.]		flasque
[T.]	être	flatté.e
		flatter
	une	flatterie
		flatteur, -euse

[FLan.]

[-]	du	flan *(= dessert)*
	le	flanc *(= côté)*
[B.]	ça a	flambé
	un	flambeau
	une	flambée
		flamber
		flamboyant.e
		flamboyer
[K.]	être	flanqué.e
[CH.]		flancher

[FLe.][FLeu.]

[R.]	une	fleur
	une	fleurette
	être	fleuri.e
		fleurir
	ils/elles	fleurissent
	un.e	**fleuriste**
	il/elle	fleurit
	(un)	flirt.er
[V.]	un	**fleuve**

[FLé.][FLè.]

[KS.]		flexible
	une	flexion
[CH.]	une	**flèche**
		flécher
	une	fléchette
		fléchir
	un	fléchissement
[G.]	le	flegme
[O.]	un	fléau

[R.]	du	flair
		flairer
[T.]	le	flétan
	être	flétri.e
		flétrir

[FLi.]

	un	flibustier

[FLin.]

	un	flingue

[FLo.]

[-]	un	flot
	les	flots
[K.]	un	**flocon**
[R.]	la	floraison
		floral.e, -aux
	les	floralies
	la	flore
		florissant.e
[T.]		flottant.e
	une/il/elle	flotte
	un	flottement
		flotter
	un	flotteur
	une	flottille

[FLon.]

	les	flonflons

[FLou.]

	il/elle est	flou.e

[FLu.]•[FLui.]

[-]	le	flux
[K.]	la	fluctuation
[è.]		fluet.te
•[ ]		fluide
	la	fluidité
[o.]	le	fluor
		fluorescent.e
[T.]	une	flûte ou flute
	un.e	flûtiste ou flutiste
[V.]		fluvial.e, -aux

[Fo.]

[Fo.]

	il	**faut**
	c'est	**faux**
	une	faux *pour faucher*

[FoB.]

	un	faubourg
	une	phobie

[FoK.]

	un	faucon
	le	foc *(= voile)*
	un	**phoque** *(= animal)*

[FoCH.]

	être	fauché.e
		faucher
	un.e	faucheur, -euse
	un	faucheux

[FoD.]

	il	faudra
	il	faudrait

[FoF.]

	se	faufiler
	un	faux-fuyant

[FoL.]

[a.]		folâtre.r
[K.]	le	folk
	le	folklore
		folklorique
[é.]	elle est	**folle**
		follement
[i.]	la	folie

[FoM.]

	un	faux-monnayeur
		fomenter

[FoN.]

[é.]	la/un	faune
[é.]	un	faux nez
		phonétique.ment

[FoR.]

[-]	le	for intérieur
	il est	**fort**
	un	fort
[a.]	un	forage
[B.]	un	forban
[é.][è.]		foraine
		forer
		forestier, -ière
	une	**forêt**
[F.]	un	forfait
[J.]	une	forge
	du fer	forgé
		forger
	un	forgeron
[in.]		forain
	le	for intérieur

[M.]	(se)	formaliser
	une	formalité
	un	format
	une	formation
	une	**forme**
	être	formé.e
		formel.le.ment
		former
	du	formica
		formidable
	une	formule
		formuler
[S.]	un	forçat
	la	**force**
	être	forcé.e
		forcément
	un.e	forcené.e
		forcer
[T.]		**forte**
		fortement
	une	forteresse
	un	fortifiant
	une	fortification
		fortifier
	un	fortin
		fortuit.e
	une	fortune
	être	fortuné.e

[FoS.]

[é.]	elle est	**fausse**
		faussement
	une	fosse
[é.][è.]	un.e	faussaire
		fausser (= déformer)
		fausser compagnie
	un	**fossé**
	une	fossette
[F..]	le	phosphate
	le	phosphore
		phosphorescent.e
[i.]	une	faucille
	un	fossile
[oi.]	un.e	fossoyeur, -euse

[FoT.]

[é.]	une/la	**faute**
[e.]	un	**fauteuil**
[i.]		fautif, -ive
[o.]	une	**photo**
	une	photocopie
		photocopier
	un.e	photocopieur, -euse
		photogénique
	un.e	photographe
	un.e	photographie
		photographier
		photographique

[FoV.]

	(un)	fauve
	une	fauvette

[Foi.]

[-]	la	foi (= croire)
	le	**foie**
	une	**fois**
	à la	fois
[R.]	la	**foire**
[Y.]	un	**foyer**
[Z.]		foison.ner

[Foin.]

	du	foin

[Fon.]

[-]	le	**fond**
	ça	**fond** (= fondre)
	les/un	fonds (= argent)
	ils/elles	**font** (= faire)
	les	fonts baptismaux
[K.]	une/la	fonction
	un	fonctionnaire
		fonction.nel.le.ment
	le	fonctionnement
		fonctionner
[D.]		fondamental.e.ment
		fondant.e
	un.e	fondateur, -trice
	une	fondation
	le	fondement
		fonder
	une	fonderie
		fondre
	une	fondrière
	il/elle a	fondu
	une	fondue
[S.]	être	foncé.e
		foncer
		foncier
		foncière.ment
[T.]	une	**fontaine**
	de la	fonte
	la	fonte de la neige

[Fou.]

[Fou.]

	un/il est	**fou**
	des	fous

[FouD.]

	la	**foudre**
		foudroyant.e
	être	foudroyé.e

[Fouè.]

	un	**fouet**
		fouetter

[FouG.]

	la	fougue
		fougueux, -euse

[Foui.]

	une	fouine
		fouiner

[FouJ.]

	une	fougère

[FouL.]

	un	**foulard**
	une/la	**foule**
	une	foulée
	se	fouler (le pied)
	une	foulure

[FouR.]

[-]	un	**four**
[a.]	du	fourrage
		fourrager, -ère
[B.]		fourbe
	une	fourberie
	être	fourbu.e
[CH.]	une	fourche
	une	**fourchette**
	être	fourchu.e
[e/.][e.]	une	fourre
	un	fourre-tout
	un	fourreur
[é.]	un	fourré
	être	fourré.e
	se	fourrer
[G.]	un	fourgon
	une	fourgonnette
[i.]	une	fourrière
[M.]	une	**fourmi**
	une	fourmilière
	un	fourmillement
		fourmiller

[N.]	une	fournaise	[J.]	une	frange	[J.]	un	frigidaire
	un	fourneau		la	frangipane	[L.]		**frileux, -euse**
	une	fournée	[M.]	un.e	franc-maçon.ne	[M.]	la	frime
		fournir	[P.]	le	franc-parler			frimer
	un	fournisseur	[S.]	être	français.e		(un.e)	frimeur, -euse
	une	fourniture	[T.]	un	franc-tireur		une	frimousse
[o.]	un	fourreau				[P.]	être	fripé.e
[T.]	un	fourre-tout		**[FRe.]**			un.e	fripier, -ière
[u.]	une	**fourrure**					(un.e)	fripon.ne
[V.]	se	fourvoyer			fredonner		une	fripouille
				être	frelaté.e	[R.]		frire
	[FouT.]			un	frelon	[S.]		frisquet.te
				le	fretin		un	frisson
	le	**foot.ball**						frissonnant.e
	un.e	footballeur, -euse		**[Fré.][FRè.]**				frissonner
	un	footing				[T.]	elle est	frite
			[-]	c'est/les	**frais**		une	friterie
	[FouY.]			le	fret (= transport)		des	**frites**
			[K.]		fréquemment		une	friteuse
	une	fouille		la	fréquence		la	friture
	être	fouillé.e			fréquent.e	[V.]		frivole
		fouiller		la	fréquentation		la	frivolité
	un	fouillis			fréquenter	[Z.]	une	frise
			[CH.]		fraîche.ment ou		être	frisé.e
	[FR.]				fraiche.ment		un	freezer (congeler)
				la	fraîcheur ou fraicheur			
	[FRa.]				fraîchir ou fraichir		**[FRin.]**	
[K.]	un	fracas	[G.]	une	frégate		un	**frein**
[KS.]		fracassant.e	[L.]		frêle		la	fringale
		fracasser	[M.]		frémir			fringant.e
	une	**fraction**			frémissant.e			
		fractionner		un	frémissement		**[FRo.]**	
	une	fracture	[N.]	le	freinage			
		fracturer			**freiner**	[D.]	la	fraude
[G.]	un	fragment		un	frêne			frauder
		fragmentaire		la	frénésie		(un.e)	fraudeur, -euse
		fragmenter			frénétique			frauduleux, -euse
[J.]		**fragile**	[R.]	un	**frère**	[L.]	le	frôlement
	la	fragilité	[S.]	une	fresque			frôler
[P.]		frappant.e	[T.]	le	fret (= transport)	[M.]	un/du	**fromage**
	une/il	frappe			frétillant.e		(un.e)	fromager, -ère
	être	frappé.e			frétiller		du	froment
		frapper	[Y.]	se	frayer	[T.]	un	frottement
[T.]		fraternel.le.ment		la	frayeur			**frotter**
		fraterniser	[Z.]	une	**fraise**		un	frotteur
	la	fraternité		un	fraisier			
[Z.]	une	**phrase**					**[FRoi.]**	
				[FRi.]				
	[FRan.]					[-]	le/c'est	**froid**
			[-]	c'est	frit	[D.]		**froide**
[-]	un/il est	**franc**	[a.]		friable			froidement
[B.]	une	framboise	[an.]		friand.e		la	froideur
	un	framboisier			**friandise**		la	froidure
[K.]		franco	[KS.]	une	friction	[S.]	le	froissement
		francophone			frictionner			froisser
à la bonne		franquette	[CH.]	une	friche			
[CH.]		franche.ment	[G.]	un	**frigo**			
		franchi.r		être	frigorifié.e			
	la	franchise			frigorifique			

[FRon.]

[-]	le	**front**
[D.]	une	frondaison
	la	fronde
[S.]	une	fronce
	un	froncement
		froncer
[T.]		frontal.e
		frontalier, -ière
	une/la	**frontière**
	un	fronton

[Frou.]

| | | froussard.e |
| | la | frousse |

[Fru.] •[FRui.]

[K.]		fructifier
		fructueux, -euse
[G.]		frugal.e, -aux
•[ ]	un	**fruit**
		fruitier, -ière
[S.]		fruste
		frustrer

[Fu.] •[Fui.]

[Fu]

je/tu	fus
il	**fut**
un	fût ou fut *(= tonneau)*

[FuCH.]

| | le | fuchsia |

[FuG.]

		fugace
	une	fugue
		fugueur, -euse

•[Fui.]

[-]	j'ai	**fui**
	eux, ils/elles	fuient
	je/tu	fuis
	il/elle	fuit
[R.]		**fuir**
[T.]	une/la	**fuite**
[Y.]		fuyant.e
	un.e	fuyard.e
	(vous)	fuyez
	(nous)	fuyons

[FuJ.]

| | *(un.e)* | fugitif, -ive |

[FuL.]

| | | fulgurant.e |

[FuM.]

[an.]		fumant.e
[e.]	un.e	fumeur, -euse
[eu.]		
[é.]	la	**fumée**
		fumer
	un	fumet
[i.]	du	fumier
		fumigène
		fumiste.rie

[FuN.]

[an.]	un.e	funambule
[é.][è.]	les	funérailles
		funéraire
		funèbre
		funeste
[i.]	un	funiculaire

[FuR.]

[-]	au	fur *et à mesure*
	ils/elles	furent
[é.][e.]	la	fureur
[è.]	un	furet
[i.]		furibond.e
	une	furie
		furieuse.ment
		furieux
[on.]	un	furoncle
[T.]		fureter
		furtif, -ive.ment

[FuT.]

[é.][è.]	une	futaie
	être	futé.e
[i.]		futile
	une	futilité
[u.]	*(le)*	**futur**
	la	future...
		futuriste

[FuZ.]

[é.]	un	fuselage
[é.]	une	**fusée**
		fuser
[i.]	un	fusible
	un	**fusil**
	une	fusillade
	être	fusillé.e
		fusiller
	(la)	fusion.ner

[in.]	le	fusain
[L.]	un	fuselage
[o.]	un	fuseau

[FY.]

| | un | fjord |

[Ga.]

[Ga]

| | un | gars |

[GaCH.]

| | | gâcher |
| | un | gâchis |

[GaD.]

| | un | gadget |
| | la | gadoue |

[GaF.]

	une	gaffe
		gaffer
	un.e	gaffeur, -euse

[GaG.]

| | un | gag |

[GaJ.]

	un	gage
	des	gages
	une	gageure ou gageüre

[GaL.]

[a.]	un	gala
	une	galaxie
[an.]		galant.e
	la	galanterie
	la	galantine
[B.]		galbe.r
[e.]	la	gale
[eu.]		
		galeux, -euse
[é.][è.]	une	galère
	un	galérien
	un	galet
	une	**galette**
[i.]	un	galimatias
	un	galion
	des	galipettes
[o.]	une	galoche
	le	galop
	une	galopade
		galoper
	un	galopin

[GaM.]

[on.]	un	galon
[R.]	une	galerie
[V.]		galvaniser
		galvauder

[GaM.]

[é.]	une	**gamme**
[è.]	une	gamelle
[i.][in.]	un.e	**gamin.e**
	une	gaminerie

[GaN.][GaGN.]

	(un.e)	gagnant.e
	un	gagne-pain
		gagner

[GaR.]

[a.]	un	**garage**
	un	garagiste
[an.]	c'est	garanti
	une/elle est	garantie
		garantir
[D.]	un/la	**garde**
	il/elle	garde
	(le)	garde-à-vous
	être	gardé.e
	un.e	garde-barrière
	un	garde-boue
	un	garde-chasse
	un	garde-fou
	un.e	garde-malade
	un	garde-manger
	un	garde-meuble
		garder
	une	garderie
	une	garde-robe
	(un.e)	**gardien.ne**
	un	gardon
[é.]	la	**gare**
	je me	gare (= se garer)
		gare !
		gare à toi !
[é.][è.]	être	garé.e
	lapin de	garenne
	se	**garer**
[G.]	(se)	gargariser
	un	gargarisme
	un	gargouillement
		gargouille.r
[i.]	la	garrigue
[N.]	un	garnement
	être	garni.e
		garnir
	une	garnison
	une	garniture
[o.]	(un)	garrot.ter
[S.]	un	**garçon**
	un	garçonnet

[GaS.]

[P.]	un	gaspillage
		gaspiller
[T.]	un	gastéropode
		gastrique
	un.e	gastronome
	la	gastronomie
		gastronomique

[GaT.]

	un	**gâteau**
	être	gâté.e
	(se)	gâter
	une	gâterie
		gâteux, -euse

[GaV.]

	le	gavage
	un	gave
	se	gaver
	un	gavial

[GaY.]

		gaillard.e

[GaZ.]

[-]	un/du	**gaz**
	des	gaz
[é.]	de la	gaze
[eu.]		gazeux, -euse
[è.]	une	gazelle
	une	gazette
[o.]	un	gazoduc
	le	gazole ou gas-oil ou gasoil
[on.]	le	gazon
[ou.]		gazouiller
	un	gazouillis

[Gan.]

[-]	un	**gant**
	un	gant de toilette
[B.]		gambader
[G.]	un	gang
	un	ganglion
	la	gangrène
	un	gangster
	une	gangue
[T.]	être	ganté.e

[Gue.][Gueu.]

[L.]	une	**gueule**
		gueuler
[N.]	des	guenilles
	une	guenon

[Gué.][Guè.]

[-]	être	gai.e
	le	gué (= rivière)
	un	guet (= guetter)
[M.]		**gaiement** ou **gaîment**
[N.]	une	gaine
[P.]	un	guépard
	une	**guêpe**
	un	guêpier
[R.]		guère (= pas beaucoup)
	être	**guéri.e**
	un	guéridon
	la	guérilla
	un	guérillero
		guérir
	la	guérison
	un.e	guérisseur, -euse
	une	guérite
	la	**guerre**
	(un.e)	guerrier, -ière
		guerroyer
[T.]	la	**gaieté** ou **gaîté**
	un	ghetto
	un	guet-apens
	une	guêtre
		guetter (= surveiller)
	un	guetteur

[Gui.]

[-]	du	gui (= plante)
[CH.]	un	guichet
[D.]	le	guidage
	un.e	guide
		guider
	un	guidon
[M.]	la	guimauve
[N.]	la	guigne
[GN.]		guigner
	un	guignol
[R.]	une	**guirlande**
[T.]	une	**guitare**
	un.e	guitariste
[Y.]	des	guillemets
		guilleret.te
		guillotine.r
[Z.]	la	guise

[Guin.]

un/le		gain *(= gagné)*
être		guindé.e
de		guingois

[GL.]

[GLa.]

[-]	le	glas
[B.]		glabre
[D.]	un	gladiateur
[i.]	un	glaïeul
[N.]		glaner
[P.]		glapir
	un	glapissement
[S.]	une/la	**glace**
	être	**glacé.e**
	période	glaciaire
		glacial.e, -aux
	un	glacier
	une	glacière
	un	glaçon
[Y.]	un	glaïeul

[GLan.]

	un	gland
	une	glande

[GLè.]

	la	glaise
	un	glaive

[GLi.]

	une	**glissade**
		glissant.e
	la/ça	glisse
	un	glissement
		glisser
	une	glissière
	une	glissoire
	une	glycine

[GLo.]

[B.]		global.e, -aux
	un	globe
	un	globe-trotter
	un	globule
		globuleux, -euse
[R.]		glorifier
		glorieux, -euse
	la	gloriole

[GLoi.]

	la	**gloire**

[GLou.]

[S.]	un	gloussement
		glousser
[T.]	(un.e)	glouton.ne
	la	gloutonnerie

[GLu.]

	de la	glu
		gluant.e

[GN¨.]

	un	gnome
	un	gnou

[Go.]

[B.]	un	gobelet
		gober
[CH.]	à/la	**gauche**
	(un.e)	gaucher, -ère
	la	gaucherie
[D.]	une	godasse
	un	godet
		godille.r
[é.]	un	goéland
	une	goélette
	le	goémon
[F.]	une	**gaufre**
	être	gaufré.e
	une	gaufrette
	un	gaufrier
[G.]		goguenard.e
[L.]	une	gaule *(= bâton)*
		gauler
	un	**goal**
	le	golf *(= jeu)*
	un	golfe *(= la mer)*
[M.]	une	**gomme**
		gommer
	une	gommette
[R.]	un	goret
	la	**gorge**
	une	gorgée
	se	gorger
	un	gorille
[S.]	un	**gosse**
[T.]		gothique
[Y.]	une	goyave
[Z.]	un	gosier

[Goi.]

	un	goitre

[Goin.]

	un	goinfre
	se	goinfrer
	une	goinfrerie

[Gon.]

[-]	un	gond
[D.]	une	gondole
		gondoler
	un	gondolier
[F.]		gonflable
	le	gonflage
	un	gonflement
		gonfler
	un	gonfleur
[G.]	un	gong

[Gou.]

[-]	le	**goût** ou **gout**
[a.]	la	gouache
		gouailleur, -euse
[D.]	le	goudron
	être	goudronné.e
[F.]	un	gouffre
[J.]	un	goujat
	un	goujon
[L.]	un	goulet
	un	goulot
	être	goulu.e
		goulûment ou
		goulument
[P.]	une	goupille
	un	goupillon
[R.]		gourd.e
	une	gourde
	un	gourdin
		gourmand.e
	la	gourmandise
	un	gourmet
	une	gourmette
	un	gourou ou guru
[S.]	une	gousse
		gousset
[T.]	je	goûte *(= goûter)* ou
		goute
	(le)	goûter ou gouter
	une	goutte
	une	gouttelette
	une	gouttière
[V.]	un	gouvernail
	(un.e)	gouvernant.e
	un	gouvernement
		gouvernemental.e, -aux
	(se)	**gouverner**
	un.e	gouverneur

[GR.]

[GRa.]

[-]	(du)	**gras**
[B.]		grabat.aire
[D.]	une	gradation
	un	grade
	être	gradé.e
	un	gradin
	une	graduation
	être	gradué.e
		graduel.le.ment
[F.]	des	graffiti ou graffitis
	un	graphique
	la	graphologie
[M.]	une	graminée
	la	grammaire
		grammatical.e, -aux
	un	**gramme**
[N.]	du/le	granit ou granite
		granitique
	un	granule
	un	granulé
		granuleux, -euse
[P.]		grappiller
	une	**grappe**
	un	grappin
[S.]	(la)	**grâce**
		grâce à
		gracier
		gracieux
		gracieuse.ment
		gracile
	elle est	grasse
		grassement
		grassouillet.te
[T.]	une	gratification
		gratifier
	un	gratin
	être	gratiné.e
		gratis
	la	gratitude
	le	grattage
	en	grattant
	un	gratte-ciel
	un	grattement
		gratter
	un	grattoir
		gratuit.e
		gratuitement
	la	gratuité
[V.]	des	gravats
		grave
		gravement
		graver
	un	graveur
	du	**gravier**
	un	gravillon
		gravir
	la	gravité
		graviter
	une	gravure
[Y.]	le	graillon

[GRan.]

[-]		**grand**
[CH.]		grand-chose
[D.]		**grande**
		grandement
	la	grandeur
	j'ai	grandi
		grandiloquent.e
		grandiose
		grandir
	il/elle	grandit
[J.]	une	grange
[M.]	la	grand-maman
	la	**grand-mère**
[P.]	le	grand-papa
	les	**grands-parents**
	le	**grand-père**

[GRe.]

[D.]	un.e	gredin.e
[L.]	un	grelot
		grelotter
[N.]	une	grenade
	un	grenadier
	la	grenadine
	la	grenaille
		grenat
	le	**grenier**
	une	**grenouille**

[GRé.][GRè.]

[-]	de	gré ou de force
	bon	gré
	plein	gré
	du/le	grès (= pierre)
[é.]		gréer
[F.]	une	greffe
	être	greffé.e
		greffer
	un	greffier
[G.]		grégaire
[J.]		grège
[L.]	la	grêle
	il	grêle
		grêler
	un	grêlon
[M.]	un	gréement
[N.]	une	**graine**
	une	graineterie
	un.e	grainetier, -ière

[S.]	un	graissage
	la	**graisse**
	être	graissé.e
		graisser
[V.]	une/la	**grève**
	un.e	gréviste
[Z.]	le	grésil
	un	grésillement
		grésiller

[GRi.]

[-]		**gris**
[B.]	un	gribouillage
		gribouiller
	un	gribouillis
[è.]	un	grief
		grièvement
[F.]	une	griffe
	être	griffé.e
	(se)	**griffer**
	un	griffon.nage
		griffonner
	une	griffure
[L.]	un/le	gril
	un	grill (= restaurant)
[M.]		grimaçant.e
	une	**grimace**
		grimacer
		grimer
	un	grimoire
[N.]		grignoter
[GN.]		
[o.]	une	griotte
[P.]	la	**grippe**
	être	grippé.e
	se	gripper
	un	grippe-sou
[V.]	une	grive
		grivois.e
[Y.]	une	grillade
	un	**grillage**
	être	grillagé.e
	une	**grille**
	un	grille-pain
	être	grillé.e
		griller
	un	grillon
[Z.]	la	grisaille
		grisant.e
		grisâtre
		grise
		griser
	une	griserie
		grisonnant.e
		grisonner
	le	grisou
	un	grizzli ou grizzly

[GRin.]

[-]	un/du	**grain**
[CH.]		grincheux, -euse
[G.]	un	gringalet
[P.]		grimpant.e
		grimper
	une	grimpette
	(un.e)	grimpeur, -euse
[S.]		grinçant.e
	un	grincement
		grincer

[GRo.]

[-]		**gros**
[G.]	un	grog
	être	groggy
[M.]		grommeler
[GN.]	la	grogne
	un	grognement
		grogner
		grognon.ne
[S.]		**grosse**
	la	grossesse
	une	grosseur
		grossier
		grossière.ment
	une	grossièreté
		grossir
		grossissant.e
	ils/elles	grossissent
	un	grossissement
	un.e	grossiste
		grosso modo
[T.]		grotesque
	une	**grotte**
[Z.]	une	**groseille**
	un	groseillier

[GRon.]

	être	grondé.e
	un	grondement
		gronder

[GRoin.]

	un	groin

[GRou.]

[M.]	un	groom
[P.]	un	**groupe**
	être	groupé.e
	un	groupement
	(se)	grouper
	un.e	groupie
	un	groupuscule
[Y.]		grouillant.e
	un	grouillement
	(se)	grouiller

[GRu.]

	une	**grue**
	des	grumeaux
	un.e	grutier, -ière
	du	**gruyère**

[GZ.]

	la	xénophobie
	un	xylophone

[i.]

il		**y** a
il		y avait
j'		y vais

[ia.]

un		hiatus
un		yack ou yak
un		**yaourt**
un		yard

[ian.]

un		yankee

[iB.]

l'		hibernation
		hiberner
un/(des)		**hibou(x)**
(un)		hybride
un		ibis

[iK.]

un		hic
une		icône
l'		iconographie

[iD.]

[an.]	l'	identification
		identifier
		identique
	l'	identité
[eu.]		hideux, -euse
[é.]	(un)	idéal
	elle est	idéale
		idéaliser
		idéaliste
	une	**idée**

[i.]

[i.]	(un.e)	**idiot.e**
	une	idiotie
	une	idylle
		idyllique
	une	idole
[R.]	une	hydre
		hydrater
		hydraulique
	un	hydravion
	un	hydrocarbure
	l'	hydrocution
		hydroélectrique
		hydrofuge.r
	l'	hydrogène
	un	hydroglisseur
	l'	hydrographie
		hydrophile

[ieu.]

	les	**yeux**

[ié.][iè.]

		hier
	la	hiérarchie
		hiérarchique
	un	hiéroglyphe
	une	hyène
	un	yen

[iG.]

	un	igloo ou iglou
	être	ignifugé.e
	un	iguane

[iJ.]

	l'	hygiène
		hygiénique

[iL.]

[-]	lui,	**il**
	eux,	**ils**
[a.]		hilarant.e
		hilare
	l'	hilarité
[í.]	une	**île** ou **ile**
[é.][è.]		illégal.e.ment
	l'	illégalité
		illégaux
		illégitime
	être	illettré.e

[i.]		illicite.ment		[o.]		immobile	[F.]		ineffable
	être	illimité.e				immobilier, -ière			inefficace
		illisible			être	immobilisé.e		l'	inefficacité
		il y a			(s')	immobiliser	[G.]		inégalable
		il y avait			l'	immobilité			inégal.e.ment
		il y en a			(s')	immoler		l'	inégalité
		il y en avait				immoral.e, -aux	[GZ.]		inexact.e
		il y est				immortaliser		l'	inexactitude
[N.]		**il n'y a pas**			l'	immortalité			inexistant.e
		il n'y avait pas				immortel.le			inexorable.ment
		il n'y en a pas					[L.]		inéluctable.ment
[o.]		illogique		## [iN.] •[iGN.]			[P.]	une	ineptie
	un	îlot ou ilot							inepte
[u.]	une	illumination		### [iNa.]					inépuisable
	être	illuminé.e					[R.]		inerte
	(s')	**illuminer**		[B.]		inabordable		l'	inertie
	une	illusion				inhabitable			inhérent.e
	un.e	illusionniste				inhabité.e	[S.]		inespéré.e
		illusoire				inhabituel.le			inestimable
	une	illustration		[K.]		inacceptable	[V.]		inévitable.ment
		illustre		[KS.]		inaccessible			
	un	illustré				inaccoutumé.e		### [iNi.]	
	être	illustré.e				inactif, -ive			
	(s')	illustrer			l'	inaction	[M.]		inimaginable
				[CH.]	être	inachevé.e			inimitable
				[D.]	être	inadapté.e		l'	inimitié
	## [iM.]					inadmissible	[S.]	une	initiale
					par	inadvertance			initial.e.ment
[a.]	une	**image**		[L.]	une	inhalation		l'	initiation
		imagé.e				inhaler		une	initiative
		imaginaire				inamovible		(s')	initier
		imaginatif, -ive		[M.]					
	l'	**imagination**		[N.]	être	inanimé.e		### •[iGN.]	
	(s')	**imaginer**			l'	inanition			
	un	imam		[P.]		inaperçu.e			ignare
	être	immaculé.e				inappréciable		être	ignifugé.e
	une	immatriculation				inapte			ignoble
	être	immatriculé.e			l'	inaptitude		une	ignominie
[an.]		immense		[T.]		inattaquable		l'	ignorance
		immensément				inattendu.e			**ignorant.e**
	l'	immensité				inattentif, -ive		être	ignoré.e
[e.]	un	immeuble			l'	inattention			ignorer
[é.][è.]		immédiat.e		[V.]		inavouable			
		immédiatement						### [iNin.]	
		immerger		### [iNé.][iNè.]					
	une	immersion							inintelligible
[i.]	un.e	imitateur, -trice		[-]	il/elle est	inné.e			inintéressant.e
	une	imitation		[B.]		inébranlable			ininterrompu.e
		imiter		[KS.]		inexcusable			
	l'	immigration				inexpérimenté.e		### [iNo.]	
	être	immigré.e				inexplicable			
		imminent.e				inexprimable	[K.]		inoccupé.e
	s'	immiscer				inextinguible	[KS.]	l'	inox
[N.]	un	hymne				in extremis			inoxydable
						inextricable	[D.]		inaudible
				[D.]		inédit.e			inodore
							[F.]		inoffensif, -ive

[G.]	l'	inauguration
		inaugurer
[P.]		inopiné.ment
		inopportun.e
[S.]		inhospitalier, -ière
	l'	innocence
		innocent.e
		innocenter
[V.]	l'/une	innovation
		innover

[iNon.]

		innombrable
	une	**inondation**
	être	inondé.e
		inonder

[iNou.]

		inoubliable
	il/elle est	inouï.e

[iNu.]

[M.]		inhumain.e
	l'	inhumation
		inhumer
[T.]		**inutile.ment**
		inutisable
	être	inutilisé.e
	l'	inutilité
[Z.]		inusable
	être	inusité.e

[io.]

[D.]	l'	iode
[G.]	le	yoga
	le	**yoghourt**
[T.]	un	yacht *(= bateau)*
	le	yachting

[iP.]

[è.]	un	hypermarché
		hypermétrope
[i.]		hippique
[N.]	l'	hypnose
	être	hypnotisé.e
[o.]	un	hippocampe
	un	hippodrome
	un	hippopotame
	l'	hypocrisie
		hypocrite
	une	hypothèse
		hypothétique

[iR.]

[a.]	il/elle/ça	**ira**
	tu	iras
		irascible
	être	irradié.e
[an.]		irremplaçable
[é.]	j'	irai
	vous	**irez**
		irréalisable
		irréel.le
		irréfutable
	une	irrégularité
		irrégulier
		irrégulière.ment
		irrémédiable
		irréparable
		irréprochable
		irrésistible
		irrespirable
		irresponsable
		irréversible
[i.]	un	iris
	une	irrigation
		irriguer
		irritable
		irritant.e
	une	irritation
	être	irrité.e
[o.]		ironique.ment
[on.]	une	**hirondelle**
	nous	**irons**
	ils/elles	**iront**
[S.]		hirsute
[u.]	une	irruption

[iS.]

[B.]	un	iceberg
[é.]	(se)	hisser
[i.]		**ici**
[L.]		islam.ique
[M.]	un	isthme
[R.]		israélite
[T.]	une	**histoire**
		historique
		hystérique
[u.]	une	issue
	être	issu.e

[iT.]

	en/l'	italique
	un	itinéraire

[iV.]

[a.]	il/elle	y va
[è.]	l'	**hiver**
	l'	hivernage
		hivernal.e, -aux
		hiverner
[oi.]	l'	ivoire
[R.]		ivre
	l'	ivresse
	un.e	ivrogne.sse
	l'	ivrognerie

[iZ.]

		isocèle
		isolant.e
	l'	isolation
	être	isolé.e
		isolément
	un	isolement
	un	isoloir
		isotherme

[in.][un.]

		hein ?
		un arbre
	les	uns

[inB.][unB.]

[a.]		imbattable
[é.][è.]	(un.e)	**imbécile**
	l'	imbécilité ou imbécillité
		imberbe
[i.]		imbiber
[L.]		humble.ment
[R.]	(s')	imbriquer
	un	imbroglio
[u.]	être	imbu.e
		imbuvable

[inK.]

[inKa.]

[L.]		incalculable
		inqualifiable
[P.]		incapable
	l'	incapacité
[R.]		incarcérer
		incarner
	une	incartade
[S.]		incassable

[inKan.]

	l'	incandescence
		incandescent.e

[inKi.]

[é.][è.]		**inquiet**
		inquiétant.e
		inquiète
	(s')	inquiéter
	l'	inquiétude

[inKL.]

[i.]	l'	inclinaison
		incliner
[u.]		inclure
		inclus.e

[inKo.]

[é.]	l'	incohérence
		incohérent.e
[L.]		incolore
[M.]		incommode.r
[GN.]		incognito
[N.]	être	inconnu.e
	une	inconnue
[R.]		incorporer
		incorrect.e
	une	incorrection
		incorrigible
		incorruptible

[inKon.]

[B.]		incomber
[D.]		inconditionnel.le.ment
[F.]		inconfortable.ment
[G.]		incongru.e
	une	incongruité
[P.]		incomparable
		incompatible
	l'	incompétence
		incompétent.e
		incomplet
		incomplète
		incompréhensible
	l'	incompréhension
[S.]		inconcevable
		inconsciemment
	l'	inconscience
		inconscient.e
		inconséquent.e
		inconsidéré.e
		inconsistant.e
		inconsolable
		inconstant.e

[T.]		incontestable
[V.]		inconvenant.e
	un	**inconvénient**

[inKR.]

[é.]		incrédule
	l'	incrédulité
[i.]		incriminer
[oi.]		**incroyable**
		incroyant.e
[u.]	(s')	incruster

[inKu.]

[B.]	l'	incubation
[L.]		inculquer
	une	inculpation
	être	inculpé.e
		inculte
[R.]		incurable
	une	incursion
	être	incurvé.e

[inD.]

[inDé.][inDè.]

[KS.]	un/l'	index
[CH.]		indéchiffrable
[F.]		indéfendable
		indéfini.ment
[L.]		indélébile
[M.]		indemne
		indemniser
	une	indemnité
[N.]		indéniable
[P.]	l'	indépendance
		indépendant.e
[S.]		indécent.e
		indécis.e
	une	indécision
		indescriptible
		indestructible
[T.]		indéterminé.e
[Z.]		indésirable

[inDi.] •[inDien.]

[K.]	un.e	indicateur, -trice
		indicatif, -ive
	une	indication
		indiquer
•[ ]	(un)	**indien**
[è.]	(une)	**indienne**

[F.]		indifféremment
	l'	indifférence
		indifférent.e
[G.]	couleur	indigo
[J.]	(un.e)	indigène
	un.e	indigent.e
		indigeste
	une	indigestion
[GN.]	l'	indignation
		indigne
	être	indigné.e
	s'	indigner
[R.]		indirect.e.ment
[S.]	un	indice
		indicible
	l'	indiscipline
		indiscipliné.e
		indiscret
		indiscrète
	une	indiscrétion
		indiscutable.ment
		indispensable
		indisposer
	une	indisposition
		indistinct.e.ment
[V.]	un	individu
		individualiste
		individuel.le.ment

[inDo.][inDon.]

	l'	indolence
		indolent.e
		indolore
		indomptable

[inDou.]

	être	hindou.e

[inDu.]

		indu.e
		indubitable.ment
	l'	indulgence
		indulgent.e
	une	**industrie**
		industriel.le.ment
		industrieux, -euse

[inF.]

[a.]		infaillible
		infâme
	une	infamie
	un	infarctus
		infatigable

[an.]	l'	infanterie
		infantile
[é.][è.]		infect.e
	(s')	infecter
		infectieux, -euse
	une	infection
	il est	**inférieur**
	elle est	**inférieure**
	l'	infériorité
		infernal.e, -aux
		infester
[i.]		infidèle
	une	infiltration
	(s')	infiltrer
		infime
	être	infini.e
		infiniment
	une	infinité
	l'	infinitif
	(un.e)	infirme
		infirmer
	une	infirmerie
	un	infirmier
	une	**infirmière**
	une	infirmité
[L.]		inflammable
	l'	**inflammation**
	l'	inflation
		infléchi.r
		inflexible
		infliger
		influençable
	l'	**influence**
		influencer
		influent.e
		influer
[o.]	un.e	informaticien.ne
		informatif, -ive
	une	**information**
	l'	informatique
		informe
	être	informé.e
	(s')	**informer**
		infortune
[R.]	une	infraction
		infranchissable
		infrarouge
		infructueux, -euse
[u.]		infuser
	une	infusion

[inG.]

[an.]		ingambe
[é.]		inguérissable

[R.]		ingrat.e
	l'	ingratitude
	un	ingrédient
[u.]		ingurgiter

[inJ.]

[é.][è.]	s'	ingénier
	un.e	**ingénieur**
		ingénieux, -euse
	l'	ingéniosité
		ingénu.e
	l'	ingérence
	(s')	ingérer
		injecter
	une	injection
[on.]	une	injonction
[u.]	une	**injure**
		injurier
		injurieux, -euse
		injuste.ment
	l'/une	**injustice**
		injustifié.e

[inL.]

	inlassable.ment

[inM.]

	immangeable
	immanquable
	immettable

[inP.]

[inPa.]

[K.]	un	impact
[R.]		imparable
		impardonnable
		imparfait.e
		impartial.e, -aux
	l'	impartialité
[S.]	une	impasse
	l'	impassibilité
		impassible.ment
		impatiemment
	l'	impatience
		impatient.e
	s'	impatienter
[V.]		impavide

[inPan.]

	impensable

[inPé.][inPè.]

[K.]		**impeccable**
[N.]		impénétrable
[R.]	un nombre	impair
	un	imper(méable)
	(l')	impératif
	une	impératrice
		imperceptible
	une	imperfection
		impérial.e, -aux
	l'	impérialisme
		impérieux, -euse
		impérissable
		imperméable
		impersonnel.le
	l'	impertinence
		impertinent.e
		imperturbable
[T.]		impétueux, -euse
	l'	impétuosité

[inPi.]

	(un.e)	impie
		impitoyable.ment

[inPL.]

[a.]		implacable
[an.]	une	implantation
	(s')	implanter
[i.]	une	implication
		implicite.ment
	être	impliqué.e
[o.]		implorer

[inPo.]

[-]	un	**impôt**
[L.]	être	impoli.e
	l'	impolitesse
[P.]		impopulaire
[R.]	l'	**importance**
		important.e
	(un.e)	importateur, -trice
	l'	importation
		importer
		importuner
[S.]	l'	impossibilité
		impossible
	un	imposteur
	une	imposture
[T.]	(un.e)	impotent.e
[Z.]		imposant.e
	(s')	imposer

[inPon.]

| | | impondérable |

[inPR.]

[a.]		impraticable
[e.]		imprenable
[é.][è.]		imprécis.e
	une	imprécision
		imprégner
	une	**impression**
		impressionnable
		impressionnant.e
		impressionner
		impressionniste
		imprévisible
	l'	imprévoyance
		imprévoyant.e
		imprévu.e
[i.]	en	imprimant
	une	imprimante
	un	imprimé
	être	imprimé.e
	(s')	**imprimer**
	une	imprimerie
	un.e	imprimeur, -euse
[o.]		improbable
		impropre
	une	improvisation
		improviser
	à l'	improviste
[on.]		impromptu.e
[u.]		imprudemment
	l'	imprudence
		imprudent.e

[inPu.] •[inPui.]

•[ ]	l'	impuissance
		impuissant.e
[L.]		impulsif, -ive
	une	impulsion
[N.]		impunément
		impuni.e
[R.]		impur.e
	l'	impureté
[T.]		imputer
		imputrescible

[inS.]

[inSa.]

		insalubre
	une	insanité
		insatiable
		insatisfaisant.e
		insatisfait.e

[inSan.]

		incendiaire
	un	**incendie**
		incendier
		insensé.e
		insensibiliser
	l'	insensibilité
		insensible.ment

[inSK.]

| | | **inscrire** |
| | | inscrit.e |

[inSé.][inSè.]

[K.]	un	**insecte**
	un	insecticide
		insectivore
	l'	insécurité
[M.]	l'	insémination
[P.]		inséparable
[R.]		incertain.e
	une	incertitude
		insérer
[S.]		incessamment
		incessant.e
	un	inceste
[Z.]		insaisissable

[inSi.]

[-]		**ainsi**
[D.]	un	incident
		insidieux, -euse
[N.] [GN.]		incinérer
	(un)	insigne
		insignifiant.e
	une	insinuation
	(s')	insinuer
[P.]		insipide
[S.]	l'	insistance
		insister
[T.]	une	incitation
		inciter
[Z.]		inciser
	une	incision

[inSo.]

	l'	insolation
	l'	insolence
		insolent.e
		insolite
		insoluble
	une	insomnie
		insonoriser

[inSon.]

| | | insondable |

[inSou.]

	l'	insouciance
		insouciant.e
		insoutenable

[inSP.]

		inspecter
	un.e	**inspecteur, -trice**
	une	inspection
	l'	inspiration
		inspirer

[inST.]

[a.]		instable
	un.e	installateur, -trice
	une	installation
	(s')	installer
		instamment
[an.]	les	instances
	un	**instant**
		instantané.e
		instantanément
[i.]		instituer
	un	institut
	un.e	**instituteur, -trice**
	un	institution
[in.]	un/l'	instinct
		instinctif
		instinctive.ment
[o.]		instaurer
[R.]		instructif, -ive
	l'	instruction
	(s')	instruire
	un	**instrument**
	un.e	instrumentiste

[inSu.]

[-]	à l'	insu
[B.]		insubmersible
	l'	insubordination
	être	insubordonné.e
[KS.]	un	insuccès
[F.]		insuffisamment
	l'	insuffisance
		insuffisant.e
[L.]		insulaire
		insultant.e
	une	insulte
		insulter
[P.]		insupportable
[R.]	s'	insurger
		insurmontable
	l'	insurrection

176 MOTS USUELS

[a.]
1 (il/elle/on) **a**
2 (tu) **as**
3 **à**
4 **alors**
5 **après**
6 **assez**
7 **avant**
8 **avec**

[an.] en
9 **en** (un an)
10 **encore**
11 **en face**
12 **enfin**
13 **entre**

[B.]
14 **beaucoup**
15 **bien**
16 **bientôt**

[K.] c, qu
17 **car**
18 **combien**
19 **comme**
20 **comment**
21 **contre**
22 **quand**
23 **que**
24 **qui**
25 **quelque(s)**
26 **quelquefois**
27 **quelqu'un**
28 **quelques-un(e)s**
29 **quoi**

[CH.]
30 **chacun(e)**
31 **chaque**
32 **cher, chère**
33 **chez**

[D.]
34 **d'abord**
35 **dans**
36 **dedans**
37 **de, du, des**
38 **déjà**
39 **demain**
40 **dehors**
41 **depuis**
42 **derrière**
43 **dessous**
44 **dessus**

45 **devant**
46 **donc**

[eu.]
47 **eux** (ils)

[é] [è]
48 **elle est**
49 **elle s'est**
50 **elles ont**
51 **elles sont**
52 **elle t'a**
53 **elles t'ont**
54 (il/elle) **est**
55 **et**
56 **et puis**

[F.]
57 (une) **fois**

[i.]
58 **hier**
59 **ici**
60 **il** (lui)
61 **ils** (eux)
62 **il est**
63 **il s'est**
64 **il t'a**
65 **ils ont**
66 **ils sont**
67 **il y a**
68 **il y avait**

[in.] [un.]
69 **ainsi**
70 **un**

[J.]
71 **j'ai**
72 **j'ai été**
73 **j'ai eu**
74 **jamais**
75 **j'aurai(s)**
76 **j'avais**
77 **je les**
78 **je les ai**
79 **je n'ai**
80 **je ne**
81 **jusqu'à, jusqu'au(x)**
82 **jusque**

[L.]
83 **le, la, les, l'**
84 **lui**
85 **leur, leurs**
86 **la mienne**

87 **le(s) mien.ne(s)**
88 **lorsque**
89 **lorsqu'il(s)/elle(s)**

[M.]
90 (oui) **mais**
91 **ma, mon, mes**
92 (il/elle) **m'a**
93 (ils/elles) **m'ont**
94 **malgré**
95 **maintenant**
96 **mieux**
97 **moi,** (un) **mois**
98 **moins**

[N.]
99 **ne... pas**
100 **ne... plus**
101 **non** (oui)
102 (ils/elles) **n'ont**
103 **notre, nos**
104 **nous**

[o.] au
105 **au, aux**
106 **aujourd'hui**
107 **aussi**
108 **autant**

[on.]
109 (ils/elles) **ont**
110 **on**
111 **on a**
112 **on n'a pas/plus**

[ou.]
113 **ou** (bien)
114 **où ?**

[P.]
115 **par**
116 **parce que**
117 **parfois**
118 **partout**
119 **pendant (que)**
120 **peu, un peu**
121 **peut-être**
122 **plus**
123 **plusieurs**
124 **pour**
125 **pourquoi**
126 **pourtant**
127 **près (de)**
128 **presque**
129 **puis, et puis**
130 **puisque**

[R.]
131 **rien**

[S.] c = s
132 **sa, son, ses**
133 **ce (que)**
134 **ceci**
135 **ces, ceux-ci/là**
136 **c'est, c'était**
137 (il/elle/on) **s'est**
138 (il/elle/on) **s'était**
139 **celui-ci/là**
140 **celui qui**
141 **ça, cela**
142 **cette, celle(s)-ci/là**
143 (il/elle/on) **se**
144 (eux, ils/elles) **se**
145 **sans** (rien)
146 **sauf**
147 **selon**
148 **sinon**
149 **soi(-même)**
150 (nous) **sommes**
151 (ils/elles) **sont**
152 **sous**
153 **souvent**
154 **sur**
155 **surtout**

[T.]
156 **ta, ton, tes**
157 (il/elle) **t'a**
158 (ils/elles) **t'ont**
159 **tant (de)**
160 **tant que**
161 **tantôt**
162 **tard**
163 **toujours**
164 **tout, tous**
165 **tout à fait**
166 **tout à coup**
167 **tout à l'heure**
168 **toute(s) la/les**
169 **tous les**
170 **très**
171 **trop**

[u.]
172 **une**

[V.]
173 **vers**
174 **voici**
175 **votre, vos**
176 **vous**

pages	j'entends...	je cherche à la page...
6 - 7	**[a.]**	[a.] - [aB.] **6** · [aK.] [aKS.] **7** · [aCH.] - [aD.] - [aé.] [aè.] **8** · [aF.] **8** **9**
8 - 9		[aG.] - [aï.] - [aJ.] **9** · [aL.] **10** · [aM.] **11** · [aN.] [aGN.] **11** | **12**
10 - 11		[aP.] **12** **13** · [aR.] **13** | **14** · [aS.] **14** **15** · [aT.] - [aü] **15**
12 - 13		[aV.] - [aY.] - [aZ.] **16**
14 - 15	**[an.]**	[an.] - [an.ä.] **16** · [anB.] **16** **17** · [anK.] [anKS.] - [anCH.] - [anD.] **17**
16 - 17	en	[anF.] - [anG.] - [anJ.] - [anL.] - [anM.] - [anN.] **18** · [anP.] **18** **19**
18 - 19		
20 - 21		[anR.] - [anS.] **19** · [anT.] **19** | **20** · [anV.] - [anZ.] **20**
22 - 23	**[B.]**	[Ba.] **20** **21** · [Ban.] **21** | **22** · [Be.] [Beu.] **22** · [Bé.] [Bè.] **22** **23**
24 - 25		[Bi.] [Bien.] - [Bin.] [Bun.] **23** · [BL.] **23** | **24** · [Bo.] **24**
26 - 27		[Boi.] - [Bon.] **25** · [Bou.] **25** | **26** · [BR.] **26** **27** · [Bu.] [Bui.] **27**
28 - 29	**[K.]**	[Ka.] **27** | [KaD.] ... **28** **29** | [KaRT.] ... **30** · [Kan.] **30** **31**
30 - 31	c qu	[Ke.] [Keu.] - [Ké.] [Kè.] **31** · [Ki.] - [Kin.] [Kun.] **31** · [KL.] **31** | **32**
32 - 33	**[KS.]**	[Ko.] **32** **33** | **34** · [Koi.] - [Koin.] **34** · [Kon.] **34** **35** | [KonPL.] ... **36** **37**
34 - 35	x	[Kou.] **38** · [KR.] **38** **39** | **40** · [KS.] - [Ku.] [Kui.] **40**
36 - 37	**[CH.]**	[CHa.] **40** **41** · [CHan.] - [CHe.] **41** · [CHé.] [CHè.] **41** | **42**
38 - 39		[CHi.] [CHien.] - [Chin.] - [CHo.] - [CHoi.] - [CHou.] - [CHu.] - [CHW.] **42**
40 - 41	**[D.]**	[Da.] **42** **43** · [Dan.] - [De.] [Deu.] **43**
42 - 43		[Dé.] [Dè.] **43** | [DéBoi.] ... **44** **45** | [DéMe.] ... **46** **47** | [DéZa.] ... **48**
44 - 45		
46 - 47		[Di.] **48** **49** | **50** · [Din.] [Dun.] - [DJ.] **50** · [Do.] **50** **51**
48 - 49	**[e.][eu.]** **52**	[Doi.] - [Don.] - [Dou.] **51** · [DR.] **51** | **52** · [Du.] **52**
50 - 51	**[é]**	[é] [è] - [éa.] - [éB.] [èB.] **52** · [éK.] [èKS.] **52** **53** | **54** · [éCH.] **54**
52 - 53	**[è]**	[éD.] [èD.] **54** · [éF.] **54** **55** · [éG.] [èG.] [èGZ.] **55** | **56** · [éL.] [èL.] **56**
54 - 55	ai	[éM.] [èM.] **56** **57** · [éN.] [èN.] **57** · [éo.] [éon.] **57** · [éP.] **57** | **58**
56 - 57		[éR.] [èR.] **58** · [éS.] [èS.] **58** **59** · [éT.] [èT.] **59** | **60** · [éV.] - [éY.] - [éZ.] [èZ.] **60**
58 - 59	**[F.]**	[Fa.] **61** · [Fan.] **61** | **62** · [Fe.] [Feu.] **62** · [Fé.] [Fè.] **62** **63**
60 - 61		[Fi.] - [Fin.] **63** · [FL.] **64** · [Fo.] **64** **65** · [Foi.] - [Foin.] - [Fon.] **65**
62 - 63	ph	[Fou.] **65** | **66** · [FR.] **66** **67** · [Fu.] [Fui.] - [FY.] **67**
64 - 65	**[G.]**	[Ga.] **67** | **68** · [Gan.] - [Gue.] [Gueu.] - [Gué.] [Guè.] - [Gui.] **68** · [Guin.] **69**
66 - 67		
68 - 69	Gu.	[GL.] - [G Ñ.] - [Go.] - [Goi.] - [Goin.] - [Gon.] - [Gou.] **69** · [GR.] **70** **71** · [GZ.] **71**
70 - 71	**[i.]**	[i.] - [ia.] - [ian.] - [iB.] - [iK.] - [iD.] - [ieu.] - [ié.] - [iè.] - [iG.] - [iJ.] **71**
72 - 73		[iL.] **71** | **72** · [iM.] - [iN.] [iGN.] **72** **73** · [io.] - [iP.] - [iR.] - [iS.] **73**
74 - 75		[iT.] - [iV.] - [iZ.] **73**
76	**[in.]**	[in.] [un.] - [inB.] [unB.] **73** · [inK.] **73** | **74** · [inD.] **74** · [inF.] **74** **75**
	[un.]	[inG.] - [inJ.] - [inL.] - [inM.] **75** · [inP.] **75** | **76** · [inS.] **76** · [inT.] - [inV.] **77**

j'entends...	je cherche à la page...	
[J.]	[Ja.] - [Jan.] - [Je.] [Jeu.] 78	[Jé.] [Jè.] 78 79	[Ji.] - [Jin.] [Jun.] 79	77
g = j	[Jo.] - [Joi.] - [Join.] 79	[Jon.] - [Jou.] - [Ju.] [Jui.] [Juin.] 80	78 - 79
[L.]	[La.] 80 81	[Lan.] - [Le.] [Leu.] 82	[Lé.] [Lè.] 82 83	80 - 81
	[Li.] [Lien.] 83	84	[Lin.] [Lun.] 84	[Lo.] 84 85	82 - 83
	[Loi.] - [Loin.] - [Lon.] - [Lou.] 85	[Lu.] [Lui.] 85	86	84 - 85
[M.]	[Ma.] 86 87	88	[Man.] 88	[Me.] [Meu.] 88 89	[Mé.] [Mè.] 89	90	86 - 87
	[Mi.] [Mien.] 90 91	[Min.] 91	[Mo.] 91	92 93	[Moi.] - [Moin.] 93	88 - 89
	[Mon.] - [Mou.] 93	[Mu.] 93	94	90 - 91
		92 - 93
[N.]	[Na.] 94 95	[Nan.] - [Ne.] [Neu.] - [Né.] [Nè.] - [Ni.] [Nin.] 95	94 - 95
	[No.] - [Noi.] - [Non.] - [Nou.] - [Nu.] [Nui.] 96	96 - 97
[o.]	[o] - [oa.] - [oB.] - [oK.] [oKS.] - [oCH.] - [oD.] 97	[oF.] 97	98	98 - 99
au	[oG.] - [oJ.] - [oL.] - [oM.] - [oN.] [oGN.] 98	[oP.] 98 99	[oR.] 99	100	100 - 101
[oi.]	100	[oS.] - [oT.] - [oV.] - [oZ.] 100	102 - 103
[on.] - [ou.]	101	104 - 105
[P.]	[Pa.] 101	[PaK.] ... 102 103	[PaSsi.] ... 104	[Pan.] 104	106 - 107
	[Pe.] [Peu.] 104 105	[Pé.] [Pè.] 105	106 107	[Pi.] 107	108	108 - 109
	[Pin.] 108	[PL.] 108 109	[PNeu.] 109	[Po.] 109	110	[Poi.] 110	110 - 111
	[Poin.] - [Pon.] - [Pou.] 111	[PR.] 112 113	114	[Pu.] [Pui.] 115	112 - 113
		114 - 115
[R.]	[Ra.] 115	116 117	[Ran.] 117	[Re.] 117	118 119	116 - 117
	[Ré.] [Rè.] 119	[Réa.] ... 120 121	[RéZ.] [RèZ.] ... 122	[Ri.] [Rien.] 122	118 - 119
	[Rin.] 122	[Ro.] 122 123	[Roi.] - [Ron.] - [Rou.] - [Ru.] [Rui.] 123	120 - 121
[S.]	[Sa.] 123	124 125	[San.] - [SB.] 125	[SK.] 125	126	122 - 123
c = s	[Se.] [Seu.] 126	[Sé.] [Sè.] 127	128	[SF.] 128	124 - 125
	[Si.] [Sien.] 128 129	130	[Sin.] - [SL.] - [SM.] - [SN.] 130	126 - 127
	[So.] 130 131	[Soi.] - [Soin.] 131	[Son.] 132	[Sou.] 132 133	128 - 129
	[SP.] 133	[ST.] 133	134	[Su.] [Sui.] 134 135	[SV.] 135	130 - 131
[T.]	[Ta.] 135	136	[Tan.] 136	[Te.] 137	[Té.] [Tè.] 137	138	132 - 133
	[Ti.] [Tien.] 138	[Tin.] 138 139	[To.] - [Toi.] - [Ton.] 139	134 - 135
	[Tou.] 139	140	[TR.] 140 141	142	[TS.] - [Tu.] [Tui.] 142	136 - 137
		138 - 139
[u.] [ui.]	142 143	140 - 141
[V.]	[Va.] 143	144	[Van.] - [Ve.] [Veu.] 144	[Vé.] [Vè.] 144 145	142 - 143
	[Vi.] [Vien.] 145	146 147	[Vin.] - [Vo.] 147	[Voi.] 147	148	144 - 145
	[Von.] - [Vou.] - [VR.] - [Vu.] 148	146 - 147
[W.] - [Y.]	148	[Z.] 148 149	148 - 149

LES NOMBRES EN LETTRES

0	zéro	20	vingt	21	vingt et un
1	un	30	trente	34	trente-quatre
2	deux	40	quarante	48	quarante-huit
3	trois	50	cinquante	52	cinquante-deux
4	quatre	60	soixante		
5	cinq	70	septante	76	septante-six
6	six		soixante-dix		soixante-seize
7	sept	80	quatre-vingt**s**	82	quatre-ving**t**-deux
8	huit	90	nonante		
9	neuf		quatre-vingt-dix		
10	dix				
		100	cen**t**	120	cen**t** ving**t**
11	onze	200	deux cent**s**	315	trois cen**t** quinze
12	douze	300	trois cent**s**		
13	treize				
14	quatorze	1 000	mill**e**	1 510	mill**e** cinq cent dix
15	quinze	2 000	deux mill**e**	2 981	deux mill**e** neuf cent quatre-ving**t**-un
16	seize	10 000	dix mill**e**		
17	dix-sept				
18	dix-huit			2 000 000	deux million**s**
19	dix-neuf	1 000 000	un million	3 000 000 000	trois milliard**s**
		1 000 000 000	un milliard		

Rectifications orthographiques recommandées depuis 1990 par le Conseil supérieur de la langue française, approuvées par l'Académie française

- Les « numéraux composés » sont unis par des **traits d'union** :

    Ex. : 21 302   vingt-et-un-mille-trois-cent-deux

- Million et milliard, qui sont des noms comme millier, ne sont ni précédés ni suivis d'un trait d'union.

    Ex. : 2 300 000   deux millions trois-cent-mille

SEPT RÈGLES POUR NOUS SIMPLIFIER L'ORTHOGRAPHE

1. Les **noms composés** avec trait d'union du type *porte-avion* (verbe + nom) ou *après-ski* (préposition + nom) forment leur singulier et leur pluriel comme s'ils étaient des noms simples : seul le second élément prend la marque du pluriel, et seulement quand le nom composé est au pluriel.

Ex. :	Ancienne orthographe	Nouvelle orthographe
	un cure-dent(s), des cure-dents	*un cure-dent, des cure-dents*
	un cure-ongle(s), des cure-ongle(s)	*un cure-ongle, des cure-ongles*
	une garde-robe, des garde-robes	*une garde-robe, des garde-robes* (inchangé)
	un garde-barrière, des gardes-barrière(s)	*un garde-barrière, des gardes-barrières*
	un lave-vaisselle, des lave-vaisselle	*un lave-vaisselle, des lave-vaisselles*
	un sèche-cheveux, des sèche-cheveux	*un sèche-cheveu, des sèche-cheveux*
	un après-midi, des après-midi	*un après-midi, des après-midis*
	un sans-papier(s), des sans-papier(s)	*un sans-papier, des sans-papiers*

> Ne sont pas concernés les noms composés incluant un déterminant (un trompe-l'œil, des trompe-l'œil ; un sans-le-sou, des sans-le-sou).

2. Dans les **numéraux composés** exprimant un nombre entier, tous les éléments qui ne sont pas des noms sont reliés par des traits d'union.

Ex. :	Ancienne orthographe	Nouvelle orthographe
	vingt-cinq	*vingt-cinq* (inchangé)
	vingt et un	*vingt-et-un*
	quarante et unième	*quarante-et-unième*
	quatre mille deux cent trente-deux	*quatre-mille-deux-cent-trente-deux*

> Ne sont donc pas concernés les noms *dizaine, vingtaine, centaine, millier, million, milliard*...
> Dès lors, *vingt et un tiers* et *vingt-et-un tiers* correspondent à des valeurs différentes : 20 + 1/3, 21/3 (= 21 × 1/3).

© Ministère de la Communauté française – languefrancaise.cfwb.be, *Sept règles pour nous simplifier l'orthographe* (2007).

3. Conformément à la prononciation la plus courante, on écrit avec un **accent grave** le *e* qui est à la fois situé en fin de syllabe et suivi d'une syllabe avec *e* muet :

a. au présent (de l'indicatif, du subjonctif et de l'impératif), au futur et au conditionnel des verbes tels que *céder, interpréter, régler* (où l'infinitif présente la séquence *é + consonne(s) + er*).

Ex. :	Ancienne orthographe	Nouvelle orthographe
	je cède, cède	*je cède, cède* (inchangé)
	je céderai	*je cèderai*
	elle considérerait	*elle considèrerait*
	ils interpréteront	*ils interprèteront*

b. au présent (de l'indicatif, du subjonctif et de l'impératif), au futur et au conditionnel de tous les verbes en *-eler* ou *-eter* (qui entrainent leurs dérivés en *-ment*).

Ex. :	Ancienne orthographe	Nouvelle orthographe
	je pèle, pèle	*je pèle, pèle* (inchangé)
	il ruisselle, un ruissellement	*il ruissèle, un ruissèlement*
	elle halètera	*elle halètera* (inchangé)
	tu étiquetterais	*tu étiquèterais*

> Attention : l'accent grave remplace désormais la double consonne qui suivait le *e* auparavant.

> Ne sont pas concernés *appeler*, *jeter* et leurs composés.

c. dans les formes verbales *puissè-je, dussè-je, trouvè-je*...

d. dans les mots pour lesquels l'usage hésitait entre deux graphies : *é* ou *è*.

Ex. :	Ancienne orthographe	Nouvelle orthographe
	allégement ou *allègement*	*allègement*
	allégrement ou *allègrement*	*allègrement*
	assèchement mais *sécheresse*	*assèchement, sècheresse*
	avènement mais *événement*	*avènement, évènement*
	crème mais *crémerie*	*crème, crèmerie*
	règlement mais *réglementer*	*règlement, règlementer*

> Ne sont pas concernés les préfixes *dé-* et *pré-*, qui demeurent identiques partout (*dégeler* comme *dégel* ou *déconfiture* ; *prélever* comme *prélèvement* ou *prémonition*) ; les *é* à l'initiale des mots (*élevage*, *émeraude* etc.) ; *médecin* et *médecine*.

4. On ne met pas d'**accent circonflexe** sur *i* et *u*.

Ex. :	Ancienne orthographe	Nouvelle orthographe
	août	*aout*
	bûcher	*bucher*
	connaître, elle connait	*connaitre, elle connait*
	île	*ile*

> On maintient néanmoins l'accent circonflexe dans deux cas :
> – pour éviter une confusion de sens : *je croîs, elle crût* (du verbe *croître*) et *je crois, elle crut* (du verbe *croire*) ; *payer son dû* et *manger du pain* ; *un homme mûr* et *un mur de briques* ; *à coup sûr* et *sur le coup* ; *rompre le jeûne* et *un jeune garçon*…
> – pour uniformiser la conjugaison des verbes : au passé simple, *nous vîmes* ou *vous reçûtes* comme *nous chantâmes, vous chantâtes* ; au subjonctif imparfait et plus-que-parfait, *il fît, elle voulût, elle eût voulu* comme *elle chantât*.

5. De façon générale, le **tréma** interdit qu'on prononce deux lettres en un seul son (*maïs*). Dans les mots terminés par *-gue(s)*, le tréma se met sur le *u* effectivement prononcé. On procède de même dans leurs dérivés qui contiennent la suite *-gui-*. Un tréma apparait également sur le *u* dans toute la conjugaison de *argüer* (à prononcer différemment de *narguer*) et dans les mots terminés en *-geüre* (à prononcer différemment de *rongeur*).

Ex. :	Ancienne orthographe	Nouvelle orthographe
	aiguë, aiguës	*aigüe, aigües*
	ambiguë, ambiguïté	*ambigüe, ambigüité*
	exiguë, exiguïté	*exigüe, exigüité*
	il argue, arguer, nous arguons, arguant	*il argüe, argüer, nous argüons, argüant*
	gageure	*gageüre*

© Ministère de la Communauté française – languefrancaise.cfwb.be, *Sept règles pour nous simplifier l'orthographe* (2007).

6. Les mots **empruntés** à des langues étrangères s'écrivent avec des accents conformes aux règles du français et forment leur pluriel comme les mots français.

Ex. :	Ancienne orthographe	Nouvelle orthographe
	pedigree	*pédigrée*
	revolver	*révolver*
	un barman, des barmen	*un barman, des barmans*
	un box, des boxes	*un box, des box*
	un match, des matches	*un match, des matchs*
	un maximum, des maxima	*un maximum, des maximums*

7. Le **participe passé** de *laisser* suivi d'un infinitif ne varie pas (s'alignant sur celui de *faire* suivi d'un infinitif).

Ex. :	Ancienne orthographe	Nouvelle orthographe
	Mes biens, je les ai laissé saisir.	*Mes biens, je les ai laissé saisir.* (inchangé)
	Mes sœurs, il les a laissées faire.	*Mes sœurs, il les a laissé faire.*
	Elle s'est laissée tomber.	*Elle s'est laissé tomber.*

Le texte de ce document *Sept règles pour nous simplifier l'orthographe*, élaboré par le Conseil de la langue française et de la Politique linguistique de la Fédération Wallonie-Bruxelles, est la propriété du Ministère de la Communauté française, Direction de la langue française (languefrancaise@cfwb.be) ; il est téléchargeable à l'adresse www.languefrancaise.cfwb.be.

© Ministère de la Communauté française – languefrancaise.cfwb.be, *Sept règles pour nous simplifier l'orthographe* (2007).

[inT.]

[inTa.]
| | | intact.e |
| | | intarissable |

[inTan.]
[D.]	l'	intendance
	un.e	intendant.e
[P.]	les	intempéries
[S.]		intense
		intensif, -ive.ment
	l'	intensité
	une	intention
		intentionné.e
		intentionnel.le.ment
[T.]		intenter

[inTe.]
| | | intenable |

[inTé.][inTè.]

[inTé(è)G.]
		intégral.e.ment
	l'	intégralité
	l'	intégration
		intègre
		intégrer

[inTèL.]
		intellectuel.le.ment
		intelligemment
	l'	**intelligence**
		intelligent.e
		intelligible

[inTé(è)R.]
[K.]	(un)	intercalaire
		intercaler
[CH.]		interchangeable
[D.]	une	interdiction
		interdire
		interdit.e
[é.][è.]		intéressant.e
	être	intéressé.e
	(s')	intéresser
	l'/un	**intérêt**
[i.]	il est/à l'	**intérieur**
		intérieure.ment
	(un.e)	intérim.aire
[J.]	une	interjection
[L.]	un.e	interligne
	un.e	interlocuteur, -trice
	être	interloqué.e

[M.]	un	intermède
	(un.e)	intermédiaire
		interminable.ment
	l'	intermittence
		intermittent.e
[N.]	un	internat
		international.e, -aux
		interne
		interner
[o.]	un.e	interrogateur, -trice
		interrogatif, -ive
	une	**interrogation**
	un	interrogatoire
	(s')	interroger
[on.]	(s')	interrompre
		interrompu.e
[P.]		interpel(l)er
	une	interpellation
		interplanétaire
	(s')	interposer
	une	interprétation
	un.e	interprète
		interpréter
[S.]		intercéder
		intercepter
	une	interception
	une	intersection
		intersidéral.e, -aux
		interstellaire
	un	interstice
[u.]	un	interrupteur
	une	interruption
[V.]	un	intervalle
		intervenir
	une	intervention
		interverti.r
	il/elle	intervient
	une	interview

[inTèS.]
| | (un) | **intestin**.e |
| | | intestinal.e, -aux |

[inTi.]
		intime.ment
		intimer
	être	intimidé.e
	l'	intimité
		intituler

[inTo.]
		intolérable
	l'	intolérance
		intolérant.e
	l'	intonation
	une	intoxication
	être	intoxiqué.e

[inTR.]
[a.]		intraduisible
		intramusculaire
		intraveineux, -euse
[an.]	l'	intransigeance
		intransigeant.e
		intransitif, -ive
[é.][è.]		intraitable
		intrépide
	l'	intrépidité
[i.]	(un.e)	intrigant.e
	une	intrigue
	être	intrigué.e
		intriguer
[o.]	l'	introduction
		introduire
[ou.]		introuvable
[u.]	un.e	intrus.e
	une	intrusion

[inTui.]
| | une | intuition |

[inV.]
[a.]	un.e	invalide
	une	invalidité
		invariable
	une	invasion
[an.]	un	inventaire
		inventer
	un.e	inventeur, -trice
		inventif, -ive
	une	**invention**
[é.][è.]		invectiver
	des	invectives
		inverse
		inversement
	une	inversion
		invertébré.e
	une	investigation
		investir
	un	investissement
[i.]		invisible
	une	**invitation**
	être/un.e	invité.e
		inviter
		invivable
[in.]	être	invaincu.e
		invincible
[o.]	une	invocation
		involontaire.ment
		invoquer
[R.]		invraisemblable
	une	invraisemblance
[u.]		invulnérable

[Ja.]

[B.]	un	jabot
		j'habille
		j'habite
[K.]		jacasser
	une	jaquette
[CH.]	une/en	jachère
		j'achète
		j'achèterai
[D.]	le	jade
		jadis
[G.]	un	jaguar
[L.]		**j'allais**
		jalon.ner
		jalouse.r
	la	jalousie
		jaloux
[M.]		jamais
[P.]		**j'appelle**
	un	jappement
		japper
		j'apprends
[R.]	un	jardin
	le	jardinage
		jardiner
	un	**jardinier**
	une	jardinière
	un	jargon
	une	jarre
	le	jarret
		j'arrête
	un	jars
[S.]	une	**jacinthe**
	du	jasmin
		j'aspire
[T.]	une	jatte
		j'attends
[V.]		**j'avais**
	l'eau de	javel
	un	javelot
		j'avoue
[Z.]		jaser
[Y.]	il faut que	j'aille
		jailli.r

[Jan.]

[-]	les	**gens**
[B.]	un	jambage
	une	**jambe**
	une	jambière
	un/du	**jambon**
	un	jambonneau
[D.]	un	gendarme
	se	gendarmer
	la	gendarmerie
	un	gendre
[N.]		**j'en ai...**
[P.]		**j'emporte**
[R.]	un	**genre**
		j'en ris
[S.]	une	gentiane
	la	gencive
[T.]	une	jante
	il est	**gentil**
	un	gentilhomme
	elle est	**gentille**
	la	gentillesse
		gentillet.te
		gentiment
		j'entends
		j'entre
[V.]		**janvier**
		j'en veux
		j'en viens
		j'en voudrais

[Je.] [Jeu.]

[-]		**je**
		(je vais)
		(je suis)
		(je fais)
	un	**jeu**
	des	**jeux**
[D.]		**jeudi**
[L.]	c'est	gelé
	être	gelé.e
	la	gelée
	il va	**geler**
		je l'ai...
		(je l'ai pris)
		je les...
		(je les ai pris)
[N.]		**je n'ai pas**
		je n'ai plus
		je ne...
		(je ne vais pas)
		(je ne peux plus)
	le	jeûne (= pas manger)
		jeûner
	être	**jeune** (= pas vieux)
	la	**jeunesse**
	la	genèse
	un	genêt (= plante)
	du	genièvre
	un	**genou**
	les	**genoux**
	une	genouillère

[T.]		jetable
	une	jetée
		jeter
	vous	jetez
	un	jeton
	nous	jetons

[Jé.] [Jè.]

[Jé.] [Jè.]

	un	geai (= oiseau)
		j'ai
		(j'ai dit)
		(j'ai fait)
		(j'ai été)
		(j'ai eu)
	du	jais (= noir)
	un	**jet** (= jeter)

[Jéan.]

	(un.e)	**géant.e**

[JéK.]

		j'écris

[JèD.]

		j'aide
		j'aiderai

[Jéé.]

		j'ai été

[JéL.] [JèL.]

	le	gel
	il	gèle
	(la)	gélatine.ux, -euse
	une	gélinotte ou gelinotte
	une	gélule

[JéM.] [JèM.]

	(la)	gemme
		gémi.r
		gémissant.e
	un	gémissement
		j'aime
		j'aimerais

[JéN.] [JèN.] •[JèGN.]

[an.]		gênant.e
[e.][é.]	la	généalogie
		généalogique
	une	**gêne**
	être	gêné.e
	(se)	**gêner**
	(un.e)	gêneur, -euse

un/en	**général**	
	généralement	
	généraliser	
	généraliste	
des	généralités	
(un.e)	générateur, -trice	
une	génération	
(les)	**généraux**	
	générer	
	généreux, -euse.ment	
	générique	
la	générosité	
	génétique	
[i.] être	génial.e, -aux	
un/le	**génie**	
une	génisse	
	génital.e, -aux	
•[ ]	geignard.e	
[o.] un	génocide	

[Jéo.]

un.e	géographe
la	**géographie**
	géographique
la	géologie
	géologique
un.e	géologue
un	géomètre
la	géométrie
	géométrique

[JéR.] [JèR.]

[a.]	un	géranium
[an.]	un.e	gérant.e
[B.]	une	gerbe
[é.]		gérer
	des	jérémiades
[i.]	un	jerrycan ou jerrican
[M.]		germain.e
	un	germe
	être	germé.e
		germer
	la	germination
[S.]	les lèvres	gercées
	une	gerçure
[Z.]	le	jersey

[JéS.] [JèS.]

[è.]		j'essaie
		j'essayais
[P.]		**j'espère**
		j'espérais
[T.]	un	**geste**
		gesticuler
	un.e	gestion.naire

[JéT.] [JèT.]

[∉.]	je/il/elle	**jette**
	ils/elles	jettent
	tu	jettes
[è.]		**j'étais**

[Jéu.]

	j'ai eu

[JéZ.]

un	gésier
	gésir
un	geyser
	j'hésite

[Ji.]

[-]	ci-/il/elle	gît ou git
[B.]	un	gibbon
	une	gibecière
	un	gibet
	du/le	**gibier**
	des	giboulées
		giboyeux, -euse
[K.]	une	giclée
		gicler
	un	gicleur
[F.]	une	gifle
	être	giflé.e
		gifler
[G.]		gigantesque
		gigogne
	un	gigot
		gigoter
[L.]	un	**gilet**
	un	gille (de Binche)
[M.]	un	gymnase
	un.e	gymnaste
	la	**gymnastique**
[N.]	un.e	gynécologue
[P.]	le	gypse
[R.]	une	**girafe**
		giratoire
	un clou de	girofle
	une	giroflée
	une	girolle
	une	**girouette**
		j'irai
		j'irais (= si)
[T.]	un.e	gitan.e
	un	gîte ou gite
[V.]		givrant.e
	du	**givre**

	être	givré.e
		givrer
		j'y vais
[Z.]		gisant.e
	un	gisement

[Jin.] [Jun.]

		geindre
	il/elle	geint (= gémir)
	du	gingembre
	une	gingivite
	à	jeun
		j'installe
		j'invente
		j'invite
	la	**jungle**

[Jo.]

[K.]	un	jockey
	un	jokari
	un	joker
[F.]		j'offre
		j'offrirai
[J.]		jauge.r
[L.]	une	geôle
	un	geôlier
	il/elle est	**joli.e**
		joliment
[N.]		jaunâtre
		jaune
	être	jauni.e
		jaunir
	la	jaunisse
	le	jaunissement
[R.]		**j'aurai**
		j'aurais... (si)
[V.]		jovial.e, -aux
[Z.]		**j'ose.rais**

[Joi.]

la	joie
ils/elles	joignent
un	joyau
des	joyaux
	joyeux
	joyeuse.ment

[Join.]

		joindre
	un	joint
	(un)	joint.e
		jointoyer
	une	jointure

[Jon.]

	du/le	jonc
	être	**jonché.e**
	une	jonction
		jongler
	une	jonglerie
	un.e	**jongleur, -euse**
	une	jonque
	une	**jonquille**

[Jou.]

[-]	une	**joue**
	je/il/elle	**joue**
	eux, ils/elles	jouent
	tu	joues
	un	joug
[B.]		j'oublie
[e.][eu.]	ils/elles	jouaient
[é.][è.]	je/tu	jouais
	il/elle	jouait
		jouer
	un	**jouet**
	un.e	**joueur, -euse**
[F.]		joufflu.e
[i.]		jouir
	la	jouissance
[J.]	un/(des)	joujou(x)
[R.]	un/le	**jour**
	un	**journal**
		journalier, -ière
	le	journalisme
	un.e	journaliste
	des	**journaux**
	une	**journée**
		journellement
[T.]	une	joute
[V.]		j'ouvre

[Ju.] •[Jui.] [Juin.]

[Ju]

	un/du	jus

[JuB.]

	la	jubilation
		jubiler
	un	jubilé

[JuKS.]

		juxtaposer

[JuCH.]

	être	juché.e

[JuD.]

	un	judas
	le	judaïsme
		judiciaire
		judicieux, -euse
	le	**judo**
	un	judoka

[JuG.]

		juguler

•[Jui.]

	il est	juif
		juillet
	elle est	juive

[Juin.]

		juin

[JuJ.]

	un	juge
	être	jugé.e
	un	jugement
		juger
	la	jugeote

[JuM.]

	un	jumeau
	des	**jumeaux**
	un	jumelage
		jumeler
	des	**jumelles**
	une	jument

[JuN.]

		junior

[JuP.]

	une	**jupe**
	un	jupon

[JuR.]

[é.]	il/elle est	juré.e
		jurer
[i.]		juridique.ment
	un	jury
[on.]	un	juron

[JuS.]

[K.]		**jusqu'à**
		jusqu'à ce que
		jusqu'au
		jusque
		jusque-là
		jusqu'en
		jusqu'où
[T.]	un	justaucorps
		juste
		justement
	la	justesse
	la	**justice**
	(un.e)	justicier, -ière
		justificatif, -ive
	une	justification
		justifier

[JuT.]

	du/le	jute
		juteux, -euse

[JuV.]

		juvénile

[La.]

[La]

		la
		(la *maison*)
		(la *voiture*)
	il/elle est	**là**
	ce jour-	là
	il/elle	**l'a...**
	il/elle	(l'a *pris*)
	être	**las** *(= fatigué)*

[LaB.]

[a.]		**là-bas**
[e.]	le	labeur
[è.]	un	label
[i.]	un	labyrinthe
		l'habit
		l'habitant.e
		l'habitation
		l'habitude
[o.]	un	laboratoire
		laborieux
		laborieuse.ment
[ou.]	un	labour
	le	labourage
		labourer
	un	laboureur

[LaK.] •[LaKS.]

[-]	un	**lac**
[ǝ.]	de la	laque
[é.][è.]	un	laquais
		laquelle
		laquer
[o.]		laconique.ment
[R.]		lacrymogène
•[ ]		**l'accident**
		laxatif, -ive

[T.]		lacté.e
[u.]	une	lacune
		lacunaire
		lacustre

[LaCH.]

	(un.e)	lâche
	je/il/elle	lâche
		lâchement
		lâcher
	la	lâcheté
		lâcheur, -euse

[LaG.]

	un	lagon
	une	lagune

[Laï.]

	un	laïc
	la	laïcité
	être/une	laïque
	un	laïus

[LaJ.]

		l'âge

[LaL.]

	je/il/elle	l'allume
	je vais	l'allumer
		l'allumette
		l'alphabet

[LaM.]

[a.]	un	lama
[an.]		lamentable.ment
	des	lamentations
	se	lamenter
[é.]		l'âme
	une	lame
[è.]	une	lamelle
[i.]		**l'ami (m.)**
		l'amie (f.)
		laminer
	un	laminoir
		l'amitié
[ou.]		**l'amour**

[LaN.]

		l'âne
	une	lanière
		l'année
		l'année passée
		l'anniversaire
	la	lanoline

[Lao.]

là-haut

[LaP.]

[é.]	un	lapereau
[é.][è.]		laper (= boire)
	je	**l'appelle**
[i.][in.]		lapidaire
	un	**lapin**
	une	lapine
		l'appendicite
[R.]		**l'après-midi**
	je vais	l'apprendre
	je vais	la prendre (= prendre)
[S.]	un	laps
	un	lapsus

[LaR.]

[-]	du	lard
		l'art de l'artiste
[B.]		**l'arbre**
		l'arbuste
[K.]		l'arc
[D.]		larder
	un	lardon
[G.]		larguer
[i.]		**l'arrivée**
[in.]	une	laryngite
	le	larynx
[J.]		**large**
		largement
		l'argent
	la	largesse
	la	**largeur**
[M.]	une	**larme**
		l'arme (= une arme)
		l'armée
		l'armoire
		larmoyant.e
		larmoyer
[on.]	un	larron
[S.]	un	larcin
[T.]		l'article
		l'artiste
[V.]	une	larve

[LaS.]

[-]		l'as (= un as)
[an.]		l'ascenseur
		l'ascension
		lassant.e
[é.]	elle est	lasse (= fatiguée)
	ça	lasse

[é.][è.]		lacer (= lacet)
		lacérer
	un	**lacet**
	(se)	lasser (= fatiguer)
[i.]	la	lassitude
[o.]	un	lasso

[LaT.]

[an.]		latent.e
		l'attente
[é.]	une	**latte**
[é.][è.]		latéral.e, -aux
		latéralement
	le	latex
	être	latté.e
[i.][in.]	le	latin
		latine
	la	latitude
[R.]	je	l'attrape
	je vais	**l'attraper**

[LaV.]

[a.]		lavable
	un	lavabo
	le	**lavage**
[an.]	à	**l'avance**
	la	lavande
	en	lavant
		l'avant (= devant)
[é.][e.]	la	lave
[eu.]	je/il/elle	**lave**
	un	lave-glace
	un	lave-linge
	(à)	l'avenir
		l'avenue (= rue)
		la venue (= venir)
	une	laverie
	un.e	laveur, -euse
	un	lave-vaisselle
[é.][è.]	je	l'avais (vu)
	être	lavé.e
	(se)	**laver**
	une	lavette
[i.]		**l'avion** (= un avion)
	nous	l'avions (= avoir)
	nous	lavions (= laver)
[oi.]		l'avoine
	je voudrais	**l'avoir** (= avoir)
	un	**lavoir** (= laver)
	je veux	la voir (= voir)

[LaZ.]

	un	laser

[Lan.]

[-]		**l'an** (= l'année)
		l'an *passé*
	être	**lent**
[B.]	un	lambeau
		lambin
	un	lambris
		l'ambulance
[D.]	un	landau
	la	lande
	le	**lendemain**
[F.]		l'enfance
		l'enfant
[G.]	le	langage
		l'anglais
		langoureux
		langoureuse.ment
	une	langouste
	une	langoustine
	la	**langue**
	une	languette
	la	langueur
		l'anguille
		languir, -issant.e
[J.]		l'ange (= un ange)
	un	lange (*langer*)
		langer
[P.]	un	lampadaire
	une	**lampe**
	un	lampion
		l'ampoule
	une	lamproie
		l'an passé
[S.]	je	lançais
	une	lance
	je/il/elle	lance
	une	lancée
	un	lance-flammes
	un	**lancement**
	un	lance-pierre ou
		lance-pierres
		lancer
	un.e	lanceur, -euse
	vous	lancez
		lancinant.e
[T.]	une	lanterne
	(une) /elle est	**lente**
		lentement
		l'enterrement
	la	lenteur
	une	lentille
		l'entrée
[V.]		**l'envers**
	je	l'envoie
	je vais	l'envoyer

[Le.][Leu.]

[-]		**le**
		(le *matin*)
		(le *frère*)
[K.]		lequel
[F.]		**l'œuf**
[R.]		**leur**
	(je	leur *parle*)
		(leur *maison*)
	un	leurre
	se	leurrer
		leurs
		(leurs *souliers*)
		l'heure de la montre
[S]	une	**leçon**
	la	leucémie
[V]	le	levain
	le/en	levant
	être	levé.e
	une	levée
	(se)/le	**lever**
	un	levier
	un	levraut
	de la	levure
		l'œuvre

[Lé.][Lè.]

[Lé][Lè.]

	je	**l'ai**
	(je)	(l'ai *acheté*)
	il est	**laid** (= pas beau)
	du	**lait**
		les
		(les *fleurs*)
	(je	les *connais*)

[LéK.][LèK.]

[è.]		lesquelles (f.)
		lesquels (m.)
[i.]		l'équipage
		l'équipe
[L.]		**l'éclair**
		l'éclairage
	je vais	l'éclairer
[o.]		**l'école**
		l'écolier, -ière
		l'écologie
		l'économie
[S.]	un	lexique
[T.]	un.e	lecteur, -trice
	la	**lecture**

[LéCH.]

	l'échelle
	lécher

[LéD.][LèD.]

à/de/je		**l'aide**
elle est		**laide**
je vais		l'aider
la		laideur

[LéG.]

[-]	un	legs
[a.]		légal.e.ment
		légaliser
		l'égalité
[é.]		léguer
[L.]		**l'église**
[o.]		légaux (= *légal*)
	des	Lego (= *jeu*)
[ou.]		l'égout
[u.]	un	**légume**

[Léj.]

[an.]		légendaire
	une	légende
[é.][è.]		**léger**
		légère.ment
	la	légèreté
[i.]		légion.naire
	la	législation
		législatif, -ive
		légitime

[LéL.]

	l'élastique
	l'électricien
	l'électricité
	l'éléphant
	l'hélice
	l'hélicoptère

[LéM.][LèM.]

je		**l'aime**.rais
un		lémurien

[LèN.]

un		lainage
la		**laine**
		laineux, -euse
		lainier, -ière

[Léo.]

un		léopard

[LéP.][LèP.]

[é.][è.]		l'épée
		l'épervier
[o.]		**l'épaule**
[R.]	la	lèpre
	un.e	lépreux, -euse

[LèR.]

		l'air
		l'erreur
		l'herbe

[LéS.][LèS.]

[an.]	en	laissant
		l'essence
[K.]		**l'escalier**
		l'escargot
[é.][é.]	une/il/elle	laisse
		laisser
[i.]		**lessive.r**
[P.]		l'espace
		l'espoir
		l'esprit
[T.]		leste.ment
		l'estomac

[LéT.][LèT.]

[a.]	un	laitage
		l'étable
		l'étage
		l'étagère
	la	léthargie
[an.]	la	laitance
		l'étang
[é.]	une	laiterie
[eu.]		laiteux, -euse
[é.]		**l'été**
[i.]	(un.e)	**laitier, -ière**
[oi.]		l'étoile
[on.]	le	laiton
[R.]	une	**lettre**
[u.]	une	laitue
		l'étude

[LéV.][LèV.]

	il/elle	**lève**
		l'évier
	une	**lèvre**
	un	lévrier

[LèY.]

	une	layette
	un	leitmotiv

[LéZ.]

		les amis
		les enfants
		léser
		lésiner
	une	lésion
	un	**lézard**
		lézarde.r

[Li.][Lien.]

[Li]

	la	lie
	je/il/elle	lie (= lier)
	je/tu	lis (= lire)
	il/elle	**lit**
	un	**lit**

[Lia.]

	une	liane
	une	liasse

[LiB.]

		libeller
	une	libellule
		libéral.e, -aux
	(un.e)	libérateur, -trice
	la	libération
	être	libéré.e
	(se)	**libérer**
	la	**liberté**
		libre.ment
	un	libre-service
	un	libraire
	une	**librairie**

[LiK.]

	le	lichen
	une	licorne
		liquéfier
	la	liqueur
	la	liquidation
	(un)	**liquide**
		liquider

[LiD.]

	un	leader
		l'idée

[Lié.][Liè.]

	une	liaison
	être	lié.e

	du	liège
		lier
	du	lierre
	un	lièvre

[Lien.]

	un	**lien**

[Lieu]

	un	**lieu**
	il aura	lieu
	un	lieu-dit
	une	lieue
	un	lieutenant
	un	lieutenant-colonel
	les	lieux

[LiG.]

	un	ligament
		ligature.r
	être	ligoté.e
		ligoter
	une	ligue
	se	liguer

[LiL.]

	un/le	**lilas**
		l'île

[LiM.]

[a.]	une	limace
	un	limaçon
		l'image
		l'imagination
	la	limaille
[an.]	une	limande
	une	lime
[é.][é.]		limer
[i.]	un	limier
	une	limitation
	la	**limite**
	être	limité.e
		limiter
		limitrophe
[o.]		limoger
	une/la	**limonade**
[on.]	le	limon

[LiN.][LiGN.]

	une	**ligne**
	une	lignée
	être	ligné.e
		ligner
		ligneux, -euse
	du	lino.leum ou lino.léum
	une	linotte

[Lio.][Lion]

un	**lion**.ceau
une	lionne
nous	lions

[LiP.]

	l'hippopotame
	lipide

[LiR.]

	l'hirondelle
	lire
une	lire *(= monnaie)*
une	lyre *= (musique)*
	lyrique

[LiS.]

[-]	un	lis ou lys *(= fleur)*
[an.]	une	licence
	être	licencié.e
	un	licenciement
		licencier
[∉.][é.]	en	lice
	être	lisse
		lisser
	un	lycée *(= école)*
	un.e	lycéen.ne
[i.]		licite
[T.]		**l'histoire**
	une	**liste**
	un	listing

[LiT.]

[∉.]	la	literie
[é.]		littéraire
		littéral.e.ment
	la	littérature
[i.]	une	litière
	un	litige
		litigieux, -euse
[o.]	la	lithographie
		littoral.e, -aux
[R.]	la	literie
	un	**litre**

[LiV.]

[è.]		**l'hiver**
[i.]		livide
	un/le	living
[R.]	une	livraison
	je/il/elle	livre
	un	**livre**
	une	livre *(= poids)*
	une	livre *(= monnaie)*

une	livrée
	livrer
un	**livret**
un.e	livreur, -euse

[LiZ.]

eux, ils/elles	**lisent**
un	liséré ou liseré
un	liseron
un.e	liseur, -euse
vous	lisez
la	lisibilité
	lisible.ment
une	lisière
nous	**lisons**

[Lin.] •[Lun.]

[-]	du	lin
[KS.]	un	lynx
[CH.]		lyncher
[D.]		l'indien.ne
[F.]		l'infirmerie
		l'infirmier
		l'infirmière
		lymphatique
	la	lymphe
[G.]	un	lingot
		linguistique
[J.]	du/le	**linge**
	une	lingère
	la	lingerie
[P.]		l'imperméable
		limpide
	la	limpidité
		l'imprimerie
		l'imprimeur
[S.]		**l'incendie**
	un	linceul
		l'inspecteur, -trice
		l'instant
		l'instituteur, -trice
		l'instrument
		l'intention
		l'intérieur
[V.]		**l'invité.e**
	je vais	l'inviter
•[ ]	un	lumbago
		l'un
		(l'un *et* l'autre)
		(l'un *ou* l'autre)
		lundi

[Lo.]

[Lo]

de	**l'eau**
un	lot *(= loterie)*

[LoB.]

un	lobe

[LoK.] •[LoKS.]

[a.]		locace
	un	**local**
		local.e.ment
		localiser
	la	localité
	un.e	locataire
	une	location
[∉.]	une	loque
[è.]	un	loquet
[o.]	(des)	locaux
	la	locomotion
	une	**locomotive**
•[ ]		l'occident
		l'oxygène
[u.]	une	locution

[LoD.]

un	loden
une	loggia

[LoG.]

	l'augmentation
je vais	l'augmenter
	l'ogre

[LoJ.]

	une	loge
	il/elle	loge
	un	**logement**
		loger
	un.e	logeur, -euse
	un	logiciel
		logique.ment
	un	logis

[LoM.]

l'homme
l'omelette

[LoP.]

	l'hôpital
	l'opération
il faut	l'opérer
un	lopin

[LoR.]

[-]		**l'or**
[a.]	il/elle	l'aura
		l'orage
[an.]		**l'orange**
		l'orangeade
[D.]		**l'ordre**
		lors de
[é][è.]	je	l'aurai
		l'oreille
		l'oreiller
[i.]		**l'horizon**
	un	loriot
[L.]		**l'horloge**
		l'horloger, -ère
		l'horlogerie
[N.]	un	lorgner
[GN.]		lorgnon
[S.]		**lorsque**
		lorsqu'elle
		lorsqu'elles (+)
		lorsqu'il
		lorsqu'ils (+)

[LoS.]

		l'océan
		l'os
	une	lotion

[LoT.]

[é.]	une	lote ou lotte
	une	loterie
[è.]		**l'hôtel**
		l'hôtellerie
[i.]	être	loti.e
		lotir
	un	lotissement
[o.]		**l'auto**
		l'automne
		l'automobile
		l'autorisation
		l'autoroute
	le	loto
[R.]		**l'autre**
	une	loterie
[u.]	le	lotus

[LoV.]

	se	lover

[LoZ.]

	un	losange

[Loi.]

[-]	la	**loi**
		l'oie (= oiseau)
[R.]	un	loir
[Y.]		loyal.e.ment
	la	loyauté
		loyaux
	le	**loyer**
[Z.]		**l'oiseau**
	un	loisir

[Loin.]

(au)		**loin**
		lointain.e

[Lon.]

[-]		l'on (= on)
	(si)	l'on veut)
	c'est/le	**long**
	ils	l'ont pris
[B.]		lombaire
		l'ombre
[K.]		l'oncle
[G.]		l'ongle
		longue.ment
	la	**longueur**
	une	longue-vue
[J.]		longer
	la	longévité
	la	longitude
[T.]		**longtemps**
[V.]	si	l'on veut
		l'on voit
		...

[Lou.]

[-]	je/il/elle	loue
	eux, ils/elles	louent
	tu	loues
	un/le	**loup**
[a.]		louable
		l'ouate
[an.]	une	louange
[B.]	un	loubard
		l'oubli (= un oubli)
	je	l'oublie
[CH.]	(une)	louche
		loucher
[é.][è.]		**louer**
		l'ouest

[F.]		loufoque
[G.]	un	loup-garou
[i.]	un	louis
[P.]	un	looping
	une	loupe
	j'ai	loupé
[R.]		**lourd**
	(un.e)	lourdaud.e
		lourde.ment
	une	lourdeur
		l'ours (= mâle)
		l'ourse (= femelle)
		l'ourson
[S.]	un	loustic
[T.]	une	loutre
[V.]	une	louve
	un	louveteau
		louvoyer
		l'ouvrage
	je/il/elle	**l'ouvre**
		l'ouvrier
		l'ouvrière
	pour	**l'ouvrir**

[Lu.] • [Lui.]

[-]	j'ai	**lu**
[B.]	une	lubie
	(un)	lubrifiant
		lubrifier
[K.]	une	lucarne
[KS.]	une	luxation
	le	luxe
		luxer
		luxueux, -euse
		luxuriant.e
[euR.]	une	**lueur**
[G.]		lugubre
•[ ]	c'est	**lui**
		lui-même
		luire
		luisant.e
	ça/il	**luit**
[J.]	une	luge
[M.]	la	**lumière**
	un	luminaire
		lumineux, -euse
	la	luminosité
[N.]		lunaire
		lunatique
	la	**lune**
	être	luné.e
	une	lunette
	des	**lunettes**
[R.]	belle	lurette
	un.e	luron.ne

[S.]		lucide
	la	lucidité
	une	luciole
	un	**lustre**
	être	lustré.e
[T.]		
	un	luth
	un	luthier
	(un)	lutin
	une/la	**lutte**
		lutter
	un.e	lutteur, -euse
[Z.]	il/elle va	l'user
		l'usine
	la	luzerne

[Ma.]

[Ma]

		ma
		(ma *maman*)
	il/elle/on	m'a
		(m'a *donné*)
	tu	m'as *frappé*
	un	mas (= *maison*)
	un	mât *de bâteau*

[Maa.]

	un	maharadjah

[MaB.]

	je	**m'habille**

[MaK.] •[MaKS.]

[a.]		macabre
	le	macadam
	un	macaque
	un	macaron
	un	macaroni
	des	**macaroni(s)**
[é.][è.]	une	maquette
	un	maquereau
[i.]		machiavélique
	un	maquignon
	le	maquillage
	être	maquillé.e
	(se)	**maquiller**
	un	maquis.ard
[R.]	le	macramé
	un	maquereau
•[ ]	(un)	maxillaire
		maximal.e, -aux
		maximum
[u.]	être	maculé.e

[MaCH.]

[é.]	la	mâche
[é.][è.]		mâcher
	une	machette
[i.][in.]	un	mâchicoulis
	un	**machin**
	être	machinal.e, -aux
		machinalement
	une	machination
	une	**machine**
	une	machinerie
	le	machinisme
	un.e	machiniste
[o.]		mâchonner
[oi.]	une	**mâchoire**

[MaD.]

		madame = Mme
	une	madeleine
		mademoiselle = Melle
	un	madrier

[Maé.]

	la	maestria

[MaF.]

	la	maffia ou mafia
		mafieux, -euse ou maffieux, -euse

[MaG.]

	un	**magasin**
	un.e	magasinier, -ière
	un	magazine
	un	magma
	un	magnolia
	un	magnum
	un	magot
	une	magouille

[Maï.]

	du	maïs

[MaJ.]

[é.]	un	**mage**
[e.][è.]	la	majesté
		majestueux
		majestueuse.ment
	le	majeur (= *doigt*)
	il/elle est	majeur.e
[i.]	(un.e)	**magicien.ne**
	la	**magie**
		magique
		magistral.e.ment
	un	magistrat
	la	magistrature

[o.]	un	major
	la	majoration
		majorer
	une	**majorette**
	la	majorité
[u.]	une	**majuscule**

[MaL.]

[-]	c'est/le	**mal**
	j'ai	**mal**
[a.]	(un.e)	**malade**
	une	**maladie**
		maladif, -ive
	une	maladresse
		maladroit.e.ment
		malappris.e
	la	malaria
		malaxer
		malhabile
[an.]		malencontreux, -euse.ment
	un	malentendu
[CH.]	la	malchance
		malchanceux, -euse
[é.]	un	**mâle** (de la femelle)
	une	malle (= *valise*)
[é.][è.]	un	malaise
		malaisé.e
	une	malédiction
	un	maléfice
		maléfique
		malléable
	une	mallette
[euR.]	le	**malheur**
		malheureux
		malheureuse.ment
[F.]	une	malfaçon
		mal famé.e
		malfaisant.e
	un	malfaiteur
	une	malformation
[G.]		**malgré**
[i.]	la	malice
		malicieux
		malicieuse.ment
		maligne
[in.]		**malin**
		malingre
	être	malintentionné.e
[M.]		malmener
[N.]	la	malnutrition
[o.]		**malhonnête**
	la	malhonnêteté
		malodorant.e
	un.e	malotru.e

[P.]		malpropre
[S.]		malsain.e
[T.]	du	malt
		maltraiter
[V.]	la	malveillance
		malveillant.e

[MaM.]

		maman
	une	mamelle
	un	mamelon
	une	mamie ou mamy
		ou mammy
	un	mammifère
	un	mammouth
	je	**m'amuse**
	je vais	m'amuser

[MaN.] • [MaGN.]

[a.]	un	manager
[é.][e.]	un	**manège**
[è.]	une	manette
	un	mannequin
	un/une	**manœuvre**
		manœuvrer
[i.]		maniable
		maniaque
	une	manie
	le	maniement
		manier
	une	**manière**
	être	maniéré.e
	un.e	manifestant.e
	une	manifestation
		manifeste.ment
		manifester
		manigance.r
	la	manille (= jeu)
	le	manioc
	un.e	manipulateur, -trice
	une	manipulation
		manipuler
	une	manivelle
•[ ]		magnanime
	le	magnésium
		magnétique
		magnétiser
	le	magnétisme
	un	**magnétophone**
	un	**magnétoscope**
	la	magnificence
		magnifique.ment
	un	magnolia
[o.]	un	manomètre
[oi.]	un	manoir
[u.]	un.e	manucure

		manuel.le.ment
	une	manufacture
		manuscrit.e
		manutention.naire

[MaP.]

	je	m'appelle
	une	mappemonde
	on/il/elle	m'apporte

[MaR.]

[-]	le	marc (= résidu)
[a.]	un	marabout
	le	marathon
	un.e	marathonien.ne
	une	marâtre
[an.]		marrant.e
[B.]	du	marbre
	être	marbré.e
	une	marbrure
[K.]	un	mark
	le	marketing
		marquant.e
	une	marque
		marquer
	un.e	marqueur, -euse
	un.e	marquis.e
[CH.]	(un.e)	**marchand.e**
	un	marchandage
		marchander
	une	marchandise
	une/la	**marche**
	le/j'ai	**marché**
	un	marchepied
		marcher
	un.e	marcheur, -euse
[D.]		**mardi**
[é]	une	mare
	j'en ai	marre
[é.][è.]	(un.e)	maraîcher, -ère ou
		maraicher, -ère
	un	marais
	un	marécage
		marécageux, -euse
	un	maréchal
	un	maréchal-ferrant
	des	maréchaux
	la	marée
	la	marelle
	un.e	mareyeur, -euse
	une	**marraine**
	se	marrer
[G.]	la	margarine
	une	marguerite

[i.][in.]	le	mari
	le	**mariage**
	être	**marié.e**
	(se)	**marier**
	(un)	**marin**
	(la)	marine
		mariner
	un.e	marinier, -ière
	une	**marionnette**
		maritime
[J.]	une	marge
	une	margelle
		marginal.e, -aux
	la	marjolaine
[M.]	la	marmaille
	de la	marmelade
	une	**marmite**
	un	marmiton
		marmonner
	un	marmot
	une	marmotte
[o.]		maraude.ur, -euse
[on.]		
	une	maroquinerie
	une	marotte
	(un)	**marron**
	un	**marronnier**
[S.]	le mois de	**mars**
	un	marsouin
		marsupial.e, -aux
		martial.e, -aux
	(un.e)	martien.ne
[T.]	un	**marteau**
	un	martèlement
		marteler
	un	martinet
	une	martingale
	un	martin-pêcheur
	une	martre
	(un.e)	martyr.e
	le	martyre
	être	martyrisé.e
		martyriser

[MaS.]

[-]	un	mas (= maison)
[a.]		massacrant.e
	un	massacre
	être	massacré.e
		massacrer
	un	massage
[K.]	une	mascarade
	une	mascotte
		masculin.e
	un	**masque**
	être	masqué.e

[é.][e.]	une	macédoine
[é.]		macérer
	une	masse
		masser
	un.e	masseur, -euse
[i.]	je	m'assieds
		massif
		massive.ment
[o.][on.]	un	**maçon**
	la	maçonnerie
[oi.]		m'asseoir ou m'assoir
	je	m'asseois ou m'assois
[T.]	du	mastic
		mastiquer
	un	mastodonte
[u.]	une	massue

[MaT.]

[-]		mat (= pas brillant)
[a.]	un	matador
[CH.]	(un)	macho
	un	**match**
	des	matches ou matchs
[é.]	une peinture	mate
	un	**matelas**
	être	matelassé.e
	un	matelot
[é.][è.]		matérialiser
	le	matérialisme
		matérialiste
	un/(des)	matériau(x)
	le	**matériel**
		matériel.le.ment
	le lait	maternel
	la/elle est	**maternelle**
	la	maternité
		mathématique
	(un.e)	mathématicien.ne
[i.][in.]	la	**matière**
	le	**matin**
		matinal.e, -aux
	la	**matinée**
[L.]	un	matelas
	être	matelassé.e
	un	matelot
[ou.]	un	matou
[R.]	le	matraquage
		matraque.r
		matrimonial.e, -aux
[u.]	la	maturité

[MaV.]

	il/elle	**m'avait...**
	il va	m'avoir
	il/elle	m'avoue
	il/elle	**m'a vu.e**

[MaY.]

	une	maille
	un	maillet
	un	maillon
	un	**maillot**
	la	**mayonnaise**
	un	mile

[MaZ.]

	(un.e)	maso.chiste
	une	masure
	le	**mazout**
	la	mazurka

[Man.]

[-]	je/tu	mens
	il/elle	**ment**
[B.]	je/il/elle	**m'embête**
	une	membrane
	il/elle	m'embrasse
	un	**membre**
[K.]		manquant.e
	un/ça	manque
		manquer
[CH.]	un/une	**manche**
	une	manchette
	un	manchon
	(un.e)	manchot.e
[D.]	une	**mandarine**
	un	mandat
	un.e	mandataire
	une	mandibule
	une	mandoline
	une	mandragore
	un.e	mendiant.e
		mendier
	je	m'endors
[F.]	je	m'en fais
	je	m'en fiche
	je	m'enfuis
[G.]	une	mangouste
	une	mangue
[J.]	je/il/elle	**mange**
		mangeable
	il/elle	mangeait
	ils/elles	mangent
	une	mangeoire
		manger
	un.e	mangeur, -euse
[N.]	je/il/elle	m'ennuie
	ils/elles	m'ennuient
[P.]	il/elle	m'empêche
	il/elle	m'en parle

[S.]	une	mansarde
	(une)	mention.ner
	un	**mensonge**
		mensonger, -ère
	une	mensualité
		mensuel.le.ment
	une	mensuration
[T.]	une	mante *religieuse*
	un	**manteau**
	une	mantille
		mental.e, -aux
		mentalement
	la	mentalité
	(un.e)	**menteur, -euse**
	la	menthe
	j'ai	**menti**
		mentir
	un/le	**menton**
	je	m'entraîne
[V.]	je	**m'en vais**
	il/elle	m'en veut

[Me.][Meu.]

[-]		**me**
	(je	me *lave*)
[B.]	(un)	**meuble**
	être	meublé.e
		meubler
[G.]	le	**meuglement**
		meugler
[L.]	un	**melon**
	une	meule
		meuler
		meulier, -ière
[N.]		menaçant.e
	une	menace
		menacer
		mener
	un.e	meneur, -euse
	une	menotte
	un	**menu**
	être	menu.e
	un	menuet
	la	menuiserie
	un	**menuisier**
	un.e	meunier, -ière
[R.]	la	meringue
	une	merise
	un	merisier
	il/elle	**meurt**
	un	**meurtre**
	être	meurtri.e
	un.e	meurtrier, -ière
	une	meurtrissure
	les	mœurs

[S.]		**monsieur (M.)**
[T.]	une	meute
[V.]	ils/elles se	meuvent
[Z.]	une	mesure
	être	mesuré.e
		mesurer

[Mé.][Mè.]

[Mé.][Mè.]

	le mois de	**mai**
	oui	**mais**
		(mais = *pourtant*)
		mes
		(mes *amis*)
		(mes *affaires*)
		(mes *parents*)
	il	m'est *arrivé*
	il/elle	**met** (= *mettre*)
	je/tu	mets
	un	mets (= *plat/repas*)

[Méan.]

	un	**méandre**

[MéK.]

	un.e	**mécanicien.ne**
		mécanique.ment
	un	mécanisme
		méconnaissable
		méconnaître ou
		méconnaitre
		méconnu.e
		mécontent.e.ment
		mécontenter

[MéCH.][MèCH.]

		méchamment
	la	méchanceté
		méchant.e
	une	mèche
	un	méchoui

[MéD.][MèD.]

[a.]	une	**médaille**
	être	médaillé.e
	un	médaillon
		mesdames (Mmes)
[é.][e.]	il/elle/on	**m'aide**
	on va	m'aider
	un	**médecin**
	la	**médecine**
		mesdemoiselles (Mlles)
[i.]	un	média
		médian.e
	une	médiane

	une	médiation
		médiatique
		médical.e, -aux
		médicalement
	un	**médicament**
		médicinal.e, -aux
		médiéval.e, -aux
		médiocre.ment
	la	médiocrité
		médire
	la	médisance
	un	médium
	la	méditation
		méditer
		méditerranéen.ne
	le	médius
[u.]	une	méduse
	être	médusé.e

[MéF.]

	un	méfait
	la	méfiance
		méfiant.e
	se	méfier

[MéG.][MèG.]

[a.]	(un.e)	mégalo.mane
	par	mégarde
[o.]	un	mégot
[R.]		**maigre**
	la	maigreur
		maigri.chon.ne
		maigrir

[MéJ.]

	une	mégère

[MéL.][MèL.]

[a.]	la	mélasse
[an.]	la	mélancolie
		mélancolique
		mélange.r
	(un)	mélangeur
[é.]	je me	mêle
[é.][è.]	une	mêlée
	se	mêler
	un	mêle-tout
	un	mélèze
[i.]	la	mélisse
[o.]	une	mélodie
		mélodieux, -euse
		mélodique
	un	mélodrame
		mélo.dramatique
	(un.e)	mélomane
	une	mélopée

[MéM.][MèM.]

[é.]	il/elle	**m'aime**
	ils/elles	m'aiment
		même
	(moi	-même)
	(lui	-même)
	(elle	-même)
	(eux	-mêmes)
	(elles	-mêmes)
[in.]	un	mémento
[o.][oi.]	la	**mémoire**
		mémorable
		mémoriser

[MéN.][MèN.]

[a.]	un	mainate
	le	**ménage**
	le	ménagement
		ménager, -ère
	une	ménagerie
[é.]	je/il/elle	mène
[è.]	je/il/elle	**m'énerve**
	il va	**m'énerver**
	tu	m'énerves
[i.]	un	menhir
[in.]	les	méninges
	une	méningite

[MéP.]

	se	méprendre
	le	mépris
		méprisable
		méprisant.e
	une	méprise
		mépriser

[MéR.][MèR.]

[-]	le	maire
	la	**mer**
	la/ma	**mère** (= *maman*)
[K.]		**mercredi**
	du	mercure
	le	mercurochrome
[D.]	(la)	merde
[é.]	le	maire
	la/ma	**mère** (= *maman*)
[G.]	une	merguez
[i.]	la	mairie
		méridien.ne
		méridional.e, -aux
	un	mérinos
		méritant.e
	le	mérite
		mériter
		méritoire

[L.]	un	merlan
	un.e	merle.tte
[ou.]	un	mérou
[S.]	(un.e)	mercenaire
	une	mercerie
		merci
	un.e	mercier, -ière
[V.]	une	merveille
		merveilleux
		merveilleuse.ment

[MéS.][MèS.]

[a.]	un	**message**
	(un.e)	messager, -ère
	les	messageries
[K.]		mesquin
	(une)	mesquine.rie
[é.]	la	**messe**
[é.][è.]	le	mécénat
	un	mécène
[i.]	un	messie
		messieurs
[ui.]	je	m'essuie

[MéT.][MèT.]

[a.]	il	m'est arrivé
	un	**métal**
		métallique
	être	métallisé.e
	la	métallurgie
		métallurgique
		métallurgiste
	une	métamorphose
	se	métamorphoser
	une	métaphore
	le	méthane
		mettable
[é.]	ils/elles	mettent (= mettre)
[e.]	une	métairie
[é.][è.]	je	m'étais amusé.e
	un	métayer
	la	**météo**
	un	météore
	une	météorite
	la	météorologie
		météorologique
	je	mettais (= mettre)
	un	metteur en scène
	vous	mettez (= mettre)
[i.]		méticuleux
		méticuleuse.ment
	un	**métier**
	(un.e)	métis.se
[o.]	une	méthode
		méthodique.ment
	la	méthodologie

[on.]	nous	**mettons**
[R.]	un	**maître** ou **maitre** (d'école)
	une	**maîtresse** ou **maitresse**
		maîtrise.r ou maitrise.r
	le	**mètre** (mesure)
		métrique
	le	métro
	un	métronome
	une	métropole
		métropolitain.e
	je vais	**mettre**

[MèY.]

	(le)	**meilleur**
	(la)	**meilleure**
	(les)	meilleures
	(les)	meilleurs

[MéZ.][MèZ.]

	une	**maison**
	une	maisonnée
	une	maisonnette
		mes affaires
	une	mésange
	une	mésaventure
	une	mésentente
		mésestimer

[Mi.][Mien.]

[Mi.]

	la note	mi
	la	mie du pain
	j'ai	**mis**
	il/elle a	**mis**

[MiK.] •[MiKS.]

[a.]	le	mica
	la	mi-carême
[L.]		mi-clos.e
[M.]	un	micmac
[o.]	la	mycologie
[R.]	un	**micro**
	un	**microbe**
		microbien.ne
	un	microfilm
	un	micro-ordinateur
	un	micro-ondes
	un	microscope
		microscopique
	un	microsillon
•[ ]		mixer
	un	mixeur ou mixer
		mixte
	une	mixture

[MiCH]

	une	miche
	une	micheline
	à	mi-chemin

[MiD.]

		midi

[Miè.]

	le	**miel**
		mielleux, -euse
	la	**mienne**
	les	miennes
	une	**miette**
		mièvre
	du	millet

[Mien]

	le	**mien**
	les	miens

[Mieu.]

	c'est/le	**mieux**
	de	mieux en mieux

[MiG.]

	une	migraine
	une	migration
		migrateur, -trice
		migratoire
	une	mygale

[MiJ.]

		mijoter

[MiL.]

[-]	du	mil
		mille (=1 000)
[an.]	un	milan
[é.]		**mille** (=1 000)
[é.]	un	millénaire
	un	millésime
[F.]	un(e)	millefeuille ou mille-feuille
[i.]	une	milice
	un.e	milicien.ne
	le	**milieu**
		militaire.ment
	un.e	militant.e
		militariste
		militer
	un	**milliard**
	(un.e)	milliardaire

	un	millième
	un	**millier**
	un	milligramme
	un	millilitre
	un	millimètre (= mm)
		millimétré.e
		millimétrique
	un	**million**
	(un.e)	millionnaire
[P.]	un	mille-pattes

[MiM.]

	(un)	mime.r
	le	mimétisme
	une	mimique
	du	mimosa

[MiN.] •[MiGN.]

[a.]		minable
	un	minaret
[é.][e.]	une/la	**mine**
[é.][è.]		miner
	un	minerai
		minéral.e
	la	minéralogie
		minéralogique
	(des)	minéraux
	une	minerve
	un.e	minet.te
	(un.e)	**mineur.e**
[i.]	une	miniature
	un	minibus ou minicar
	une	minicassette
		minier, -ière
	une	minijupe
		minimal.e, -aux
		minime
		minimiser
	le	minimum
	un	ministère
		ministériel.le
	un	**ministre**
	le	minitel
	du	minium
•[ ]		**mignon.ne**
[o.]		minauder
		minoritaire
	la	minorité
	une	minoterie
[oi.]	un	minois
[u.][ui.]		**minuit**
		minus.cule
	une	**minute**
		minuter.ie
	la	minutie
		minutieux, -euse

[Mio.]

	il/elle	miaule
	un	miaulement
		miauler
	un.e	mioche
	(un.e)	myope
	la	myopie
	un	myosotis

[MiR.]

[a.]	une	mirabelle
	un	miracle
	(un.e)	miraculé.e
		miraculeux, -euse.ment
	un	mirador
	un	mirage
[é.]	une	mire
	la	myrrhe (= parfum)
[é.]	se	mirer
[i.]	une	myriade
[o.]		mirobolant.e
[oi.]	un	**miroir**
		miroiter
	une	miroiterie
[T.]	une	myrtille

[MiS.]

[-]	une	miss
[è.]	un	missel
[i.]	un	missile
	une/la	**mission**
	un.e	missionnaire
	une	missive
[T.]	le	mistral
	un	**mystère**
		mystérieux
		mystérieuse.ment
	le	mysticisme
	une	mystification
		mystifier
		mystique

[MiT.]

[an.]	le	mitan
	la	**mi-temps**
[é.]	une	mitaine
[eu.]	une	mite
[é.][è.]		
	être	mité.e
		miteux, -euse
	un	mythe
[i.]	un	meeting
		mitigé.e
		mythique
[o.]		mitonner

la	mythologie
	mythologique
un.e	mythomane
[oi.]	mitoyen.ne
[R.] la	mitraille.r
une	mitraillette
(un.e)	mitrailleur, -euse
une	mitre
un	mitron

[MiY.]

	du	millet

[MiZ.]

[an.]	(un.e)	misanthrope
[é.]	elle est	**mise**
	une/la	mise
	je l'ai	mise
[é.][è.]		miser
		misérable.ment
	la	**misère**
		miséreux, -euse
	la	miséricorde
[o.]		misogyne

[Min.]

[-]	une	**main**
[D.]	la	main-d'œuvre
[F.]		main-forte
[S.]		**mince**
	la	minceur
	je	m'inscris
	je	m'installe
[T.]		**maintenant**
		maintenir
		maintes (fois)
	le	maintien
	il/elle	maintient

[Mo.]

[Mo.]

des	maux (= mal)
un	**mot**

[MoB.]

(un)	mobile
(le)	mobilier, -ière
la	mobilisation
	mobiliser
la	mobilité
une	mobylette

[MoK.]

	un	mocassin
	le	moka
	(se)	moquer
	une	moquerie
	la	moquette
		moqueur, -euse

[MoCH.]

moche

[MoD.]

[é.]	la	mode
	le	modelage
		modeler
[é.][è.]	un	modèle
	le	modélisme
	la	modération
	être	modéré.e
		modérément
		moderne
	la	modernisation
		moderniser
	le	modernisme
		modeste.ment
	la	modestie
[i.]		maudire
		maudit.e
	une	modification
		modifier
		modique
	un.e	modiste
[u.]	une	modulation
	(un)	module.r

[Moè.]

le mohair

[MoG.]

maugréer

[MoL.]

[-]	un	mol *envol*
[ɔ.]	un	môle *(= digue)*
	elle est	**molle**
		mollement
		molleton.né.e
[é.][è.]	une	molaire
	une	molécule
		moléculaire
		molester
	une	molette *(= roulette)*
	la	mollesse
	(un)	mollet
[i.]		mollir
[M.]		mollement
[T.]		molleton.né.e
[u.]	un	mollusque

[MoM.]

	un.e	môme
	un	**moment**
		momentané.e
		momentanément
	une	momie
	être	momifié.e

[MoN.]

[a.]	la	monarchie
		monarchique
		monarchiste
	un	monarque
	un	monastère
[é.][è.]		monétaire
	la	**monnaie**
		monnayer
[i.]	un.e	**moniteur, -trice**
[o.]	un	monocle
		monogame
	un	monologue
	(un)	monoplan
	un	monopole
		monopoliser
	un	monoski
	(un)	monosyllabe
		monotone
	la	monotonie
[u.]	un	**monument**
		monumental.e, -aux

[MoR.]

[-]	un.e	maure ou more *(= arabe)*
	il/elle	**mord**
	le	mors *aux dents*
	il est	**mort**
	la	**mort**
[a.]	le	moral
		moral.e, -aux
	la	morale
		moralement
		moralisateur, -trice
		moraliste
	la	moralité
[B.]		morbide
[D.]	(le)	mordant.e
		mordiller
	être	mordoré.e
		mordre
	il/elle a	**mordu**
	être	mordu.e
[è.]	une	moraine
[F.]	se	morfondre
	la	morphine
	la	morphologie
		morphologique.ment
[G.]	la	morgue
[i.]	(un.e)	moribond.e
	une	morille
[N.]		morne
	(un.e)	mort-né.e
[o.]		morose
	la	morosité
	la	mort-aux-rats
[S.]	un	**morceau**
		morceler
	le	morcellement ou
		morcèlement
	un/le	morse
	une	morsure
[T.]	la	mortadelle
	la	mortalité
		morte
	il est	**mortel**
		mortelle.ment
	un/du	mortier
	(se)	mortifier
		mortuaire
[u.]	la	morue
[V.]	la	morve

[MoS.]

		maussade
	une	mosquée
	une	motion

[MoT.]

[a.]	un	motard
[é.]	une	motte
[e.][è.]	un	motel
	un	**moteur**
[i.]	un	motif
	la	motivation
	être	motivé.e
		motiver
[o.]	une	**moto**
	le	moto-cross ou
		motocross
	un	motoculteur
	une	motocyclette
	un	motocycliste
	être	motorisé.e
[R.]	(une)	motrice
[u.]		motus

[MoV.]

	mauvais.e
	mauve
une	mauviette

[MoZ.]

un	mausolée
une	mosaïque

[Moi.]

[-]	c'est	moi
	un	mois de l'année
[L.]	de la	moelle
		moelleux, -euse
	un	moellon
[N.]	un	moine
	un	moineau
[R.]	la	moire
[S.]	la	moisson
		moissonner
	un.e	moissonneur, -euse
[T.]		moite
	la	moitié
[Y.]	un	moyen
	le	Moyen-Age ou Moyen Age
		moyenâgeux, -euse
		moyennant
	(une)	moyenne
		moyennement
	un	moyeu
[Z.]	être	moisi.e
		moisir
	la	moisissure

[Moin.]

	moindre
	moins

[Mon.]

[-]		mon (= à moi)
		(mon papa)
		(mon auto)
		(mon livre)
	un	mont (= montagne)
	ils/elles	m'ont...
		(... m'ont pris)
		(... m'ont frappé)
[D.]		mondain.e
	le	monde
		mondial.e, -aux
		mondialement
		mondialiser

[G.]		mongolien.ne
	une	montgolfière
[N.]		mon ami.e
		mon oncle
		...
[S.]	un	monceau
		monseigneur
	un	monstre
		monstrueux
		monstrueuse.ment
[T.]	un	montage
	(un.e)	montagnard.e
	une	montagne
		montagneux, -euse
	un/en	montant
	je/il/elle	monte
	un	monte-charge
	une	montée
	je suis	monté.e
	ils/elles	montent
		monter
	un.e	monteur, -euse
	un	monticule
	une	montre
		montrer
	une	monture

[Mou.]

[-]	c'est	mou
	il/elle	moud (= moudre)
	une	moue = (grimace)
	le	moût ou mout (= jus)
[CH.]		mouchard.e.r
	une	mouche
	il/elle se	mouche
	je me suis	mouché.e
	(se)	moucher
	un	moucheron
		moucheté.e
	un	mouchoir
[D.]		moudre
[è.]	une	mouette
[F.]	une	moufle
	un	mouflon
[L.]	un	moulage
		moulant.e
	un(e)	moule
		mouler
	un	moulin
	un	moulinet
	une	moulinette
	être	moulu.e
	une	moulure

[R.]	en	mourant
	un.e	mourant.e
		mourir
	du	mouron
	ils/elles	mourront
[S.]	un	mousquetaire
	un	mousqueton
		moussant.e
	la	mousse
	une	mousseline
		mousser
		mousseux, -euse
	la	mousson
		moussu.e
	une	moustache
		moustachu.e
	une	moustiquaire
	un	moustique
[T.]	de la	moutarde
	un	mouton
	la	mouture
[V.]		mouvant.e
	un	mouvement
	être	mouvementé.e
	se	mouvoir
[Y.]	le	mouillage
	être	mouillé.e
	(se)	mouiller
	une	mouillette

[Mu.]

[Mu]

la	mue
il/elle	mue (= muer)

[MuK.]

une	mucosité
une	muqueuse

[Mué][Muè.]

il/elle a	mué
(se)	muer
il/elle est	muet.te
le	muezzin

[MuF.]

un	mufle
une	muflerie

[MuG.]

du/le	muguet

[MuJ.]

	mugir
	mugissant.e
un	mugissement

[MuL.]

[a.]	(un.e)	mulâtre.sse
[é.][è.]	une	mule
	un	mulet
	un	muletier
[o.]	un	mulot
[T.]		**multicolore**
		multinational.e, -aux
		multiple
	le	multiplicande
	(le)	multiplicateur, -trice
	la	**multiplication**
		multiplier
	la	multitude

[MuN.]

		municipal.e, -aux
	la	municipalité
	être	muni.e
	(se)	munir
	des	munitions

[MuR.]

[-]	un	**mur**
	il est	**mûr**
[a.]	une	muraille
		mural.e, -aux
[é.]	une	mûre ou mure (= fruit)
[é.][è.]	elle est	**mûre**
	(se)	murer
		mûrement ou murement
	un	muret
[i.]	il/elle a	mûri ou muri
	un	mûrier ou murier
		mûrir ou **murir**
[M.]	un	**murmure**
		murmurer

[MuS.]

	le	musc
	la	muscade
	le	muscat
	un	**muscle**
	être	musclé.e
		musculaire
	la	musculation
	la	musculature

[MuT.]

[a.]	une	mutation
[an.]		mutant.e
[é.]		muter
[i.][in.]	une	mutilation
	être	mutilé.e
	(se)	mutiler
	un.e	mutin.e
	se	mutiner
	une	mutinerie
	le	mutisme
[u.]	la	mutualité
		mutuel (m.)
	(une)	mutuelle (f.)
		mutuellement

[MuZ.]

[a.]	une	musaraigne
		musarder
[é.]	une	muse
[é.][è.]	un	**musée**
		museler
	une	muselière
	(une)	musette
	un	muséum
[i.]		musical.e, -aux
		musicalement
	le	music-hall
	un.e	**musicien.ne**
	la	**musique**
[o.]	un	**museau**
[T.]	un	mustang
[u.]	(un.e)	musulman.e

[Na.]

[Na.]

	il/elle	**n'a** pas
		na !

[NaK.]

	de la	nacre
		nacré.e

[NaF.]

	la	naphtaline

[NaG.]

		naguère

[Naï.]

	(un)	naïf
		naïve.ment
	la	naïveté

[NaJ.]

[a.]	un	naja
	il/elle	**n'a jamais**
[é.][eu.]	la	nage
[e.][é.]	je/il/elle	nage
		nager
	un.e	**nageur, -euse**
[oi.]	une	nageoire
[on.]	(nous)	nageons

[NaP.]

	le	napalm
	il/elle	**n'a pas**
	il/elle	**n'a plus**
	une	**nappe**
		napper
	un	napperon

[NaR.]

[a.]	un.e	narrateur, -trice
	une	narration
[K.]		narcotique
		narquois.e
[é.]		narrer
[G.]		narguer
[i.][ien.]	il/elle	**n'a rien**
	une	**narine**
[S.]	un	narcisse
	le	narcissisme
[V.]	un	narval

[NaS.]

	une	nacelle
	une	nation
		national.e, -aux
	une	nationalisation
		nationaliser
		nationaliste
	la	nationalité

[NaT.]

[a.]		natal.e
	la	natalité
	la	**natation**
[é.][é.]	une	natte
		natter
[i.]		natif (m.)
		native (f.)
[u.]		naturaliser
	(un.e)	naturaliste
	la	**nature**
	il est	**naturel**
		naturelle.ment
	une	nature morte
	le	naturisme

[NaV.]

[a.]		naval.e
	des combats	navals
[è.]	je/tu	**n'avais** pas/plus
	il/elle	**n'avait** pas/plus
	un	navet
	une	navette

[i.]		navigable
	un.e	navigant.e
	un.e	navigateur, -trice
	la	navigation
	en	naviguant
		naviguer
	un	avion
	nous	n'avions pas
	un	**navire**
[R.]		navrant.e
	être	navré.e

[NaZ.]

		nasal.e, -aux
	des	naseaux
		nasillard.e
	être/un.e	nazi.e
	le	nazisme

[Nan.]

	il/elle	**n'en** a pas
	je	**n'en** ai pas
	je	**n'en** veux pas
		...

[Ne.][Neu.]

[-]		ne (= ne...pas)
	un	**nœud**
[F.]		**neuf** (= 9)
		un œuf
[R.]		neurasthénique
	un.e	neurologue
	la	neurologie
	un	neurone
	une	nurse
[T.]		neutraliser
	la	neutralité
		neutre
[V.]	elle est	**neuve**
		neuvième
	un	**neveu**
[Y.]		**un œil**

[Né.][Nè.]

[-]	je	**n'ai** pas/plus
	il/elle	naît ou nait (= naître)
	il est	**né**
	elle est	**née**
	il/elle/ce	**n'est** pas/plus
	le	**nez**
[an.]		néanmoins
		néant

[B.]	(une)	nébuleuse
		nébuleux
[K.]	u	n hectare
	la	nécrologie
		nécrologique
	une	nécropole
	le	nectar
[F.]	une	nef
		néfaste
[G.]	u	n aigle
		négatif
	une/la	négation
		négative.ment
	être	négligé.e
		négligeable
		négligemment
	la	négligence
		négligent.e
		négliger
	un	négoce
	un.e	négociant.e
	une	négociation
		négocier
	(un)	**nègre**
	une	négresse
	(un.e)	négrier, -ière
[J.]	je	n'ai jamais
	la/il	**neige**
	il	neigeait
		neiger
		neigeux, -euse
[L.]	u	ne aile
[M.]	je	n'aimais pas
	je	n'aime pas
[N.]	une	naine
	un	nénuphar ou nénufar
[o.]	un	néologisme
[on.]	le	néon
[P.]	je	**n'ai pas**
	je	**n'ai plus**
	il	**n'est pas**
	il	**n'est plus**
[R.]	un	**nerf**
	les	nerfs
		nerveux
		nerveuse.ment
	la	nervosité
	une	nervure
[S.]	la	naissance
	ils/elles	naissent
		nécessaire.ment
	la	nécessité
		nécessiter
		nécessiteux, -euse
		n'est-ce pas
[T.]		**naître** ou **naitre**
	c'est	net

	je/tu	**n'étais** pas/plus
	il	**n'était** pas/plus
	vous	**n'êtes** pas/plus
		nette.ment
	la	netteté
	je/il/elle	**nettoie**
	le	nettoiement
	le	**nettoyage**
	un	nettoyant
		nettoyer
	un.e	nettoyeur, -euse
	vous	nettoyez
[V.]	un	névé
	une	névralgie
[Y.]		n'ayez pas/plus
		n'ayons pas/plus

[Ni.]

[-]		ni toi ni moi
	un	**nid**
	je	**n'y** vais pas
[K.]	le	nickel
		nickelé.e
	la	nicotine
	faire la	nique
[CH.]	une	**niche**
	être	niché.e
	une	nichée
	se	nicher
	un	**nichoir**
[D.]	un	nid-de-pie
	un	nid-de-poule
[é][è.]	un	niais (= sot)
	une	niaise.rie
	une	nièce
		nier (= non)
[G.]	(un.e)	nigaud.e
[L.]	u	ne île
	du/le	**nylon**
[T.]	un	nitrate
	la	nitroglycérine
[V.]	un	**niveau**
		niveler
	le	nivellement ou nivèlement
	je	n'y vais pas

[Nin.]

	un	**nain**
		n'importe qui/quoi
	u	n indien
	u	ne indienne
	une	nymphe

[No.]

[-]		**nos** (= à nous)
		(nos *jouets*)
[B.]		noble.ment
	la	noblesse
[K.]	un.e	noctambule
[è.]	la	nocturne
[F.]	un	Noël
	un.e	**naufrage**
		naufragé.e
[M.]	u	n **homme**
	(un.e)	nomade
		nominal.e, -aux
	une	nomination
	être	nommé.e
		nommément
[R.]	il/elle	**n'aura** *pas/plus*
	je	n'aurais *pas/plus*
	il/elle	n'aurait *pas/plus*
	tu	n'auras *pas*
	le	**nord**
		nordique
		nordiste
		normal.e.ment
	ils sont	normaux
	une	norme
[S.]	une	noce
	un.e	noceur, -euse
		nocif, -ive
	la	nostalgie
		nostalgique
	une	notion
	u	n **os**
[T.]	u	n.e **autre**
	un	nautile
		nautique
		notable
	un	notaire
		notamment
	une	notation
	une	**note**
		noter
	une	notice
		notifier
		notoire
	la	notoriété
		notre (= à nous)
		(notre *maison*)
	la/le	**nôtre** (= à nous)
	les	nôtres (= à nous)
[V.]		**novembre**
		novice
		nauséabond.e
[Z.]	la	nausée
	je	n'ose *pas/plus*

[Noi.]

[-]	il/elle se	noie
	une	**noix**
[R.]		**noir**
		noirâtre
	être	noirci.e
		noircir
	elle est	**noire**
[Y.]	une	noyade
	un	**noyau**
	(un)/il s'est	noyé
	(une)	noyée
	(se)	**noyer**
	un	noyer (= *arbre*)
[Z.]	u	n **oiseau**
	un	noisetier
	une	**noisette**

[Non.]

[-]	un/le	**nom**
		non (= *pas d'accord*)
	eux, ils/elles	**n'ont** *pas/plus*
[B.]		une **ombre**
	un	**nombre**
		nombreux, -euse
	le	nombril
[K.]	mo	n **oncle**
		non-conformiste
[CH.]		nonchalamment
	la	nonchalance
		nonchalant.e
[L.]	un	non-lieu
[P.]	moi	non plus
	eux, ils/elles	**n'ont** *pas/plus*
[S.]	un	non-sens
[V.]	la	non-violence
		non-violent.e

[Nou.]

[-]		**nous**
[é.]		nouer
[eu.]		noueux, -euse
[G.]	du	nougat
[M.]		**nous-mêmes**
[R.]	être	nourri.e
	une	nourrice
		nourricier, -ière
		nourrir
		nourrissant.e
	un	nourrisson
	la	**nourriture**
		un **ours**
[S.]		**nous sommes**
[T.]		nous tous
[V.]	(un)	**nouveau**
	(des)	nouveaux
	(un.e)	nouveau-né.e
	une	nouveauté
	un	nouvel *habit*
	(une)	**nouvelle**
		nouvellement
[Z.]		nous autres
		nous avons
		nous irons
[Y.]	une	nouille

[Nu.] •[Nui.]

[-]	être	**nu.e**
	toute.s	nue.s
	les	nues (= *nuages*)
	tout	nu.s
[a.]	un	**nuage**
		nuageux, -euse
[an.]	une	**nuance**
	être	nuancé.e
		nuancer
[K.]		nucléaire
	la	nuque
[D.]	le	nudisme
	un.e	nudiste
	la	nudité
[é.]	une	nuée
•[ ]		nuire
	une	nuisance
		nuisible
	cela	nuit
	la	**nuit**
	une	nuitée
[L.]	c'est	nul
	elle est	nulle
		nullement
		nulle part
	une	nullité
[M.]		numéral.e, -aux
	le	numérateur
	la	numération
		numérique
	la	numérisation
	un	**numéro**
	la	numérotation
		numéroter
	un.e	numismate
		numismatique
[P.]		nuptial.e, -aux
[T.]		nutritif, -ive
	un	nutriment
	la	nutrition
		nutritionnel.le

[o]

		au
(je vais		au *jardin*)
(je parle		au *directeur*)
		aux
(je joue		aux *cartes*)
(je parle		aux *enfants*)
de l'		**eau**
c'est		**haut** (= *la hauteur*)
		oh ! *que c'est beau*

[oa.]

un.e	oasis

[oB.]

[a.]	une	aubade
[an.]	un	hauban
[é.][e.]	l'	aube
	couleur	auburn
[é.][è.]	une	aubaine
	l'	aubépine
	une	auberge
	une	aubergine
	un.e	aubergiste
	une	aubette
	un	haubert
	j'ai	obéi
		obéir
	l'	obéissance
		obéissant.e
	il/elle	obéit
	un	obélisque
		obèse
	l'	obésité
[J.]		objecter
	un	objecteur *de conscience*
	un	objectif
	une	objection
		objective.ment
	l'	objectivité
	un	**objet**
[L.]	une	obligation
		obligatoire.ment
	l'	obligeance
		obligeant.e
	être	obligé.e
		obliger
		oblique.r
		oblitérer
		oblongue
[N.]		obnubiler
[o.]	une	obole
[oi.]	un	hautbois

[ou.]
[S.]

		au bout (de)
		obscène
	une	obscénité
		obscur.e
	(s')	obscurci.r
	l'	obscurcissement
		obscurément
	l'	obscurité
		obsédant.e
	être	obsédé.e
	les	obsèques
		obséquieux, -euse
	un.e	observateur, -trice
	une	**observation**
	un	observatoire
		observer
	une	obsession
	un	obstacle
	l'	obstination
	être	obstiné.e
		obstinément
	s'	obstiner
		obstruer
[T.]		obtempérer
		obtenir
	l'	obtention
	il/elle	obtient
		obtus.e
[u.]	un	obus

[oK.] •[oKS.]

[-]	langue	d'oc
[a.]	une	**occasion**
		occasionnel.le.ment
		occasionner
	un	okapi
[è.]		auquel (= *un seul*)
		auxquels (= *plusieurs masc.*)
		auxquelles (= *plusieurs fém.*)
	le	hockey (= *jeu*)
	un	hoquet (= *gorge*)
		O.K.
[R.]		ocre (= *couleur*)
•[ ]	(un.e)	auxiliaire
	l'	occident
		occidental.e, -aux
		occidentaliser
		occipital.e, -aux
		occitan.e
	l'	oxydation
	être	oxydé.e
	(s')	oxyder
	l'	oxygène
		oxygéné.e
	s'	oxygéner

[T.]

		octante (=80)
	une	octave
		octobre
	(un.e)	octogénaire
	un	octogone
		octroyer
[u.][un.]		**aucun.e**
		occulte.r
		occupant.e
	une	occupation
	être	occupé.e
	(s')	**occuper**
	en l'	occurrence
		oculaire
	un.e	**oculiste**

[oCH.]

		hocher *la tête*
	un	hochement
	un	hochet

[oD.]

[a.]	l'	audace
		audacieux, -euse
[é.][e.]	(l')	au-delà
		au-dessous
		au-dessus (de)
	une	eau-de-vie
	un	haut-de-forme
	une	ode
	une	**odeur**
[i.]		audible
	une	audience
		audiovisuel.le
	un.e	auditeur, -trice
		auditif, -ive
	l'	audition
	un	auditoire
	un	auditorium
		odieux, -euse
	une	odyssée
[o.]		odorant.e
	l'	odorat

[oF.]

[an.]		offensant.e
	(une)	offense.r
	(une)	offensif, -ive
[è.]		**offert.e**
[i.]	un	office
		officiel.le.ment
	(un)	officier
		officieux, -euse.ment

[on.]	un	haut-fond
[R.]	une	offrande
	j'/il/une	offre
		offrir
[T.]	un.e	ophtalmologiste
[u.]		au fur et à mesure
	(s')	offusquer

[oG.]

	une	augmentation
		augmenter
	un	augure
	un.e	**ogre.sse**

[oJ.]

	une	auge
		aujourd'hui
	une	ogive

[oL.]

[-]	un	hall
[a.]	(le)	holà !
[D.]	un	hold-up
[ɶ.]	un	haut-le-cœur
[é.]		oléagineux, -euse
	un	oléoduc
[F.]		olfactif, -ive
[i.]		au lieu de
	un.e	olive, -ier
[in.]	une	olympiade
		olympique
[o.]	un	holocauste

[oM.]

[a.]	du/un	homard
	un	hommage
[ɶ.]	un	**homme**
	un	homme-grenouille
	une	**omelette**
[é.][è.]	l'	homéopathie
		omettre
[i.]	un	homicide
	une	omission
[N.]	un	omnibus
		omnisports
	un	omnium
		omnivore
[o.]	un.e	aumône, -ier
		homogène

	l'	homogénéité
		homologue.r
	un	homonyme
		homosexuel.le
	une	omoplate

[oN.] •[oGN.]

[ɶ.]	une	aune (= longueur)
	un	aulne ou aune (= arbre)
[é.] [è.]		honnête.ment
[e.]		honnêteté
	l'	honneur
		onéreux, -euse
[i.]		onirique
	l'	onyx
•[ ]	un	oignon ou ognon
[o.]		honorable.ment
	les	honoraires
		honorer
		honorifique
	une	onomatopée

[oP.]

[oP.]

hop !

[oPa.]

		auparavant
	un	haut-parleur
	l'	opacité
	une	opale
	l'	opaline
		opaque

[oPé(è).]

		open
	un	opéra
		opérable
	un.e	opérateur, -trice
	une	**opération**
		opérationnel.le
		opératoire
	être	opéré.e
		opérer
	une	opérette

[oPi.]

	un	**hôpital**
	les	hôpitaux
		opiner
		opiniâtre.ment
	une	opinion
	un.e	opiomane
	l'	opium

[oPo.]

		opportun.e
		opportunément
	l'	opportunisme
		opportuniste
	une	opportunité
	un.e	opposant.e
	être	opposé.e
	(s')	**opposer**
	une	opposition

[oPR.]

		auprès de
		oppressant.e
	être	oppressé.e
		oppresser
	un	oppresseur
	l'	oppression
	être	opprimé.e
		opprimer

[oPS.]

[K.]		obscur.e
	(s')	obscurci.r
	l'	obscurcissement
		obscurément
	l'	obscurité
[é.][è.]		obscène
	une	obscénité
		obsédant.e
	être	obsédé.e
	les	obsèques
		obséquieux, -euse
	un.e	observateur, -trice
	une	**observation**
	un	observatoire
		observer
	une	obsession
[i.]	une	option
[T.]	un	obstacle
	l'	obstination
	être	obstiné.e
		obstinément
	s'	obstiner
		obstruer

[oPT.]

[T.]		obtempérer
		obtenir
	l'	obtention
	il/elle	obtient
		obtus.e
		opter
	un.e	opticien.ne
	l'	optimisme
		optimiste
		optimum
	(l')	optique

[oPu.]

[u.]	l'	opulence
		opulent.e
	un	opus
	un	opuscule

[oR.]

[oR]

		hors (de) = dehors
	de l'	**or**
		or (= cependant)

[oRa.]

	il/elle	**aura**
	tu	auras
	un	oracle
	un	**orage**
		orageux, -euse
		oral.e.ment
	un.e	orateur, -trice
	(un)	oratoire

[oRan.]

	(une)	**orange**
	être	orangé.e
	une	orangeade
	un	oranger
	une	orangeraie
	une	orangerie
	un	orang-outan(g)

[oRB.]

| | une | orbite |
| | un | hors-bord |

[oRK.]

	un	**orchestre**
	être	orchestré.e
		orchestrer
	une	orchidée

[oRD.]

[e.]	une	horde
		hors de... (= dehors)
	un	hors-d'œuvre
[i.]		**ordinaire.ment**
		ordinal.e, -aux
	un	**ordinateur**
	une	ordination
[o.]	une	ordonnance
	être	ordonné.e
		ordonner
[R.]	un/l'	**ordre**
[u.]	une	ordure
		ordurier, -ière

[oRe.] [oRé.][oRè.]

	j'	aurai
	une	auréole
		au revoir
	vous	aurez
	un	horaire
	une/l'	**horreur**
	l'	orée du bois
	une	**oreille**
	un	oreiller
	une	oreillette
	les	oreillons

[oRF.]

	un.e	orfèvre.rie
	(un)	**orphelin**
	un	orphelinat
	(une)	**orpheline**
	un	orphéon

[oRG.]

	un	organe
		organique
	(un.e)	organisateur, -trice
	une/l'	organisation
	être	organisé.e
	(s')	**organiser**
	un	organisme
	un/(les)	orgue(s)
	l'	**orgueil**
		orgueilleux, -euse

[oRi.]

[an.]	l'	orient
		orientable
		oriental.e, -aux
	l'	orientation
	(s')	orienter
[B.]		**horrible**
		horriblement
[K.]	l'	auriculaire
[F.]		horrifier
	un	orifice
	une	oriflamme
[J.]		originaire
		original.e, -aux
	l'	originalité
	une/l'	origine
		originel.le
[L.]		horripilant.e
		horripiler
[P.]	des	oripeaux
[Z.]	l'	**horizon**
		horizontal.e.ment
		horizontaux

[oRJ.]

	(un)	hors-jeu
	de l'	orge
	sirop d'	orgeat
	un	orgelet

[oRL.]

	une	**horloge**
	un	horloger
	une	horlogère
	une	horlogerie
	(un)	hors-la-loi

[oRM.]

		hormis
	une	hormone
	un	orme
	un	ormeau

[oRN.]

	être	orné.e
	un	ornement
		ornemental.e, -aux
		orner
	une	ornière
	l'	ornithologie
	un.e	ornithologue
	un	ornithorynque

[oRo.]

	l'	aurore
	l'	horoscope
	examens	oraux

[oRon.]

	nous	**aurons**
	ils/elles	auront
	une	oronge

[oRT.]

[an.]	un	hortensia
[è.]	un	**orteil**
		horticole
[i.]	un.e	horticulteur, -trice
	l'	horticulture
	une	ortie
[o.]	un.e	orthodontiste
		orthodoxe
	l'	**orthographe**
		orthographier
		orthographique
		orthopédique
	un.e	orthophoniste
	un	ortolan

[oRV.]

	au revoir
un	orvet

[oS.]

[-]	un	**os**
[a.]	une	ossature
[K.]		ausculter
		au secours
	un	oscar
[ɇ.][é.]		**au secours**
[eu.]	une/la	hausse
		hausser
	un	**océan**
		océanique
	l'	océanographie
	un	ocelot
	un	osselet
	des	ossements
		osseux, -euse
[i.]		**aussi**
		aussitôt
	une	oscillation
		osciller
[L.]	un	ocelot
	un	osselet
[M.]	des	ossements
[P.]	les	auspices (= chances)
	un	hospice
		hospitalier, -ière
	une	hospitalisation
	être	hospitalisé.e
		hospitaliser
	l'	hospitalité
[T.]		austère
	l'	austérité
		austral.e, -aux
	une	hostie
		hostile
	l'	hostilité
		ostensible.ment
	l'	ostentation
	un.e	ostréiculteur, -trice
	l'	ostréiculture
[u.]	un	ossuaire

[oT.]

[a.]	un	otage
	une	otarie
[an.]		**autant**
		(autant que toi)
		au temps de (= à l'époque de)
	l'	authenticité
		authentifier
		authentique
[D.]	un	hot-dog
[ɇ.][e.]	un	autel (= église)
[é.][è.]	un.e	**auteur** (= une personne)
		hautaine
	elle est	**haute**
	la	haute-fidélité (hi-fi)
		hautement
	une/la	**hauteur** (= dimension)
	un.e	hôte
	un	**hôtel**
	(un.e)	hôtelier, -ière
	l'	hôtellerie
	une	hôtesse
	une	hotte
	j'/il/elle	ôte (= enlever)
		ôter
[i.]	une	otite
[in.]		hautain
[o.]	une	**auto**
	une	autobiographie
		autobiographique
	un	**autobus**
		autocassable
	un	autocar
		autochtone
		autocollant.e
		autocorrectif, -ive
	un	autocuiseur
	l'	autodéfense
	un.e	autodidacte
	une	auto-école
	un	autographe
	un	automate
	un.e	automaticien.ne
		automatique.ment
		automatiser
		automnal.e, -aux
	l'	**automne**
	une	automobile
	un.e	automobiliste
		autonome
	l'	autonomie
	un.e	autonomiste
	une	autopsie
	un	autoradio
	un	autorail
	une	autorisation
	être	autorisé.e
		autoriser
		autoritaire
	une	**autoroute**
	l'	auto-scooter
	l'	auto-stop ou autostop
	un.e	auto-stoppeur, -euse ou autostoppeur, -euse
	un.e	oto-rhino-laryngologiste
[ou.]	tout/un	**autour**
		au tour de (= à son tour)
[R.]		**autre**
		autrefois
		autrement
		autre part
	une	**autruche**
		autrui

[oV.]

[a.]		ovale
	une	ovation
[an.]	un	auvent
[e.][è.]	un	ovaire
	une	overdose
[i.][in.]		ovin.e
	(un)	ovipare
[N.]	un	ovni
[u.]	une	ovulation
	un	ovule

[oZ.]

	j'/il/elle	ose
	j'ai	osé
		oser
	l'	oseille
	l'	osier
	l'	ozone

[oi.]

[-]	une	**oie**
[L.]		wallon.ne
[S.]	une	wassingue
[T.]	la/l'	**ouate**
	le	water-polo
	les	waters
	un	watt (= électricité)
[Z.]	un	**oiseau**
	un	oiseau-mouche
	un	oiselet
	un	oiseleur
		oiseux, -euse
		oisif, -ive.té
	un	oisillon

[on.]

[-]
- on
- (on fait)
- ...
- eux, ils/elles **ont**

[B.]
- ombilical.e, -aux
- un **ombrage**
- être ombragé.e
- ombrageux, -euse
- une **ombre**
- une ombrelle

[K.]
- un **oncle**
- une onction
- onctueux, -euse

[D.]
- une onde
- les **ondes**
- une ondée
- un on-dit
- une ondulation
- être ondulé.e

[G.]
- un **ongle**
- une onglée
- un onglet
- un onguent

[L.]
- **on le...**
- (on le *voit*)
- **on les...**
- (on les *voit*)

[N.]
- **on a...**
- (on a *pris*)
- **on n'a pas...**
- on n'a plus...
- **on est**
- (on est *là*)
- (on est *parti*)
- **on n'est pas...**
- on n'est plus...

[S.]
- une once
- **on s'est**
- (on s'est *amusé*)

[T.]
- la **honte**
- **honteux, -euse**

[V.]
- **on va**
- on veut

[Z.]
- **onze** (= 11)
- **onzième**

[ou.]

[ou.]
- le mois d' **août**
- hou ! (= *cri*)
- une houe (= *outil*)
- du houx (= *plante*)
- **ou** (bien)
- (toi *ou* moi)
- **où... ?**
- (où *vas-tu ?*)

[oua.]
- les ouailles
- l'/la **ouate**
- être ouaté.e
- wallon.ne
- une wassingue
- le water-polo
- les waters

[ouB.]
- le houblon
- **ou bien**
- un oubli
- j'/il/elle oublie
- **oublier**
- une oubliette

[ouè.]
- une oued
- l' **ouest**
- où est-il ?
- un western

[ouF.]
- ouf !

[oui.]
- **oui**
- ouï-dire
- l' ouïe
- ouïr
- un ouistiti
- un **week-end**
- du whisky

[ouL.]
- la houle
- houleux, -euse

[ouR.]
- hourra ! ou hurrah !
- un ouragan
- être ourlé.e
- un ourlet
- un **ours**
- une ourse
- un oursin
- un ourson

[ouS.]
- houspiller
- une housse
- oust ! ou ouste !

[ouT.]
[-] le mois d' août
[i.]
- un **outil**
- un outillage
- être outillé.e

[R.]
- un **outrage**
- outrager
- outrageuse.ment
- une outrance
- outrancier, -ière
- en outre
- une outre
- être outré.e
- outre-Atlantique
- outre-mer (= *au-delà des mers*)
- outremer (= *couleur*)
- outrepasser
- outre-Rhin

[ouV.]

[a.]
- où vas-tu ?
- où va-t-elle ?
- où va-t-il ?

[è.]
- **ouvert.e**
- ouvertement
- une ouverture

[R.]
- un ouvrable
- un **ouvrage**
- être ouvragé.e
- (un/en) **ouvrant**
- j'/il/elle **ouvre**
- ils/elles ouvrent
- un ouvre-boîte(s) ou ouvre-boite(s)
- un ouvre-bouteille(s)
- un.e ouvreur, -euse
- un.e **ouvrier, -ière**
- **ouvrir**

[ouY.]
- de la houille
- houiller, -ère
- ouïe !, j'ai mal
- ouille ! j'ai mal

[Pa.]

[Pa.]
- ne... **pas**
- un **pas**

[PaK.]

[é.]	la	pâque *juive*
		Pâques = *(fête)*
	un	paquebot
	une	**pâquerette**
[è.]	un	**paquet**
[o.]	une	pacotille
[T.]	un	pacte
		pactiser
	un	pactole

[PaCH.]

	un	pacha
	un	pachyderme

[Paé.]

	une	paella

[PaG.]

[a.]	la	pagaille ou pagaïe ou pagaye
	le	paganisme
[é.][è.]	une/il/elle	pagaie
		pagayer
		pagode
[o.]	une	pagode

[PaJ.]

	une/un	page

[PaL.]

[a.]		palabre.r
	un	palace
[an.]	un	palan
[é.][e.]	une	pale *(= hélice)*
	être	**pâle**
	la	pâleur
[é.][è.]	un	**palais** *(= château)*
	un	palet *(= jeu)*
	une	palette
	un	palétuvier
[F.]	un	palefrenier
[i.]		pâli
		pâlichon.ne
	le	palier
		pâlir
	une	palissade
	le	palissandre
		palliatif, -ive
		pallier *(= remédier)*
[M.]	un	palmarès
	une	palme
	être	palmé.e
	une	palmeraie
	un	palmier
	(un)	palmipède

[o.]
[o.]		pâlot.te
[on.]	une	palombe
[ou.]	une	palourde
[P.]		palper
		palpitant.e
	une	palpitation
		palpiter
[u.]	le	paludisme

[PaM.]

	se	pâmer
		pas mal

[PaN.] • [PaGN.]

[a.]	la	panacée
	un	panache
	être	panaché.e
	la	panade
	un	panaris
[é.]	une	**panne**
[é.]	être	pané.e
	un	panégyrique
	il n'est	pas né
	elle n'est	pas née
[i.]	un	**panier**
		panifier
	la	panique
		paniquer
•[ ]	un	pagne
[o.]	un	**panneau**
	une	panoplie
	un	panorama
		panoramique
	une	panosse
[on.]	un	ponceau

[PaP.]

[a.]		**papa**
		papal.e
	une	papaye
[é.]	le	pape
	la	paperasse.rie
	une	papeterie
	un.e	papetier, -ière
[i.]		papi ou papy
	un/du	**papier**
	une	papille
	un	**papillon**
		papillote.r
	un	papyrus
[o.]	la	papauté
		papoter
[R.]	le	paprika

[PaR.]
[PaR.]

		par
		(par ici)
je/tu		pars
il/elle		**part**
	une	part *(= partie)*
	nulle	part

[PaRa.]

[B.]	une	parabole
[CH.]		parachever
	un	**parachute**
		parachuter
	le	parachutisme
	un.e	parachutiste
[D.]	une	parade
		parader
	le	**paradis**
		paradisiaque
	un	paradoxe
		paradoxal.e.ment
		paradoxaux
[F.]	un	parafe ou paraphe
	la	paraffine
[G.]	un	paragraphe
[J.]	les	parages
[L.]		parallèle.ment
	un	parallélépipède
	le	parallélisme
	un	parallélogramme
		paralysant.e
	être	paralysé.e
		paralyser
	la	paralysie
	un.e	paralytique
[P.]	un	parapente
	un	parapet
		paraplégique
	un	**parapluie**
[S.]	un	parasol
[T.]	un	paratonnerre
[V.]	un	paravent
[Z.]	un	parasite
		parasiter

[PaRan.]

	(un.e)	parent.e
	la	parenté
	les	**parents**
	les	parenthèses

[PaRB.]

		parbleu !
	un	pare-balles
	un	pare-brise

[PaRK.]
un	**parc**
un	parcmètre
	parcourir
un	parcours
j'ai	parcouru
un.e	parka
un	**parking**
	parquer
un	parquet

[PaRCH.]
un	parchemin
un	pare-chocs

[PaRD.]
	par-delà
	par-derrière
	par-dessous
un	**pardessus**
	par-dessus
	par-devant
(le)	**pardon**
	pardonnable
être	pardonné.e
	pardonner

[PaRé.]
un	pare-brise
un	pare-chocs

[PaRé.][PaRè.]
il	paraît ou parait
	paraître ou **paraitre**
être	paré.e
(se)	parer
il est	**pareil**
	pareille.ment
un	paréo
(se)	parer
la	**paresse**
	paresser
	paresseux, -euse
	par exemple

[PaRF.]
[eu.]	un	pare-feu
[è.]		parfaire
		parfait
		parfaite.ment
[oi.]		**parfois**
[un.]	un	**parfum**
[u.]	être	parfumé.e
	(se)	parfumer
	une	parfumerie
	un.e	parfumeur, -euse

[PaRi.]
un	pari
un	paria
	par ici
	parier
un.e	parieur, -euse
(un.e)	parricide

[PaRin.]
	parrain

[PaRJ.]
le	parjure

[PaRL.]
	par là
	parlant.e
le	**Parlement**
(un.e)	parlementaire
	parlementer
	parler
un.e	parleur, -euse
un	parloir
la	parlote ou parlotte

[PaRM.]
du	parmesan
	parmi

[PaRo.]
(une)	parodie.r
la	**parole**
un.e	parolier, -ière
le	paroxysme

[PaRoi.]
une	paroi
une	paroisse
	paroissial.e, -aux
un.e	paroissien.ne

[PaRP.]
un	parpaing

[PaRS.]
[e.]		**parce que**
		parce qu'elle(s)
		parce qu'il(s)
		parce qu'on
	être	parsemé.e
		parsemer
[è.]	une	parcelle
[i.]	la	parcimonie
		partial.e, -aux
	la	partialité
		partiel.le.ment

[PaRT.]
[a.]	le	partage
		partager
[an.]	en	partance
	(un.e)	**partant.e**
[e.]	un.e	partenaire
	un	partenariat
[è.]		**par terre** (= à terre)
	un	parterre
[i.]	un	**parti**
	(un.e)	participant.e
	la	**participation**
	un	participe
		participer
		particulariser
	une	particularité
	une	particule
		particulier
		particulière.ment
	une	**partie**
	être	**parti.e**
		partir
	(un.e)	partisan.e
	une	partition
[ou.]		**partout**

[PaRu.]
elle/il a	paru
une	parure
la	parution

[PaRV.]
	parvenir
être	parvenu.e
il/elle	parvient
un	parvis

[PaS.]
[a.]		passable
	un	**passage**
	(un.e)	passager, -ère
	la	passation
[an.]	(en)	passant.e
[e.][e.]	il/elle	passe
[é.]	une	passe
	être	passé.e
	le	**passé**
	un	passe-droit
	un	passe-montagne
	un	passe-partout
	un	passe-passe
	un	passeport
		passer
	un	passereau
	une	passerelle
	un.e	passeur, -euse

[i.]		pacifier
		pacifique.ment
	(un.e)	pacifiste
		passible
		passif
	la	**passion**
		passionnant.e
	être	passionné.e
		passionnel.le.ment
		passionnément
		passive.ment
	la	passivité
		patiemment
	la	patience
		patient.e
		patienter
	un	patio
[oi.]	une	passoire
[R.]	une	passerelle
[T.]	un	passe-temps
		pastel
	une	pastèque
	un	pasteur
	être	pasteurisé.e
	un	pastiche
	une	**pastille**
	le	pastis

[PaT.]

[a.]	une	**patate**
		patatras !
[CH.]	un	patchwork
[é.]	la	**pâte**
[eu.]	du/le	**pâté**
[é.][è.]		
	de la	pâtée
	des/les	**pâtés**
	un	patelin
	une	patère
	le	paternalisme
		paternaliste
		paternel.le
	la	paternité
		pâteux, -euse
		pathétique
	une	**patte** (= marcher)
	une	patte-d'oie
[i.][in.]		patibulaire
	un	patin
	le	patinage
	la	patine
		patiner
	une	patinette
	un.e	patineur, -euse
	une	patinoire
	des	**patins**
	des	patins à glace
	des	patins à roulettes

	un	patio
		pâtir
	la	**pâtisserie**
	(le)	pâtissier
	(la)	pâtissière
[L.]	un	patelin
[o.]		pataud.e
	une	pataugeoire
		patauger
		pathogène
		pathologique
[oi.]	ce n'est	pas toi
	le	patois
		patoisant.e
[on.]	un	pâton
[R.]		patraque
	un	pâtre
	un	patriarche
	la	patrie
	le	patrimoine
	(un.e)	patriote
		patriotique
	le	patriotisme
	un/le	**patron**
	le	patronage
		patronal.e, -aux
	le	patronat
	la	patronne
		patronner
	un	patronyme
	une	patrouille
		patrouiller
[u.]	un	pâturage
	une	pâture

[PaV.]

	se	pavaner
	un/le	**pavé**
	un	pavement
		paver
	un	**pavillon**
	le	pavois
		pavoiser
	un	pavot

[PaY.]

	un.e	païen.ne
	une	paillasse
	un	paillasson
	la	**paille**
	être	paillé.e
	être	pailleté.e
	une	paillette
	une	paillotte
	un	pipeline ou pipe-line

[Pan.]

[-]		pan ! (coup de feu)
	un	pan de mur
	un	paon (= oiseau)
[K.]	une	pancarte
	le	pancréas
[CH.]	un/en	penchant
	être	penché.e
	(se)	**pencher**
[D.]	un	panda
		pendable
	la	pendaison
		pendant que
	un	pendentif
	une	penderie
		pendre
	être	**pendu.e**
	un.e	pendule
	une	pendulette
[F.]	un	pamphlet
[P.]	la	pampa
	un	pamplemousse
[S.]	une	panse (= ventre)
	un	**pansement**
		panser (= soigner)
		pensable
		pensant.e
	je/il/elle	pense
	un	pense-bête
	une/la	**pensée**
		penser
	un.e	penseur, -euse
		pensif, -ive
	une	**pension**
	un.e	pensionnaire
	un	pensionnat
	être	pensionné.e
[T.]	un	**pantalon**
		pantelant.e
	une	panthère
	un	pantin
		pantois.e
	la	pantomime
	(un.e)	pantouflard.e
	une	pantoufle
	une	**pente**
	la	Pentecôte

[Pe.][Peu.]

[Pe.][Peu.]

	(un)	**peu**
	de	peu
	un petit	peu
	il/elle	**peut**
	je/tu	**peux**

[PeL.]

le	pelage
il a	pelé
	peler
une	pelote
un	peloton
se	pelotonner
une	pelouse
une	peluche
	pelucheux, -euse
une	pelure

[PeN.]

	penaud.e
le	punch

[PeP.][PeuP.]

une	peuplade
le	**peuple**
être	peuplé.e
le	peuplement
	peupler
un	**peuplier**
ça	peut plier

[PeT.][PeuT.]

	petit
un	petit-beurre
le	petit-fils
un	petit-four
un	petit-gris
le	petit-lait
un	petit-pois ou petit pois
un	petit-suisse
	petite
la	petite-fille
la	petitesse
les	petits-enfants
	peut-être
il	peut être
	peux-tu... ?

[Peu(.)R]

	peur
	peureux, -euse

[PeV.]

eux, ils/elles **peuvent**

[PeZ.]

	pesamment
	pesant.e
la	pesanteur
une	pesée
	peser
un	puzzle

[Pé.][Pè.]

[Pè]

je/il/elle/une	**paie** (= payer)
eux, ils/elles	paient
la	**paix**
un	pet

[Péa.]

un	péage

[PéK.][PèK.]

une	peccadille
	pectoral.e, -aux
un	pécule
	pécuniaire.ment

[PéCH.][PèCH.]

une/la	**pêche**
	pêcher (= poisson)
un	pêcher (= arbre)
un.e	pêcheur, -euse (poisson)
un	péché (= faute)
	pécher (= fauter)
une	pécheresse
un	pécheur (= péché)

[PéD.]

[a.]	la	pédagogie
		pédagogique
	un.e	pédagogue
	une	**pédale**
		pédaler
	un	pédalier
	un	pédalo
[an.]	(un.e)	pédant.e
[é.][è.]		pédestre
	un	P.D.G. ou P.d.g. ou pédégé
[i.]	un.e	pédiatre
	un.e.	pédicure

[PèG.]

la	pègre

[Péi.]

le	**pays**
un	**paysage**
(un.e)	paysagiste
(un.e)	**paysan.ne**

[PéL.][PèL.]

je/il/elle	pèle (= peler)
	pêle-mêle
un.e	pèlerin.e
un	pèlerinage
un	pélican

une	**pelle**
une	pelletée
une	pelleteuse
une	pellicule

[PèM.]

le	**paiement** ou **payement**

[PéN.][PèN.] •[PéGN.] •[PèGN.]

[a.]		pénal.e
	une	pénalisation
	être	pénalisé.e
		pénaliser
	une	pénalité
	un	penalty ou pénalty
	(un.e)	peinard.e ou pénard.e
[é.]	à/la	**peine**
	un	pêne (= serrure)
	une	penne (= plume)
[é.]	être	peiné.e
		peiner
		pénétrant.e
	la	pénétration
		pénétrer
[i.]		**pénible.ment**
	une	péniche
	la	pénicilline
	le	pénis
	une	pénitence
	un	pénitencier
	(un.e)	pénitent.e
		pénitentiaire
•[ ]	un	**peigne**
	je me	peigne
	être	peigné.e
	se	**peigner**
	un	peignoir
[in.]	une	péninsule
[on.]	la	pénombre
[u.]	une	pénurie

[PéP.]

	pépier
un	pépin
une	pépinière
un.e	pépiniériste
une	pépite

[PéR.][PèR.]
[PèR.][PèRe.]

nombre	pair (0, 2, 4, 6, 8...)
une	**paire** (de souliers)
il/elle	**perd**
je/tu	perds
mon/le	**père**

[PéRan.]
	la	péremption
		péremptoire

[PèRK.]
[i.]	une	perquisition
		perquisitionner
[L.]		perclus.e
[o.]	un	percolateur
[u.]	une	percussion
		percutant.e
		percuter

[PèRCH.]
	une	perche
	être	perché.e
	(se)	percher
	un.e	perchiste
	un	perchoir

[PèRD.]
		perdant.e
	eux, ils/elles	perdent
	la/en	perdition
		perdre
	un	perdreau
	une	perdrix
	j'ai	**perdu**
	être	perdu.e
		perdurer

[PéRé.]
	une	**pérégrination**

[PèRF.]
	la	perfection
	le	perfectionnement
		perfectionner
		perfide.ment
	la	perfidie
		perforateur, -trice
	une	perforation
		perforer
	une	performance
		performant.e
	une	perfusion

[PèRG.]
	une	pergola

[PéRi.]
[-]	il/elle a	péri
[K.]		péricliter
[F.]	la	périphérie
		périphérique
	une	périphrase

[L.]	un	péril
[M.]	être	périmé.e
	un	périmètre
[o.]	une	**période**
		périodique.ment
[P.]	une	péripétie
	un	périple
[R.]		**périr**
[S.]	un	périscope
		périssable
[Y.]		périlleux, -euse

[PèRL.]
	une	**perle**
	être	perlé.e
		perlier, -ière

[PèRM.]
[a.]	la	permanence
		permanent
	(une)	permanente
[é.][è.]		perméable
	il/elle	permet
		permettre
[i.]	(un)	permis
		permise
	une	**permission**
	un	permissionnaire
[u.]	une	permutation
		permuter

[PèRN.]
		pernicieux, -euse

[PéRo.][PèRo.]
	le	péroné
		pérorer
	un	perroquet

[PèRon.]
	un	perron

[PèRP.]
		perpendiculaire
		perpétrer
		perpétuel.le.ment
	la	perpétuité
		perplexe
	la	perplexité

[PèRS.]
[an.]		perçant.e
[é.][e.]	le	percement
[eu.]	un	perce-neige
	un	perce-oreille

	une	perceuse
		percevoir
[é.][è.]	une	percée
	être	percé.e
	le/la	percepteur, -trice
		perceptible
	la	perception
		percer
		persécuter
	la	persécution
	la	persévérance
		persévérant.e
		persévérer
[i.]	une	persienne
	du	persil
	la	persistance
		persistant.e
		persister
[o.]	un	perce-oreille
	un	**personnage**
		personnaliser
	une/la	personnalité
	(une)	**personne**
		personnel.le.ment
		personnifier
[P.]	une	perspective
		perspicace
	la	perspicacité
[u.]	être	persuadé.e
		persuader
		persuasif, -ive
	la	persuasion

[PèRT.]
	une	**perte**
		pertinemment
	la	pertinence
		pertinent.e
	(un.e)	perturbateur, -trice
	une	perturbation
		perturber

[PéRu.][PèRu.]
	une	perruche
	une	perruque

[PèRV.]
	une	pervenche
		pervers.e
		perverti.r

[PèS.]
[i.]	le	pessimisme
		pessimiste
[T.]	la	peste
		pester
	un	pesticide
	être	pestiféré.e
		pestilentiel.le

[PéT.][PèT.]

[a.]	un	pétale
	une	pétarade
		pétarader
	un	**pétard**
[an.]	la	pétanque
[i.]		pétillant.e
		pétiller
	une	pétition
[R.]		paître ou paitre
	un	pétrel
	être	pétri.e
	être	pétrifié.e
	le	pétrin
		pétrir
	le	pétrissage
	le	**pétrole**
	(un)	pétrolier
		pétrolière
		pétrolifère
[u.]		pétulant.e
	un	pétunia

[PéY.][PèY.]

	je/il/elle/une	paye
		payable
		payant.e
		payer
	(un.e)	payeur, -euse

[PéZ.][PèZ.]

		paisible.ment
	je/il/elle	**pèse**
	un	pèse-lettre
	un	pèse-personne
	une	peseta

[Pi.]

[Pi]

	une	**pie** *(= oiseau)*
	c'est/le	**pis** *(= pire)*
	tant	pis
	un	pis *de vache*

[Pia.]

		piaffer
	un	piaillement
		piailler
	un.e	pianiste
	un	**piano**
		pianoter

[PiK.]

[-]	un	pic *(= montagne)*
[a.]	le	piquage
	un.e	pique-assiette
[an.]		piquant.e
[é.]	ça	pique
	une	pique
[é.][è.]	être	piqué.e
	(se)	**piquer**
	un	**piquet**
		piqueter
	la	piquette
[N.]	un	pique-nique ou piquenique
		pique-niquer ou piqueniquer
[o.]		picorer
	un	picotement
		picoter
[P.]	un	pickpocket
[u.]	une	**piqûre**
[V.]	un	pic-vert

[PiCH.]

	une	pichenette
	un	pichet

[PiD.]

	une	pizza
	une	pizzeria

[Pié.][Piè.]

[-]	un	**pied**
[D.]	un	pied de nez
	un	piédestal
[J.]	un	**piège**
	être	piégé.e
		piéger
[R.]	une	**pierre**
	des	pierreries
		pierreux, -euse
[S.]	une	**pièce**
	une	piécette
[T.]	un	pied-à-terre
	la	piété
		piétiner
	(un.e)	piéton.ne
		piétonnier, -ière
		piètre

[Pieu.]

	un	pieu
	elle est	pieuse
	une	pieuvre
	être/il est	pieux

[PiG.]

	un	pigment
	(un.e)	pygmée

[PiJ.]

	un	pigeon
	un	pigeonnier
	un	**pyjama**

[PiL.]

[é.]	une	**pile**
		pile *(= juste)*
[é.]		piler
[eu.]		pileux, -euse
[i.]	un	pilier
[o.]	(un)	pilon.ner
[on.]		
	le	pilori
	le	pilotage
	un.e	**pilote**
		piloter
	les	pilotis
	un	pylône
[u.]	une	pilule

[PiM.]

	un/du	piment

[PiN.][PiGN.]

	un	pignon
	une	pinède
	le	ping-pong

[Pio.][Pion]

		piauler
	(une)	pioche.r
	un	piolet
	un.e	pion.ne
	un.e	pionnier, -ière

[PiP.]

	une	**pipe**
	un	pipeau
	un	pipe-line ou pipeline
		piper
	une	pipette
	le	pipi

[PiR.]

[a.]	un	piranha
	un	piratage
	un	pirate
		pirater
	la	piraterie
	une	**pyramide**
[é.]	c'est	pire
[o.]	une	pirogue
	(un.e)	pyromane
[ou.]	une	pirouette

[PiS.]

[an.]	un	pissenlit
[é.]		pisser
[i.]	la	pisciculture
	une	**piscine**
[T.]	une/la	**pistache**
	une	**piste**
	le	pistil
	un	**pistolet**
	un	piston
	être	pistonné.e

[PiT.]

[an.]	la	pitance
[eu.]		piteux, -euse
[i.]	(la)	**pitié**
[o.]		pittoresque
[oi.]		pitoyable
[on.]	un	piton
	un	python (= serpent)
[R.]	un	pitre
	une	pitrerie

[PiV.]

[è.]	un	pivert
[o.]	un	pivot
		pivotant.e
		pivoter
[oi.]	une	pivoine

[PiY.]

	le	pillage
	(un.e)	pillard.e
		piller

[PiZ.]

	un	pis-aller

[Pin.]

[-]	un/du	**pain** qu'on mange
	je/tu	peins
	il/elle	**peint**
	j'ai	peint
	un	pin (= arbre)
[B.]	une	pimbêche
[D.]		**peindre**
[G.]	un	pingouin
	(un.e)	pingre
[P.]		pimpant.e
[S.]	un	pensum
	une/il/elle	**pince**
	un	**pinceau**
	une	pincée
	un	pincement
	(se)	**pincer**
	(un.e)	pince-sans-rire
	une	pincette
	un	pinson (= oiseau)
[T.]	elle est	peinte
	un.e	**peintre**
	la	**peinture**
		peinturlurer
	un	pentagone
	une	pintade
	un	pintadeau
	une	pinte

[PL.]

[PLa.]

[-]	(un)	**plat**
[K.]	un	**placard**
		placarder
	une	**plaque**
		plaquer
	une	plaquette
[F.]	un/le	**plafond**
	le	plafonnage
		plafonner
	un	plafonnier
[J.]	la	**plage**
		plagier
[N.]	surface	plane
		planer
		planétaire
	une	planète
	un.e	planeur, -euse
	la	planification
		planifier
	un	planisphère
	un	planning
[S.]	une	**place**
	un	placement
		placer
		placide.ment
	le	plasma
	le	plastic (= explosif)
		plastifier
	le	plastiquage ou plasticage
	(du)	**plastique**
		plastiquer
	un	plastron
[T.]	un	platane
		plate
	un	**plateau**
	une	plate-bande ou platebande
	une	plate-forme
	une/le	platine

	une	platitude
		platonique
	du	**plâtre**
		plâtrer
	un.e	plâtrier, -ière

[PLan.]

[-]	un	**plan** (= dessin)
	un	plant (= plante)
[CH.]	une	**planche**
	(un)	**plancher**
	une	planchette
[T.]		plantaire
	une	plantation
	une	**plante**
		planter
	un	planteur, -euse
	un	plantoir
		plantureux, -euse

[PLé.][PLè.]

[-]	une	**plaie**
	je me	plais
	ça/s'il vous	**plaît** ou **plait**
	il se	plaît ou plait
[B.]	le	play-back
	la	plèbe
	un	plébiscite
[KS.]	le	plexiglas
[D.]		plaider
	une	plaidoirie
	un	plaidoyer
[N.]	un.e	plaignant.e
[GN.]	une/la	**plaine**
	elle est	**pleine**
		pleinement
	la	plénitude
[R.]	(se)	**plaire**
[T.]	une	pléthore
[Z.]	la	plaisance
	un.e	plaisancier, -ière
		plaisant.e.r
	une	plaisanterie
	un	plaisantin
	le	**plaisir**

[PLeu.][PLeuR.]

	il/elle	pleure
		pleurer
	une	pleurésie
	(un.e)	pleurnichard.e
		pleurnicher
	les	pleurs
	il	**pleut**
	un	pleutre
		pleuvoir

[PLi]

[-]	un	pli
	ça/il/elle	plie
	une	plie *(= poisson)*
[a.]		pliable
	un	pliage
[an.]		pliant.e
[é.]	être	plié.e
		plier
[S.]	être	plissé.e
	un	plissement
		plisser
[u.]	une	pliure

[PLin]

[-]	un tapis	plain
	il/elle se	**plaint**
	c'est/en/le	**plein**
		plein *de*
[D.]	(se)	**plaindre**
[P.]	de	plain-pied
[T.]	une	**plainte** *(= plaindre)*
		plaintif, -ive
	une	plinthe *(mur)*

[PLo.]

		plausible

[PLoi.]

	il/elle	ploie
		ployer

[PLon.]

[-]	du/le	**plomb**
[B.]	un	plombage
	être	plombé.e
		plomber
	une	plomberie
	un	plombier
[J.]		plongeant.e
	il/elle	plonge
	la	plongée
	un	**plongeoir**
	un	**plongeon**
	nous	plongeons
		plonger
	un.e	plongeur, -euse

[PLu.]•[PLui.]

[-]	cela m'a	plu *(= plaire)*
	il a	**plu** *(= pleuvoir)*
	je ne veux	**plus**
[CH.]	en/une	peluche
		pelucheux, -euse

•[ ]	la	**pluie**
[M.]	le	**plumage**
	une	**plume**
	un	plumeau
		plumer
	un	plumet
	un	plumier
[P.]	la	**plupart**
[R.]	une	pelure
	le	**pluriel**
[S.]		**plus** (+)
	le	plus-que-parfait
[T.]		**plus tôt** *(= moins tard)*
	le	plutonium
		plutôt *(= de préférence)*
[V.]		**plus vite**
		pluvial.e, -aux
		pluvieux, -euse
		pluviner
[Z.]		**plusieurs**

[PNeu.]

	un	**pneu**
	des	pneus
		pneumatique
	une	pneumonie

[Po.]

[Po.]

	la	**peau**
	un	**pot**

[PoK.]

	le	poker

[PoCH.]

	une	**poche**
		pocher
	une	pochette
	un	pochoir

[PoD.]

	un	podium
	un	pot-de-vin

[Poé.][Poè.]

	un	**poème**
	la	**poésie**
	(un)	**poète**
	une	poétesse
		poétique

[PoL.]

[a.]		polariser
	un	polaroïd
[K.]	la	polka
[D.]	un	polder
[ê.]	un/le	pôle
[é.][è.]		polaire
	(une)	polémique
		polémiquer
	la	polenta
	le	pollen
[i.]	être	**poli.e**
	la	**police**
	un	polichinelle
	(un)	**policier**
	(une)	**policière**
		poliment
	la	polio
	la	poliomyélite
		polir
	(un.e)	polisson.ne
	la	**politesse**
	(un.e)	politicien.ne
	(la)	**politique**
		politiquement
		politiser
	une	polycopie
		polycopier
	la	polyculture
	le	polyester
		polygame
		polyglotte
	un	polygone
	le	polystyrène
	un.e	polytechnicien.ne
		polythéiste
		polyvalent.e
[o.]	un/le	polo
	un	polochon
[T.]	(un.e)	poltron.ne
[u.]	être	pollué.e
		polluer
	la	**pollution**

[PoM.]

[a.]	la	pommade
[ê.]	la	paume *de la main*
	une	**pomme**
	une	**pomme de terre**
	être	pommelé.e
[è.]	une	pommette
[i.]	un	**pommier**
[o.]	un	pommeau

[PoN.]

| | un | poney |

[PoP.]

[-]	musique	pop
[K.]	le	pop-corn
[é.]	un	pope
[i.]	une	**paupière**
	une	paupiette
[L.]	la	popeline
[ou.]	un	pot-pourri
[u.]	la	populace
		populaire
	la	popularité
	la	**population**
		populeux, -euse

[PoR.]

[-]	un	**porc** (= cochon)
	un	**port** (bateau)
	le	port (= porter)
[K.]	un	porc-épic
[CH.]	un	porche
	une	porcherie
[é.]	un	pore de la peau
[eu.]		
		poreux, -euse
[F.]	le	porphyre
[N.]	la	pornographie
[ou.]	un	Peau-Rouge
[S.]	la	porcelaine
	un	porcelet
		porcin, -ine
	une	portion
[T.]	(un)	portable
	un	**portail**
		portant.e
		portatif, -ive
	une/la	**porte**
	je/il/elle	porte
	eux, ils/elles	portent
	une	portée
		porter
	en	porte-à-faux
	un	porte-avions
	un	porte-bagages
	un	porte-bonheur
	un	porte-carte(s)
	un	porte-clés ou porteclé
	un	porte-document(s)
	une	porte-fenêtre
	un	portefeuille
	un	portemanteau
	un	portemine
	un	porte-monnaie ou portemonnaie
	un	porte-parole
	un	porte-plume

	un	porte-savon
	un	porte-serviette(s)
	un	porte-voix ou portevoix
	un.e	porteur, -euse
	un	portier
	une	**portière**
	un	portillon
	un	portique
	le	porto
	un	**portrait**
		portuaire

[PoS.]

[é.]		**posséder**
	un	possesseur
		possessif, -ive
	une	possession
[i.]	une	possibilité
		possible
	une	potion
[T.]		postal.e, -aux
	un/la	**poste**
		poster
		postérieur.e
	a	posteriori
		posthume
	(un)	postiche
	un.e	postier, -ière
	un	postillon
	un	post-scriptum
		postuler
	une	posture

[PoT.]

[a.]		potable
	un	potage
	un	**potager**
		potagère
	la	potasse
[an.]	une	potence
		potentiel.le.ment
[é.]	une	potée
[é.][è.]	être	potelé.e
	une	poterie
	une	poterne
[i.]	une	potiche
	un.e	potier, -ière
	un	potimarron
	un	potiron
[in.]	le	potin
[o.]	un	pot-au-feu
	un	**poteau**
[R.]	une	poterie

[PoV.]

| | | **pauvre.ment** |
| | la | pauvreté |

[PoZ.]

	une	pause (= repos)
	une	pose (= poser)
	il/elle	pose
	être	posé.e
		posément
	(se)	**poser**
	(un.e)	poseur, -euse
	une	position
		positif, -ive.ment
	la	posologie

[Poi.]

[-]	un/le	**poids** pour peser
	un	pois (= plante)
	des petits	pois
	de la	poix (= colle)
		pouah ! c'est mauvais
[L.]	un	**poêle** (= feu)
	une	**poêle**
	un	poêlon
	un	poids lourd
	un	**poil**
	être	**poilu.e**
[N.]		poignant.e
[GN]		**poignard**
		poignarder
	la	poigne
	une	**poignée**
	un/le	**poignet**
[R.]	une	**poire**
	un	**poireau**
		poireauter ou poiroter
	un	**poirier**
[S.]	la	poisse
		poisser
		poisseux, -euse
	du/un	**poisson**
	une	poissonnerie
		poissonneux, -euse
	un.e	**poissonnier, -ière**
[T.]	le	poitrail
	la	**poitrine**
[V.]	du	**poivre**
	être	poivré.e
		poivrer
	un	poivrier
	un	poivron
	un.e	poivrot.e
[Z.]	du	**poison**

[Poin.]

[-]	le	**poing** de la main
	un	**point** (•)
[D.]		poindre
	un	point de vue
[M.]	le	point mort
[S.]	un	poinçon
		poinçonner
[T.]	le	pointage
	une	**pointe**
		pointer
	un.e	pointeur, -euse
	un	pointillé
		pointilleux, -euse
	être	pointu.e
	la	pointure
[V.]	un	point-virgule

[Pon.]

[-]	elle	**pond** (= pondre)
	un	**pont**
[K.][KS.]	une	ponction
	la	ponctualité
	la	ponctuation
		ponctuel.le.ment
		ponctuer
[CH.]	un	punch (= boisson)
[D.]	la	pondération
		pondéral.e, -aux
	être	pondéré.e
		pondérer
		pondeur, -euse
	un	pondoir
		pondre
		pondu
[L.]	un	pont-levis
[P.]	un	pompage
	une	**pompe**
		pomper
		pompeux, -euse.ment
	un.e	**pompier, -ière**
	un	pompiste
	un	pompon
	(se)	pomponner
[S.]		ponce.r
	une	ponceuse
	un	poncif
[T.]	un	poncho
	la/un	ponte
	(un)	pontife
		pontifical.e, -aux
	un	pontificat
	un	ponton

[Pou.]

[Pou]

	un	pou
	le	pouls (cœur)
	des	**poux**

[PouB.]

	une	**poubelle**

[PouD.]

	la	**poudre**
		poudrer
		poudreux, -euse
	un	poudrier
	une	poudrière
	un	pudding ou pouding

[PouF.]

	un	pouf
		pouffer

[PouL.]

	un	poulailler
	un	poulain
	une	**poule**
	un.e	**poulet.te**
	une	pouliche
	une	poulie
	un	poulpe

[PouM.]

	un	**poumon**

[PouP.]

	la	poupe
	une	**poupée**
	un	poupon
		pouponner
	une	pouponnière

[PouR.]

[-]		**pour**
[a.]	il/elle	**pourra**
	tu	pourras
[B.]	un	pourboire
[K.]		pour que
		pour qu'elle(s)
		pour qu'il(s)
		pourquoi
[CH.]		pourchasser
[é.][è.]	je	pourrai
	je/tu	pourrais
	il/elle	**pourrait**
[i.]	être	pourri.e
		pourrir
	ça	pourrit
	la	pourriture
[L.]	se	pourlécher
[on.]	nous	pourrons
	eux, ils/elles	pourront
[P.]	des	pourparlers
	un	pourpoint
		pourpre
[S.]	un	pourceau
	un	pourcent
	le	pourcentage
	une	**poursuite**
		poursuivant.e
	être	poursuivi.e
		poursuivre
[T.]		**pourtant**
	un	pourtour
[V.]	un	pourvoi
		pour voir
		pourvoir (= donner)
		pourvu que

[PouS.]

[an.]	en	poussant
[é.]	le	**pouce**
[é.][è.]	je/il/elle	**pousse**
	une	**pousse**
	une	poussée
		pousser
	une	poussette
[i.]	la	**poussière**
		poussiéreux, -euse
		poussif, -ive
[in.]	un	**poussin**

[PouT.]

	une	**poutre**
	une	poutrelle
		poutser
	un	putsch

[PouV.]

	eux, ils/elles	pouvaient
	je/tu	pouvais
	il/elle	**pouvait**
	vous	**pouvez**
	(le)	**pouvoir**
	nous	**pouvons**

[PouY.]

		pouilleux, -euse

[PR.]

[PRa.]
une	praline
être	praliné.e
	praticable
un.e	praticien.ne
être	pratiquant.e
(la)	**pratique**
	pratiquement
	pratiquer

[PRan.]
il/elle	**prend**
	prendre
je/tu	prends

[PRe.][PReu]
[-]	preux
[M.]	**premier**
	première.ment
[N.] en	prenant
	preneur, -euse

[PRé.][PRè.]
[PRé.] [PRè.]
un	pré *(= prairie)*
(tout)	**près** *(= à côté)*
	près de
je suis	**prêt** *(à...)*
un	prêt *(= prêter)*

[PRéa.]
	préalable.ment
un	préavis

[Préan.]
un	préambule

[PRéK.]
	précaire
la	précarité
une	**précaution**
	précoce
la	précocité
	préconçu.e
	préconiser
un	précurseur

[PRé(è)CH.]
	prêcher
(un.e)	prêcheur, -euse

[PRéD.] [PRèD.]
[a.]	un	prédateur
[e.]		**près de...**

[é.][è.]	un	prédécesseur
	la	prédestination
	être	prédestiné.e
[i.]	un.e	prédicateur, -trice
	une	prédiction
	la	prédilection
		prédire
	être	prédisposé.e
	la	prédisposition
[o.]		prédominer

[PRéF.]
[a.]	être	préfabriqué.e
	une	préface
		préfacer
[é.][è.]		préfectoral.e, -aux
	la	préfecture
		préférable
	une	préférence
		préférentiel.le
	être	préféré.e
		préférer
	un	préfet
	une	préfète
[i.]		préfigurer
	un	préfixe

[PRéi.]
	la	préhistoire
		préhistorique

[PréJ.]
	un	préjudice
		préjudiciable
	un	préjugé

[PRéL.]
	se	prélasser
	un	prélat
	un	prélèvement
		prélever
		préliminaire
	un	prélude

[PRéM.]
[a.]	(un.e)	prématuré.e
		prématurément
	la	prématurité
[é.]	la	préméditation
	être	prémédité.e
[i.]	les	prémices
[o.]	une	prémolaire
	la	prémonition
		prémonitoire
[u.]	se	prémunir

[PRéN.] [PRèN.]
	eux, ils/elles	prennent
	un	prénom

[PRéo.]
	un	préau
		préoccupant.e
	une	préoccupation
	être	préoccupé.e
	(se)	préoccuper

[PRéP.]
	les	préparatifs
	une	**préparation**
		préparatoire
	(se)	**préparer**
	la	prépondérance
		prépondérant.e
	être	préposé.e
	une	préposition

[PRèR.]
	une	**prairie**
	une	prérogative

[PRéS.][PRèS.]
[an.]		pressant.e
	un	pressentiment
		pressenti.r
[B.]		presbyte
	un	presbytère
[K.]	une	prescription
		prescrire
		presque
	une	presqu'île
[é.]	ça/je/il/elle	**presse**
	une	presse
	un	presse-citron
	un	presse-papiers
	un	presse-purée
[é.][è.]		précédemment
		précédent.e
		précéder
	un	précepte
	un.e	précepteur, -trice
	être	pressé.e
	(se)	**presser**
[i.]		**précieux**
		précieuse.ment
	un	précipice
		précipitamment
	la	précipitation
	se	**précipiter**
		précis.e
		précisément
		préciser
	la	précision

	le	pressing		**[PRi]**			**[PRoK.]**	
	la	pression	[-]	je/il/elle	prie (= prier)		une	proclamation
[oi.]	un	pressoir		j'ai	**pris**			proclamer
[T.]	la	prestance		je suis	pris			procréer
		preste		le	**prix**		la	procréation
	la	prestidigitation	[D.]	un	prie-Dieu		une	procuration
	un.e	prestidigitateur, -trice	[é.][è.]		**prier**			procurer
	le	prestige		une	**prière**		un	procureur
		prestigieux, -euse	[M.]		**primaire**		à/la	proximité
[u.]		pressurer		un	primate		**[PRoCH.]**	
		pressurisé.e		la	primauté			**prochain**
[PRéT.] [PRèT.]				une	prime			**prochaine.ment**
[an.]	un.e	prétendant.e			primer			proche
		prétendre			primesautier, -ière		**[PRoD.]**	
		prétendu.e		la	primeur	[i.]	la	prodigalité
		prétentieux, -euse		les	primeurs		un	prodige
	la	prétention		une	primevère			prodigieux, -euse.ment
[é.]	elle est	**prête**			primitif, -ive			prodigue.r
[é.][è.]		**prêter**			primo (= d'abord)	[u.][ui.]	(un.e)	producteur, -trice
	un	prétexte			primordial.e, -aux			productif, -ive
		prétexter	[o.]	a	priori		la	production
[R.]	un	prêtre			prioritaire		la	productivité
	[PRéV.]			la	priorité			**produire**
[a.]	(se)	prévaloir	[S.]	un	prisme		(un)	**produit**
[an.]		préventif, -ive	[V.]	une	privation			produite
	la	prévention			privatiser		**[PRoé.]**	
[é.]	la	prévenance		être	privé.e		une	proéminence
		prévenant.e		(se)	priver			proéminent.e
		prévenir		un	privilège		**[PRoF.]**	
	être	prévenu.e		être	privilégié.e	[-]	un.e	prof
[i.]	il/elle	prévient	[Z.]	une/elle est	**prise**	[a.]		profane.r
		prévisible		être	prisé.e	[é.][è.]		proférer
	une	prévision		une	**prison**			professer
[oi.]		**prévoir**		un.e	**prisonnier, -ière**		un.e	**professeur**
	la	prévoyance		**[PRin.]**			la	professionnalisation
		prévoyant.e	[S.]	un	**prince**		(un.e)	**professionnel.le**
	[PRéZ.]			une	**princesse**		une	profession
[a.]		présage.r			princier, -ière			professoral.e, -aux
[an.]	la	présence			**principal.e, -aux**		le	professorat
		présent.e			principalement		un	prophète
		présentable		une	principauté		une	prophétesse
	la	présentation		un	principe		une	prophétie
	un.e	présentateur, -trice	[T.]		printanier, -ière			prophétique
	(se)	**présenter**		le	**printemps**	[i.]	le	profil
	un	présentoir		**[PRo.]**			se	profiler
[è.]	un	préservatif		**[PRoB.]**			un	profit
	la	préservation		la	probabilité			profitable
		préserver			**probable.ment**			**profiter**
[i.]	la	présidence			probant.e		une	profiterole
	un.e	**président.e**		la	probité		un.e	profiteur, -euse
		présidentiel.le			problématique	[on.]		**profond.e**
		présider		un	**problème**			profondément
[on.]	la	présomption					la	**profondeur**
		présomptueux, -euse				[u.]	la	profusion
[u.]		présumer						

[PRoG.]

	un.e	programmateur, -trice
	la	programmation
	un	**programme**
	être	programmé.e
		programmer
	le	**progrès**
		progresser
		progressif
	la	progression
		progressiste
		progressive.ment

[PRoï.]

	être	prohibé.e
		prohibitif, -ive
	la	prohibition

[PRoJ.]

	la	progéniture
	un	projecteur
	un	projectile
	une	projection
	un	**projet**
		projeter

[PRoL.]

[é.]	un.e	prolétaire
	le	prolétariat
[i.]	la	prolifération
		proliférer
		prolifique
		prolixe
[o.]	un	prologue
[on.]	la	prolongation
	un	prolongement
		prolonger

[PRoM.]

[∅.][e.]	une	**promenade**
[è.]	je me suis	promené.e
	je me suis	promené.e
	je me	promène
	(se)	**promener**
	un.e	promeneur, -euse
	une	promesse
	il/elle	promet
	je	promets
		prometteur
		promettre
[i.]		**promis.e**
	la	promiscuité
[o.]	un.e	promoteur, -trice
	une	promotion
[on.]	un	promontoire
[ou.]		promouvoir
[u.]	être	promu.e
		promulguer

[PRoN.]

		prôner
	un	pronom
		pronominal.e, -aux
		prononcer
	la	prononciation
	un	pronostic
		pronostiquer

[PRoP.]

[a.]	la	propagande
	un.e	propagandiste
	la	propagation
	(un.e)	propagateur, -trice
		propager
[i.]		propice
[o.]	une	proportion
	être	proportionné.e
		proportionnel.le.ment
	à/des	**propos**
		proposer
	une	proposition
[R.]		**propre.ment**
	la	**propreté**
	le/la	propriétaire
	une	**propriété**
[u.]		propulser
	la	propulsion

[PRoS.]

[K.]		proscrire
		proscrit.e
[é.][è.]	un	procédé
		procéder
	une	procédure
	un	**procès**
	une	procession
	un	processus
	un/des	procès-verbal, -aux
[P.]		prospecter
	la	prospection
	un	prospectus
		prospère
		prospérer
	la	prospérité
[T.]	se	prosterner
	la	prostitution
	être	prostré.e

[PRoT.]

[a.]	un.e	protagoniste
[é.][è.]		protecteur, -trice
	la	**protection**
	une	protéine
	être/un.e	protégé.e
		protéger
	(un.e)	protestant.e
	une	protestation
		protester
	une	prothèse
[i.]	un	protide
[o.]	un	protocole
		protocolaire
	un	prototype
[u.]	une	protubérance

[PRoV.]

[∅.]	la	provenance
		provenir
[è.]	un	proverbe
		proverbial.e, -aux
[i.]	la	providence
		providentiel.le.ment
	cela	provient
	un	proviseur
	une	provision
	les	**provisions**
		provisoire.ment
[in.]	une	**province**
		provincial.e, -aux
[o.]		provocant.e
	un.e	provocateur, -trice
	une	provocation
		provoquer

[PRoZ.]

		prosaïque
	la	prose
	le	prosélytisme

[PRoi.]

| | une | **proie** |

[PRon.]

		prompt
		prompte.ment
	la	promptitude

[PRou.]

	la	proue
	une	prouesse
		prouver

[PRu.]

[D.]	être/la	prude.rie
		prudemment
	la	prudence
		prudent.e
[N.]	une	**prune**
	un	pruneau
	une/la	prunelle
	un	prunier

[Pu.]•[Pui.]

[Pu]

j'ai	**pu**
ça	pue *(= puer)*
du	**pus**

[Puan.]

	puant.e
la	puanteur

[PuB.]

la	puberté
le	pubis
(le)	**public**
une	publication
	publicitaire
la	**publicité**
	publier
	publique.ment

[PuD.]

la	pudeur
	pudique.ment

[Pué.]

	puer
une	puéricultrice
la	puériculture
	puéril.e

•[Pui.]

[-]	(et)	**puis** *(= après)*
	un	puits
[J.]		puis-je
[S.]		**puisque**
		puissamment
	la	puissance
		puissant.e
	que je	puisse
[Z.]		puiser

[PuJ.]

un	pugilat

[PuL.]

[-]	un	**pull**
[M.]		pulmonaire
[o.]	un	pull-over
[P.]	la	pulpe
[S.]	une	pulsation
[u.]		pulluler
[V.]	un	pulvérisateur
	une	pulvérisation
		pulvériser

[PuM.]

un	puma

[PuN.]

une	**punaise**
	punaiser
être	**puni.e**
	punir
	punissable
	punitif, -ive
une	**punition**

[PuP.]

une	pupille
un	pupitre

[PuR.]

[-]	il est	**pur**
[e.][é.]	elle est	**pure**
	la	purée
		purement
	la	pureté
[G.]		purgatif, -ive
	le	purgatoire
[i.]		purificateur, -trice
	la	purification
		purifier
	(un.e)	puriste
		puritain.e
[in.]	du	purin
[J.]		purge.r
[S.]	un	pur-sang
[u.]		purulent.e

[PuS.]

une	puce
un	puceron
une	pustule

[PuT.]

un	putois
la	putréfaction
se	putréfier
	putrescible
	putride

[PuZ.]

	pusillanime
un	puzzle

[Ra.]

[Ra]

à	ras
au	ras de
un	**rat**

[RaB.]

[a.]	le	rabâchage
		rabâcher
	un	rabat
	(un.e)	rabat-joie
		rabattre
[è.]	un	rabais
		rabaisser
[in.]	un	rabbin
[L.]	le	râble
	être	râblé.e
[o.]	un	rabot
		raboter
[ou.]		rabougri.e
[R.]		rabrouer

[RaK.]

[a.]	la	racaille
[è.]	le	racket
	une	raquette
[L.]		racler
	une	raclette
[o.]	un	raccommodage
		raccommoder
	un	raccord
	un	raccordement
	(se)	raccorder
		racoler
		racorni.e
[on.]		raccompagner
	un	racontar
		raconter
	un.e	raconteur, -euse
[R.]		raccrocher
[ou.]	un	raccourci
	être	raccourci.e
		raccourcir
	un	raccourcissement

[RaD.]

[a.]	un	radar
[e.]	la	rade
	un	raz de marée ou
		raz-de-marée
[i.]	un	**radiateur**
	une	radiation
		radical.e, -aux
		radicalement
		radier
		radieux, -euse
	la	**radio**
		radioactif, -ive
	la	radioactivité
	être	radiodiffusé.e
	la	radiodiffusion
	la	radiographie
		radiographier

	un.e	radiologue
		radiophonique
	un	**radis**
	le	radium
	le	radius
[o.]	un	radeau
	le	radotage
		radoter
[ou.]	être	radouci.e
		radoucir
	le	radoucissement

[RaF.]

[a.]	une	rafale
[è.]		raffermi.r
[i.]	le	raffinage
	être	raffiné.e
	le	raffinement
	une	raffinerie
		rafistoler
	du	raphia
[L.]		rafle.r
[o.]		raffoler
[R.]		rafraîchir ou rafraichir
		rafraîchissant.e ou rafraichissant.e
	un	rafraîchissement ou rafraichissement

[RaG.]

		ragaillardi.r
	un	ragot
	un	ragoût ou ragout

[RaJ.]

	la	**rage**
		rager
		rageur, -euse.ment
	être	rajeuni.e
		rajeunir
	le	rajeunissement
		rajout.er
	un	rajustement
		rajuster

[RaL.]

[an.]	le/au	ralenti
	être	ralenti.e
		ralentir
	un	ralentissement
[é.] [eu.] [é.][e.]		râle.r
		râleur, -euse
[i.]	le	ralliement
		rallier
	un	rallye
[on.]		rallonge.r
[u.]		rallumer

[RaM.]

[a.]	le	ramadan
	le	ramage
	le	ramassage
		ramasser
	un	ramassis
[K.]	un	ramequin
[é.][e.]	une	rame
[eu.][é.]		**ramener**
		ramer
	un.e	rameur, -euse
[i.]	un	ramier
	une	ramification
	se	ramifier
[o.]	un	rameau
	être	ramolli.e
		ramollir
	le	ramonage
		ramoner
	un	ramoneur

[RaN.]

ranimer

[RaP.]

[-]	le	rap
[a.]	un	rapace
	être	rapatrié.e
	le	rapatriement
		rapatrier
[é.][eu.]	une	râpe
[é.][è.]	être	râpé.e
		râper
		râpeux, -euse
		rapetisser
	un	rappel
	(se)	**rappeler**
	je me	rappelle
[i.]		**rapide**
		rapidement
	la	rapidité
	être	rapiécé.e
	une	rapine
[o.]	un	rapport
		rapporter
	un.e	rapporteur, -euse
[R.]	être	rapproché.e
	un	rapprochement
	(se)	**rapprocher**
[T.]	un	rapt

[RaR.]

		rare.ment
	se	raréfier
	la	rareté
		rarissime

[RaS.]

[a.]	être	rassasié.e
[an.]	un	rassemblement
	(se)	**rassembler**
[K.]	une	rascasse
[é.][é.]	une	**race**
	être	racé.e
		rasséréner
[i.]		racial.e, -aux
	une	**racine**
	le	racisme
		raciste
		rassis.e
	une	ration
		rationnel.le
	le	rationnement
		rationner
[oi.]	se	rasseoir ou rassoir
[u.]		rassurant.e
	être	rassuré.e
	(se)	**rassurer**

[RaT.]

[a.]	être	ratatiné.e
	la	ratatouille
	le	rattachement
		rattacher
[é.][é.]	la	rate
	être	raté.e
		rater
	un	râtelier
[i.]	un	ratier
	la	ratification
		ratifier
		ratisser
[o.]	un	**râteau**
[on.]	un	raton
[R.]	le	rattrapage
		rattraper
[u.]	une	rature
		raturer

[RaV.]

[a.]	un	ravage
		ravager
	le	ravalement
		ravaler
[é.]		rave
[i.][in.]	être	ravi.e
	un	ravier
		ravigoter
	un	**ravin**
		raviner
	des	ravioli(s)

		ravir	[F.]	être	renfermé.e	[i.]	se	rebiffer
	se	raviser		(se)	**renfermer**	[o.]	un	rebord
		ravissant.e		être	renflé.e	[oi.]	le	reboisement
	le	ravissement			renflouer			reboiser
	un.e	ravisseur, -euse		un	renfoncement	[on.]	un	rebond
	le	ravitaillement		un	renforcement			rebondi.r
		ravitailler			renforcer		un	rebondissement
		raviver		un	renfort	[ou.]		reboucher
[oi.]		ravoir		être	renfrogné.e		à	rebours
			[G.]	une	rengaine	[R.]	à	rebrousse-poil
[RaY.]				se	rengorger			rebrousser
	un	rail	[J.]	en	rangeant	[u.]	le	rebut
	des	rails		une	**rangée**			rebutant.e
		railler		un	rangement			
	une	raillerie			**ranger**	**[ReK.]**		
		railleur, -euse	[P.]	(une)	rampe			
					ramper	[a.]	être	recalé.e
[RaZ.]				un	rempart	[e.]	un/le	recueil.lement
					remplaçant.e		être	recueilli.e
	une	rasade		un	remplacement			recueillir
	être	rasé.e			**remplacer**	[é.][è.]		requérir
	en	rase-mottes		être	**rempli.e**		une	requête
	(se)	**raser**			**remplir**	[i.]	il/elle	requiert
	un.e	raseur, -euse		un	remplissage			requis.e
	un	**rasoir**			remporter	[in.]	un	**requin**
	une	razzia	[S.]	du beurre	rance	[L.]		reclasser
					rancir	[o.]		recoller
[Ran.]				une	rançon			recommandable
					rançonner		une	recommandation
[-]	un	**rang**		être	renseigné.e		(un)	recommandé
	il/elle	**rend**		un	renseignement			recommander
	je/tu	rends		(se)	**renseigner**			**recommencer**
[B.]	une	rambarde	[T.]	un	ranch		je/tu	reconnais
		remballer			rentabiliser			reconnaissable
		rembarquer		la	rentabilité		la	reconnaissance
		rembarrer			rentable			reconnaissant.e
	un	remblai		une	rente		il/elle	reconnaît ou reconnait
		remblayer		un.e	rentier, -ière			**reconnaître** ou
		rembobiner		être	rentré.e			**reconnaitre**
		rembourrer		la	rentrée			recopier
	un	remboursement			**rentrer**		un	**record**
		rembourser	[V.]		renversant.e	[oi.]		recoiffer
[K.]	un	rancard ou rencard		à la	renverse	[oin.]	un	recoin
	au	rancart (= jeté)		un	renversement	[on.]		reconduire
	la	rancœur			**renverser**			reconquérir
	une	rancune		un	renvoi		la	reconquête
		rancunier, -ière		je/il/elle	renvoie			reconstituer
	une	rencontre		être	renvoyé.e		la	reconstitution
		rencontrer			**renvoyer**			reconstruire
[CH.]		renchérir					une	reconversion
[D.]	une	randonnée	**[Re.]**				(se)	reconvertir
	un.e	randonneur, -euse				[ou.]	(se)	recoucher
	le	rendement	**[ReB.]**					recoudre
	un	rendez-vous					un	recoupement
	(se)	rendormir	[a.]		rebattre			recouper
		rendre			rebattu.e		être	recourbé.e
	j'ai	**rendu**	[è.]	un	rebelle			recourir
				se	rebeller		un	recours

		recouvert.e	**[ReG.]**				un	remaniement
	un	recouvrement						remanier
		recouvrer	[a.]		regagner		un	remariage
		recouvrir		un/le	regard		se	remarier
[R.]		recréer			regardant.e			remarquable.ment
	se	recroqueviller			**regarder**		une	**remarque**
	la	recrudescence	[in.]	un	regain			**remarquer**
	une	recrue	[o.]		regorger	[an.]	le	remembrement
		recruter	[on.]		regonfler	[é.][è.]	un	**remède**
[u.]		**reculer**	[R.]	un	**regret**			remédier
	à	reculons			regrettable		se	remémorer
					regretter		je/il/elle	remercie
[ReCH.]					regrouper		un	remerciement
								remercier
[a.]	une	recharge	**[ReJ.]**				il/elle	remet
		rechargeable					je/tu	remets
		recharger	[a.]		rejailli.r			**remettre**
[an.]	de	rechange	[e.][è.]	un	rejet	[i.]	j'ai	**remis**
[è.]	une/la	**recherche**			**rejeter**		(une)	**remise**
		rechercher		un	rejeton			remiser
[i.]		rechigner	[i.]	un	registre	[o.]	un	remords
[u.]	une	rechute	[oin.]		**rejoindre**		une	remorque
		rechuter			rejoint.e			remorquer
							un	remorqueur
[ReD.]			**[ReL.]**			[on.]	un/en	remontant
							une	remontée
[e.]		redevable	[a.]	le	relâchement		un	remonte-pente
	une	redevance			relâche.r			remonter
		redevenir			relater		un	remontoir
[è.]		redescendre			relatif, -ive.ment		une	remontrance
[i.]		redire		une	relation			remontrer
	une	redite			relaver	[ou.]	un	remous
[in.]	une	redingote		être	relax ou relaxe	[u.]		remuant.e
[o.]		redonner		la	relaxation		je/il/elle	remue
[ou.]		redoublant.e		(se)	relaxer		un	remue-ménage
	le	redoublement	[an.]		relance.r			**remuer**
		redoubler		un	relent			
		redoutable	[é.]	un	relevé	**[ReN.]**		
		redouter		(se)	**relever**			
	le	redoux	[é.][è.]	un	relais ou relai	[a.]		renâcler
[R.]	le	redressement		(se)	relayer		un.e	**renard.e**
	(se)	redresser			reléguer	[é.][è.]	la	renaissance
	(un.e)	redresseur, -euse		la	relève			renaître ou renaitre
			[i.]	le	relief		un.e	renégat.e
[ReF.]					relier	[i.]		renier
				un.e	relieur, -euse			renifler
[è.]		refaire			religieuse.ment	[o.]	la	renommée
		refermer			religieux		être	renommé.e
[L.]	un	reflet		une/la	**religion**	[on.]	un	renom
		refléter		un	reliquat		le	renoncement
		refleuri.r		une	relique			renoncer
		refluer			relire		la	renonciation
	le	reflux		une	reliure		une	renoncule
[o.]		reformer	[ui.]		reluire	[ou.]		renouer
[ou.]		refouler					un	renouveau
[R.]	un	**refrain**	**[ReM.]**					renouvelable
	(se)	refroidir					le	renouvellement ou
	un	refroidissement	[a.]		remâcher			renouvèlement
[u.]	un	refuge			remailler			renouveler
	(un)	**refus.er**						

[Reo.]

		rehausser
	un	rehausseur

[ReP.]

[a.]		reparaître ou reparaitre
		reparler
	il/elle est	reparti.e
	une	repartie
		repartir
	un	**repas**
	le	repassage
		repasser
	un.e	repasseur, -euse
[an.]	se/le	repentir
[e.]	(se)	repeupler
[é.][è.]	un	repaire (= refuge)
	se	repaître ou repaitre
		repêcher
	un	repère (= marque)
	(se)	repérer
[i.]	un	repiquage
		repiquer
[in.]		repeindre
		repeint.e
[L.]		replacer
		replanter
		replet
		replète
	un	repli
		replier
		repleuvoir
[o.]	un	report
	un	reportage
		reporter
	un	reporter
	le	**repos**
		reposant.e
	(se)	**reposer**
[ou.]		repoussant.e
		repousser
[R.]		**reprendre**
	des	représailles
	un.e	représentant.e
		représentatif, -ive
	une	représentation
		représenter
	un	repris de justice
		repris.e
		repriser
	un	reproche
		reprocher
	(un.e)	reproducteur, -trice
	la	reproduction
		reproduire
		reproduit.e
		repu.e

[ReS.]

[a.]	un	ressac
		ressasser
[an.]	un	recensement
		recenser
	la	ressemblance
		ressemblant.e
		ressembler
	un	ressentiment
		ressenti.r
[e.]		receler
	un.e	receleur, -euse
	un.e	receveur, -euse
		recevoir
		ressemelage
		ressemeler
[è.]	le	recel
	une	**recette**
	se	ressaisir
		resserrer
		resservir
[i.]	le	recyclage
	(se)	recycler
[o.]	un/il/elle	**ressort**
		ressorti.r
	un.e	ressortissant.e
[oi.]	il/elle	**reçoit**
	eux, ils/elles	reçoivent
[ou.]	une	ressource
[u.]	j'ai/un	**reçu**

[ReT.]

[a.]		retaper
	un	**retard**
	(un.e)	retardataire
	être	retardé.e
	un	retardement
		retarder
[an.]		retentir
		retentissant.e
	un	retentissement
[e.]		**retenir**
	être	retenu.e
	une	retenue
[i.]	ils/elles	retiennent
	je/tu	retiens
	il/elle	**retient**
		retirer
[o.]		retors.e
[on.]	être	retombé.e
	une	retombée
		retomber
[ou.]		retouche.r
	le	**retour**
	être	retourné.e
	un	retournement
	(se)	**retourner**

[R.]

		retracer
		retraduire
	un	retrait
	une/la	**retraite**
	être	retraité.e
	un	retraitement
	un	retranchement
		retrancher
	une	retranscription
		retranscrire
		retransmettre
		retransmis.e
	la	retransmission
		retrousser
	les	retrouvailles
		retrouver

[ReV.]

[a.]		revaloir
	une	revalorisation
		revaloriser
[an.]	une	revanche
	un.e	revendeur, -euse
	une	revendication
		revendiquer
		revendre
		revendu.e
	une	revente
[é.][e.]	un/en	revenant
		revenir
	un	revenu
	il/elle est	revenu.e
[è.]		revêche
		reverdi.r
		reverni.r
	un	revers
	un	revêtement
		revêtir
[i.]	eux, ils/elles	reviennent
	il/elle	**revient**
		revigorer
	un	revirement
		revisser
		revivre
[oi.]	(au)	**revoir**
	il/elle	revoit
[u.]	j'ai	**revu**
	une	**revue**

[Ré.][Rè.]

[Ré.][Rè.]

	une	raie
	la note	ré

[Réa.]

[B.]		réhabiliter
[K.]	un	réacteur
	une	réaction
		réactionnaire
[D.]	la	réadaptation
		réadapter
[J.]		réagi.r
		réajuster
[L.]		réalisable
	la	réalisation
		réaliser
		réaliste
	la	**réalité**
[N.]	la	réanimation
[P.]		réapparaître ou
		réapparaitre
	la	réapparition

[RéB.]

		rébarbatif, -ive
	une	rébellion
	un	rébus

[RéK.][RèK.]

[a.]		récalcitrant.e
	la	récapitulation
		récapituler
[i.]		réquisition.ner
	un	réquisitoire
[L.]	une	réclamation
	une	réclame
		réclamer
	la	réclusion
[o.]	une	récolte
		récolter
[on.]	une	récompense
	être	récompensé.e
		récompenser
	la	réconciliation
		réconcilier
	le	réconfort
		réconfortant.e
	être	réconforté.e
		réconforter
[R.]	la	**récréation**
	se	récréer
	se	récrier
	une	récrimination
[T.]	un	**rectangle**
		rectangulaire
	la	rectification
		rectifier
		rectiligne
	le	recto
	le	rectum

[u.] / [ui.]

[u.]	un	requiem
[ui.]	la	récupération
		récupérer
		récurer

[RéCH.][RèCH.]

		réchapper
	un	réchaud
	le	réchauffement
	(se)	**réchauffer**
		rêche

[RéD.][RèD.]

[-]	un	raid
[a.]	un.e	rédacteur, -trice
	une	**rédaction**
[é.][e.]		raide
	la	raideur
	le	rez-de-chaussée
[i.]		rédiger
[u.][ui.]	une	réduction
		réduire
		réduit.e

[Réé.]

		rééditer
	une	réédition
	la	rééducation
		rééduquer
		réélire
		réel.le.ment

[RéF.]

[é.][è.]	une	réfection
	un	réfectoire
	une	référence
	un	référendum
	se	référer
[L.]		**réfléchi.r**
	un	réflexe
	la	réflexion
[o.]	un.e	réformateur, -trice
	une	réforme
		réformer
[R.]		réfractaire
		réfréner
	un	**réfrigérateur**
[u.]	être/un.e	réfugié.e
	(se)	réfugier
		réfuter

[RéG.][RèG.]

[a.]	un	régal
	se	régaler
	un	régate

[L.] / etc.

[L.]		réglable
	un	réglage
	une	**règle**
	un	règlement
		règlementaire
	une	réglementation ou
		règlementation
		réglementer ou
		règlementer
		régler
	la	réglisse
[R.]		régresser
	la	régression
[u.]		régulariser
	la	régularité
		régulier
		régulière.ment

[Réi.]

		réitérer

[Réin.]

		réintégrer
		réintroduire

[RéJ.]

[an.]	la	régence
	un.e	régent.e
		régenter
[i.]	une	régie
	un	**régime**
	un	régiment
	une	**région**
		régional.e, -aux
[ou.]	être	réjoui.e
	(se)	réjouir
	une	réjouissance
		réjouissant.e

[RéM.]

	une	réminiscence
	une	rémission
	un	rémouleur
		rémunérateur, -trice
	la	rémunération
		rémunérer

[RéN.][RèN.] •[Ré(è)GN.]

[é.]	une/la	**reine**
	une	reine-claude
	une	reine-marguerite
	les	rênes *du cheval*
	un	renne *(= animal)*
[è.]	une	rainette *(= grenouille)*
	une	reinette *(= pomme)*
•[ ]	il/elle/un	règne
		régner

[o.]	la	rénovation	[é.][è.]	un	récépissé			rétrospectif
		rénover		(un.e)	récepteur, -trice			rétrospective.ment
[u.]	une	rainure			réceptif, -ive		un	rétroviseur
				une	réception			
	[Réo.]			la	récession		**[Réu.]**	
		réorganiser	[i.]	une	récidive		la	réunification
					récidiver			réunifier
	[Réou.]			un.e	récidiviste		une	**réunion**
		réouvert.e		un	récif			**réuni.r**
	une	réouverture		un	récipient		être	réunis
					réciproque.ment			**réussi.r**
	[RéP.][RèP.]			un	récit		une	réussite
[a.]		réparable		un	récital			
	un.e	réparateur, -trice		une	récitation		**[RéV.][RèV.]**	
	une	réparation			**réciter**	[a.]		rêvasser
	être	réparé.e	[P.]	le	respect	[∉.][e.]	un	**rêve**
		réparer			respectable	[eu.]	une	rêverie
	une	repartie			**respecter**			rêveur, -euse
		réparti.r			respectif, -ive.ment	[é.][è.]	le	**réveil**
	une	répartition			respectueux, -euse			réveillant
[an.]		répandre			respirable		être	réveillé.e
	être	répandu.e		la	**respiration**		un	réveille-matin
[é.][è.]	une	répercussion			respiratoire		(se)	réveiller
		répercuter			**respirer**		un	**réveillon**
	un	répertoire			resplendir			réveillonner
		répéter			resplendissant.e			révélateur, -trice
	une	répétition		la	responsabilité		une	révélation
[i.]	un	répit			**responsable**			révéler
[L.]	(une)	réplique.r	[T.]		restant.e			**rêver**
[on.]	il/elle	répond		un	**restaurant**		la	réverbération
	un/en	répondant		un.e	restaurateur, -trice		un	réverbère
	un	répondeur		la	restauration			réverbérer
		répondre		(se)	restaurer		une	révérence
		répondu		un/le	**reste**			révérer
	une	**réponse**		je suis	resté.e			réversible
[R.]		répréhensible			**rester**	[i.]		réviser
	la	répression			restituer		une	révision
		réprimander			restreindre	[o.]	la	révocation
		réprimer			restreint.e			révoltant.e
		réprobateur, -trice		une	restriction		une	révolte
	la	réprobation	[u.]	être	ressuscité.e		être	révolté.e
		réprouver			ressusciter		se	**révolter**
[T.]	un	reptile						révolu.e
[u.]		républicain.e		**[RéT.]**			la	**révolution**
	une	république	[a.]		rétablir			révolutionnaire
	la	répugnance		le	rétablissement			révolutionner
		répugnant.e	[i.]	la	réticence		un	**revolver** ou **révolver**
		répugner			réticent.e			révoquer
	une	répulsion	[o.]	la	rhétorique	[u.]	se	révulser
	la	réputation			rétorquer			
	être	réputé.e	[R.]	(se)	rétracter		**[RéY.][RèY.]**	
					rétribuer		être	rayé.e
	[RéS.][RèS.]			une	rétribution			rayer
[an.]		récemment			rétréci.r		un	**rayon**
		récent.e		un	rétrécissement			rayonnant.e
[K.]	un.e	rescapé.e			rétro		le	rayonnement
	à la	rescousse			rétrograde.r			rayonner
	un.e	resquilleur, -euse					une	rayure

[RéZ.][RèZ.]

[è.]	une	réservation
	une	**réserve**
	être	réservé.e
		réserver
	un	réservoir
[i.]	la	résidence
	un.e	résident.e *(étranger, -ère)*
		résidentiel.le
		résider
	un	résidu
	la	résignation
	être	résigné.e
	se	résigner
		résilier
	la	résine
		résineux, -euse
	la	résistance
		résistant.e
		résister
[in.]	le	**raisin**
[o.][on.]	la	**raison**
		raisonnable.ment
	un	raisonnement
		raisonner *(= réfléchir)*
	un	réseau
	être	résolu.e
		résolument
	une	résolution
		résonner *(= sonner)*
		résorber
	la	résorption
[ou.]	*(se)*	résoudre
	il/elle	résout
[u.]	un	**résultat**
		résulter
	un	résumé
		résumer
	la	résurrection
	le	rhésus

[Ri.] •[Rien.]

[-]	j'ai	**ri**
	le	ris *(de veau)*
	je/tu	ris
	il/elle	**rit**
	du	**riz**
[an.]		**riant.e**
[B.]	une	ribambelle
[K.]	un	ricanement
[KS.]		
		ricaner
		ricocher
	un	ricochet
	un	rictus
	une	rixe

[CH.]		richard.e
		riche
		richement
	la	**richesse**
		richissime
[D.]	une	**ride**
	être	ridé.e
	un	**rideau**
		ridicule
		ridiculiser
•[ ]		**rien**
[e.][eu.]	(un)	rieur
	(une)	rieuse
[F.]	du	rififi
[G.]	une/je	rigole
	une	rigolade
		rigoler
		rigolo
		rigoureux, -euse.ment
	la	rigueur
[J.]		rigide
	la	rigidité
[M.]		rime.r
[N.]	une	rhinite
	un	rhinocéros
		rhino-pharyngite
	un	ring
[P.]	une	riposte
		riposter
[R.]		**rire**
[S.]	un	risque
	être	risqué.e
		risquer
	un.e	risque-tout
		rissoler
	une	ristourne
[T.]	un	rite
	une	ritournelle
	un	rituel
		rituel.le.ment
	un	rythme
	être	rythmé.e
		rythmer
		rythmique
[V.]	un	rivage
	(un.e)	rival.e
		rivaliser
	la	rivalité
	des	rivaux
	une	rive
		river
	(un.e)	riverain.e
	un	rivet
	une	**rivière**
[Z.]	un	rhizome
	la	risée
		risible
	une	rizière

[Rin.]

	un	**rein**
	un	rinçage
		rincer
	(un.e)	ringard.e

[Ro.]

[-]	un	rot
[B.]	une	**robe**
	une	robe de nuit
	un	**robinet**
	un	robot
	être	robotisé.e
		robuste
	la	robustesse
[K.]	la voix	rauque
	un	roc
	une	rocade
	la	rocaille
		rocailleux, -euse
		rocambolesque
	le	rock *(= danse)*
	un	rocker
	un	rocking-chair
	du	roquefort
	un	roquet
	une	roquette ou rocket
[CH.]	une	roche
	un	**rocher**
		rocheux, -euse
[D.]	un	rhododendron
	un	rodage
	le	rodéo
		roder *une voiture*
		rôder *(= passer)*
	un.e	rôdeur, -euse
[L.]	un	**rôle**
	un	roller
[M.]	du	rhum
	être	romain.e
	un	**roman**
		roman.e
		romanesque
	un.e	romanichel.le
	une	romance
	un.e	romancier, -ière
		romantique
	le	romarin
	un	rumsteck ou romsteck
[N.]		rogner
[GN.]	un	rognon
	une	rognure

[S.]	un	rosbif
		rosse.r
	un	rossignol
[T.]	le	rotary
	une	rotation
	(un)	**rôti**
	du	rotin
		rôtir
	une	rôtisserie
	une	rôtissoire
	une	rotonde
	une	rotule
	(un.e)	roturier, -ière
[Z.]	une	rosace
	(une)	**rose**
	un	roseau
	le	rosé
	la	rosée
	la	roséole
	une	roseraie
	une	rosette
	un	**rosier**

[Roi.]

	un	**roi**
	un	roitelet
		royal.e, -aux
		royalement
		royaliste
	un	**royaume**
	la	royauté

[Ron.]

[-]	il	rompt (= couper)
	un/c'est	**rond**
[CH.]		ronchonner
[D.]		**ronde**
		rondelet.te
	une	rondelle
		rondement
	une	rondeur
	un	rondin
[F.]		ronflant.e
	un	ronflement
		ronfler
	un.e	ronfleur, -euse
[J.]		**ronger**
	(un)	rongeur, -euse
[P.]	un	rond-point
		rompre
	être	rompu.e
[R.]		ronronnant.e
	un	ronronnement
		ronronner
[S.]	une	**ronce**

[Rou.]

[-]	une	**roue**
		roux (= la couleur)
[a.]	un	rouage
[B.]		roublard.e
	la	roublardise
	un	rouble
[K.]	le	roucoulement
		roucouler
	un.e	rouquin.e
[é.][è.]	être	roué.e
	une	rouée (de coups)
	un	rouet
[J.]		**rouge**
		rougeâtre
		rougeaud.e
	un	rouge-gorge
	il/elle	rougeoie
	la	**rougeole**
		rougeoyer
	un	rouget
	une	rougeur
	il a	rougi
		rougir
[L.]	le	roulage
		roulant.e
	un	rouleau
	un	roulement
		rouler
	une	roulette
	le	roulis
	une	roulotte
[N.]	un	round
[P.]	une	roupie
		roupille.r
[S.]		rouspéter
		rousse
	la	rousseur
	être	roussi.e
		roussir
[T.]	une	**route**
	(un.e)	routier, -ière
	la	routine
[Y.]	la	rouille
	être	rouillé.e
		rouiller

[Ru.] •[Rui.]

[-]	la	**rue**
	il	rue (le cheval)
[a.]	une	ruade
[B.]	la	rhubarbe
	un	**ruban**
	la	rubéole
	un	rubis
	une	rubrique

[CH.]	une	**ruche**
	un	rucher
[D.]		rude.ment
	la	rudesse
		rudimentaire
	les	rudiments
		rudoyer
[é.][è.]	une	ruée
	une	ruelle
	(se)	ruer
[G.]	le	rugby
	un	rugbyman
		rugueux, -euse
•[ ]	une	**ruine**
	être	ruiné.e
	(se)	ruiner
		ruineux, -euse
	un	**ruisseau**
		ruisselant.e
		ruisseler
	un	ruisselet
	elle	ruisselle ou ruissèle
	le	ruissellement ou ruissèlement
[J.]	un	rugi.r
		rugissement
[M.]	des	**rhumatismes**
	un	**rhume**
	la	rumeur
	un	ruminant
		ruminer
[P.]		rupestre
	une	rupture
[R.]		rural.e, -aux
[S.]	une	rustine
		rustique
	(un.e)	rustre
[T.]	en	rut
		rutilant.e
[Z.]	une	ruse
	être	**rusé.e**
		ruser

[Sa.]

[Sa]

		ça (= cela)
		(ça va)
		sa (= la sienne)
		(sa maman)
		(sa maison)

[SaB.]

[a.]	le	sabbat
[i.]	il/elle	s'habille
		s'habiller
		s'habituer

[L.]
	du/le	**sable**
	un	sablé
		sabler
		sableux, -euse
	un	sablier
		sablonneux, -euse
[o.]		sabord.er
	un	sabot
	un	sabotage
		saboter
	un.e	saboteur, -euse
[R.]	un	sabre

[SaK.]•[SaKS.]
[-]	un	**sac**
[a.]	une	saccade
		saccadé.e
	un	saccage
		saccager
[o.]	une	sacoche
[R.]		s'accrocher
	être	sacré.e
	un	sacre.ment
	un	**sacrifice**
		sacrifier
	un	sacrilège
	un	sacristain
	une	sacristie
•[ ]	un	saxophone

[SaCH.]
	en	sachant
	que je	sache
	un	**sachet**

[SaD.]
	(un.e)	sadique
	le	sadisme

[SaF.]
	un	safari
	le	safran
	un	saphir

[SaG.]
		sagace
	la	sagacité
	une	sagaie

[SaJ.]
		sage
	une	sage-femme
		sagement
	la	**sagesse**
	il	s'agissait
	il	s'agit
	ça va	s'agiter

[SaL.]
[a.]	une	**salade**
	un	saladier
	une	salamandre
	le	salami
	un.e	salarié.e
	une	salle à manger
[an.]		salant.e
[é.]	c'est	sale
		salement
	une	saleté
	une	**salle**
	une	salle à manger
	une	**salle de bain**
	une	salle de séjour
[é.][è.]	un	salaire
	être	**salé.e**
		saler (= mettre du sel)
[i.]	être	sali.e
	une	salière
		salir
		salissant.e
	la	salive
		saliver
[o.]	une	salopette
[on.]		s'allonger
	un	**salon**
[P.]	le	salpêtre
[S.]	un	salsifis
[T.]	un	saltimbanque
[u.]		salubre
	je/il/elle	salue
		saluer
	il/elle	s'allume
	(un)	**salut**
		salutaire
	une	salutation
[V.]	une	salve

[SaM.]
		ça marche
		samedi
	un	samouraï
	il/elle	s'amuse
	eux, ils/elles	s'amusent
		s'amuser

[SaN.]
	un	sanatorium
		sanitaire

[SaP.]
		saper
	un	sapeur-pompier
	un	**sapin**

	il/elle	s'appelait
		s'appeler
	il/elle	**s'appelle**
	il/elle	s'approche
		s'approcher

[SaR.]
[a.]	une	sarabande
	(le)	sarrasin
[B.]	une	sarbacane
[K.]	un	sarcasme
		sarcastique
		sarcler
	un	sarcloir
	un	sarcophage
[D.]	une	sardine
		sardonique
[é.][è.]	il/elle	s'arrête
		s'arrêter
[i.]	un	sari
	la	sarriette
[M.]	un	sarment
[o.]	un	sarrau

[SaS.]
	un	sacerdoce
	un	sas
		s'asseoir ou **s'assoir**
	il/elle	s'asseoit ou s'assoit
	il/elle	s'assied
	à	satiété

[SaT.]
[a.]		satané.e
		satanique
[é.]	un	satellite
[i.]	être	satiné.e
	une	satire
		satirique
	la	satisfaction
		satisfaire
		satisfaisant.e
		satisfait.e
[in.]	le	satin
[u.]	la	saturation
	être	saturé.e

[SaV.]
[a.]		ça va
		savamment
	la	savane
	une	savate
[an.]	il/elle	s'avance
		s'avancer
	(un.e)	**savant.e**

[é.][e.]	il/elle	savait
[é.][è.]	eux, ils/elles	savent
	la	saveur
	vous	savez
[oi.]		**savoir**
	le	savoir-faire
	le	savoir-vivre
[o.]	du	**savon**
[on.]		
	la	savonnée
	une	savonnerie
	la	savonnette
		savonneux, -euse
	nous	savons
[ou.]		savourer
		savoureux, -euse

[SaY.]

		saillant.e
	une	saillie
		saillir

[San.]

[San.]

		cent *(= 100)*
	le/du	**sang**
		sans *(rien)*
	il/elle	**s'en va**
	je/tu	sens
	il/elle/ça	**sent** *(= sentir)*

[SanB.]

		semblable
		semblant
		sembler

[SanK.] [SanKS.]

	une	sanction
		sanctionner
	un	sanctuaire

[SanD.]

[a.]	une	sandale
	une	**sandalette**
[o.]		**s'endormir**
	il/elle	s'endort
[ou.]		**sans doute**
[R.]	une	cendre
	la	cendrée
	des	**cendres**
	un	**cendrier**
[W.]	un	**sandwich**
	des	sandwiches ou sandwichs

[SanF.]

	le	sang-froid
		sans fautes
	ne pas	s'en faire
	il/elle	s'en fiche
	eux, ils/elles	s'enfuient
		s'enfuir
	il/elle	s'enfuit

[SanG.]

		sanglant.e
	une	sangle
	un	sanglier
	un	**sanglot**
		sangloter
	une	sangria
		sanguin.e
		sanguinaire
		sanguinolent.e

[SanJ.]

	(un)	sans-gêne

[SanM.]

	la	samba

[SanN.]

		s'en aller
	il/elle	s'ennuie
	eux, ils/elles	s'ennuient
		s'ennuyer

[SanP.]

		s'emparer
		sempiternel.le
		s'empresser

[SanR.]

		sans rien
		s'enrichir

[SanS.]

[-]	un/le	**sens**
[a.]	une	sensation
		sensationnel.le
[e.][é.]	être	censé.e *(= supposée)*
	un	censeur
	être	sensée *(= raisonnable)*
[i.]		sensibiliser
	la	sensibilité
		sensible.ment
[o.]	un	sansonnet

[u.]	la	censure
		censurer
	une	sangsue
		sensuel.le

[SanT.]

[a.]	le	santal
[an.]	une	sentence
[e.]	(un.e)	centenaire
	la	senteur
[é.][è.]	une	**centaine**
	la	**santé**
[i.]	un	**centième**
	un	centigramme *(cg.)*
	un	centilitre *(cl.)*
	un	**centime** *(c.)*
		centimètre *(cm)*
	j'ai	senti
	un	**sentier**
		sentiment.al.e, -aux
	une	sentinelle
		sentir
[o.]	un	centaure
[on.]	un	santon
[R.]		central.e, -aux
	une	centrale
		centraliser
	le	**centre**
		centrer
		centrifuge.r
		s'entraîner ou
		s'entrainer
[u.]	le	centuple

[SanV.]

	il/elle	**s'en va**
		s'envole.r
	eux, ils/elles	**s'en vont**

[SanZ.]

	un.e	sans-abri
	des	sans-abri ou sans-abris

[SB.]

	un	sbire

[SK.]

[a.]		scabreux, -euse
	un	scalp
	un	scaphandre
	un	scaphandrier
	un	scarabée
	la	scarlatine

[an.]	un	**scandale**		**[SeK.][SeuK.]**			**[SeN.]**		
		scandaleux, -euse		[e.]		ce que *c'est*		une	cenelle
	être	scandalisé.e				ce que *tu veux*			**ce n'est pas**
[e.]	un	**squelette**				ceux que... *(= eux)*			ce n'est plus
		squelettique		[i.]		ce qui *se passe*			
[è.]	un	skate.board				ce qu' *il y a*		**[SeP.]**	
	un	sketch				**ceux qui** *veulent*			cependant
[i.]	un	**ski**		[ou.]	il/elle	secoue			
		skiable			être	secoué.e		**[SeR.][SeuR.]**	
		skier				**secouer**			
	un.e	skieur, -euse				secourable		[-]	la/ma	**sœur**
	un	skipper				secourir		[a.]	il/elle	**sera**
[L.]	une	sclérose			le	secourisme			tu	seras
[o.]		**scolaire**			un.e	secouriste				se raser
	la	scolarité			le/au	**secours**		[é.][è.]	je	**serai**
	une	scoliose			être	secouru.e			eux, ils/elles	seraient
	un	scolopendre			une	secousse			je/tu	serais
	le	scorbut		[R.]	(un)	**secret**			il/elle	**serait**
	un	score			un.e	**secrétaire**			ce	serait
	des	scories			un	secrétariat			elle est	sereine
	un	scorpion				**secrète.ment**				sereinement
		scotch.er							vous	serez
[oi.]	un	square		**[SeG.]**				[F.]	le	surf
[ou.]	un	scoop				second				surfer
	un	scooter				secondaire		[i.][in.]	une	**cerise**
	un	scout			(une)	**seconde**			un	cerisier
	le	scoutisme				seconder			il est	serein *(= calme)*
[R.]	le	scrabble							un	serin *(= oiseau)*
	un	scribe		**[SeL.][SeuL.]**						seriner
	un.e	scribouillard.e							un	seringa(t)
	le	script *(= écriture)*		[-]	il est	**seul**			une	**seringue**
	un.e	script.e *(= une personne)*		[a.]		cela				
	un	scrupule				se laver		**[SeS.][SeuS.]**		
		scrupuleux		[é.]	elle est	**seule**				ceci
		scrupuleuse.ment				seulement				ce sera beau
		scruter		[e.]		**se lever**				ce sont *des ...*
	un	scrutin		[on.]		selon				ce sont *les ...*
[u.]		sculpter		[ui.]		celui				**ceux-ci** *(= eux)*
	un.e	sculpteur, -trice				celui-ci			il/elle	se sauve
	une	sculpture				celui-là				se sauver
						celui qui			ils/elles	se sont ...

[Se.][Seu.]

[Se][Seu]

	ce
	(ce *garçon*)
	(ce *matin*)
	(ce *que tu veux*)
	ceux
	(ceux-ci)
	(ceux-là)
	(ceux qui)
	se
	(il/elle se lave)
	(il/elle se ...)
	(ils/elles se ...)

[SeM.]

[a.]		**ce matin**
	des	semailles
[an.]	une	semence
[é.][è.]	une	**semaine**
	une	semelle
		semer
	un	semestre
		semestriel.le
[i.]	un	semi-remorque
	un	**semis**
[oi.]	un	semoir
[on.]	une	semonce
[ou.]	(la)	semoule

[SeT.]

	cet
	cet *(après-midi)*
	se tenir
	se tromper
	se trouver

[SeV.]

le	sevrage
	sevrer

[SeuY.]

un/le	**seuil**

[Sé.][Sè.]

[Sé.][Sè.]

	ces (= ceux ou celles qu'on montre)
	(ces *arbres*)
	(ces *maisons*)
	c'est (= cela est)
	(c'est *elle*)
	(c'est *vrai*)
	(c'est *ici*)
	(c'est *la première fois*)
je/tu	sais (= *savoir*)
il/elle	**sait** (= *savoir*)
	ses (= *les siens* ou *les siennes*)
	(ses *affaires*)
il/elle	**s'est**
(il	s'est *lavé*)
(elle	s'est *blessée*)

[Séan.]

une	**séance**
(le)	séant

[SéB.]

	c'est *beau*
	c'est *bien*
une	sébile

[SéK.][SèK.] •[SèKS.]

[-]	c'est	**sec**
[a.]	un	sécateur
[an.]	une	séquence
[è.]	des	séquelles
	une	séquestration
		séquestre.r
[o.]	un	séquoia
[R.]		sécréter
	une	sécrétion
		s'écrier
		s'écrouler
•[ ]	une	section
		sectionner
	un	sexagénaire
	le	sexe
		sexiste
	un	sextant
	la	sexualité
		sexuel.le.ment
[T.]		sectaire
	une	**secte**
	un	secteur
[u.]		séculaire
	être	sécurisé.e
	la	**sécurité**

[SéCH.][SèCH.]

[a.]	le	séchage
		s'échapper
[é.][e.]	ça	sèche
[é.]	un	sèche-cheveux
	un	sèche-linge
		sèchement
		sécher
	la	sécheresse ou sècheresse
	une	seiche (= *animal*)
[oi.]	un	séchoir

[SéD.][SèD.]

[an.]		sédentaire
[é.][é.]	il/elle	cède (= *céder*)
		céder
[i.]	une	cédille
	un	sédiment
	la	sédition
[R.]	un	cèdre
[u.][ui.]	(un.e)	séducteur, -trice
	la	séduction
		séduire
		séduisant.e
		séduit.e

[SéG.]

un	segment
la	ségrégation
du	seigle

[Séi.]

un	séisme

[SéJ.]

un	**séjour**
	séjourner

[SéL.][SèL.]

[-]	du	**sel**
[é.]	un	céleri
		celle (*celle-ci*)(*celle-là*)
		celles (*celles-ci/là*)
	une/à la	selle
[é.][è.]		**célèbre**
		célébrer
	la	célébrité
		céleste
	un	coelacanthe
	un.e	scélérat.e
		sceller (= *fermer*)
		sélectif, -ive
	(une)	sélection.ner
		seller (*mettre une selle*)
	la	sellette

[F.]	un	self-service
[i.]	(un.e)	**célibataire**
	un	cellier (= *cave*)
	un	sellier (= *selle*)
[o.]	la	cellophane
[oi.]		s'éloigner
[u.]	une	cellule
	la	cellulite

[SéM.][SèM.]

[a.]	un	sémaphore
[é.]	on	**s'aime** (= *s'aimer*)
	eux, ils/elles	s'aiment
	il/elle	**sème** (= *semer*)
[é.]		s'aimer (= *amour*)
[i.]		sémillant.e
	le	séminaire
	un	séminariste

[SéN.][SèN.] [SéGN.][SèGN.]

		saignant.e
	un	saignement
		saigner
	elle est	saine (= *sain*)
	une	saynète
	un	scénario
	un.e	scénariste
	une/la	scène
	un/le	**seigneur**
	le	sénat
	un.e	sénateur, -trice
		s'énerver
		sénile
		sénior ou senior

[SéP.][SèP.]

[-]	un	cep *de vigne*
[a.]	un	sépale
	une	séparation
	être	séparé.e
		séparément
		séparer
[é.]	un	cèpe (= *champignon*)
[T.]	le	scepticisme
		sceptique (= *méfiant*)
	un	sceptre
		septante (= *70*)
		septembre
	un	septennat
		septentrional.e, -aux
	une fosse	septique
	(un.e)	septuagénaire
[u.]	une	sépulture

[SéR.][SèR.]

[-]	un	**cerf** (= animal)
	un	serf (= esclave)
	il/elle	**sert** (= servir)
[a.]	la	céramique
	le	serrage
[K.]	un	**cercle**
	être	cerclé.e
	un	**cercueil**
[é.]	il/elle	**serre** (= serrer)
	une	serre
	les	serres (= griffes)
[é.]	une	céréale
		cérébral.e, -aux
	un	cérémonial
	une	cérémonie
		cérémonieux, -euse
	une	sérénade
	la	sérénité
	(se)	**serrer**
[F.]	le	cerfeuil
	un	serf (= esclave)
[i.]	une	**série**
		sérieux
		sérieuse.ment
	la	sérigraphie
[J.]	un	sergent
[M.]	un	serment
	un	sermon
		sermonner
[N.]	un	cerne
	être	cerné.e
		cerner
[o.]		séropositif, -ive
	le	sérum
[P.]	une	serpe
	un	**serpent**
		serpenter
	un	serpentin
	une	serpette
	une	serpillière
	le	serpolet
[S.]	un	cerceau
[T.]		**certain**
		certaine.ment
		certes
	un	certificat
		certifier
	la	certitude
		serti.r
[u.]	le	cérumen
	une	**serrure**
	la	serrurerie
	un.e	serrurier, -ière

[V.]	un	**cerf-volant**
	le	**cerveau**
	un	cervelas
	le	cervelet
	la	**cervelle**
		cervical.e, -aux
	une	**servante**
	un.e	serveur, -euse
		serviable
	un	**service**
	être	**servi.e**
	une	serviette
		servile
		servir
	un	serviteur
	la	servitude

[SéS.][SèS.]

[é.]	il/elle	**cesse**
	sans	cesse
[é.]		cesser
	un	cessez-le-feu
	la	sécession
[i.]	la	cécité
	une	cession (= vente)
	une	session (= période)

[SéT.][SèT.]

[-]		cet
		(cet après-midi)
		sept (= 7)
	un	set (de table)
	un	set (= une manche)
[a.]	un	cétacé
		c'est-à-dire
[é.]		**cette**
		(cette nuit)
		(cette fille)
[è.]		**c'était**
		(c'était beau)
		(c'était lui/elle)
		c'étaient (eux)
	il/elle	**s'était...**
	il/elle	(s'était blessé.e)
	eux, ils/elles	s'étaient trompé(e)s
	un	setter
[i.]		septième
[in.]		s'éteindre

[SéV.][SèV.]

	la	**sève**
		sévère.ment
	la	sévérité
	les	sévices
		sévir

[SèY.]

		seyant.e

[SéZ.][SèZ.]

	être	saisi.e
	une	saisie
		saisir
		saisissant.e
	un	saisissement
	une	**saison**
	(un.e)	saisonnier, -ière
		seize (= 16)
		seizième

[SF.]

	une	**sphère**
		sphérique
	un	sphinx

[Si.][Sien.]

[Si]

	une	**scie**
		si
		(si tu veux)
	(elle est	si grande)
		s'y
	(il	s'y trouve)

[Sia.]

	le	cyanure
	la	sciatique
		sciemment
		siamois.e

[Sian.]

	en	sciant
	la	**science**
	la	science-fiction
	les	**sciences**
		scientifique.ment

[SiB.]

	(une)	cible
		cibler
	la	ciboulette
	le	ciboulot
		sibyllin.e

[SiK.]

[a.]	une	**cicatrice**
		cicatrisant.e
	la	cicatrisation
	être	cicatrisé.e

[L.]		cyclable	**[SiL.]**				la	signalisation
	un	cyclamen					(un.e)	signataire
	un	cycle	[-]	un	cil		une	**signature**
	le	cyclique			s'il...		des	**signaux**
	(un.e)	cycliste			s'il te plaît (ou plait)		un	**signe** (= geste)
	un	cyclo-cross			s'il vous plaît (ou plait)			**signer**
	un	cyclomoteur	[a.]	une	**syllabe**			significatif, -ive
	un	cyclone	[an.]	le	**silence**		la	signification
	le	cyclotourisme			silencieux		ça	**signifie**
	un.e	cyclotouriste			silencieuse.ment			signifier
			[è.]	un	silex	[o.]	un	synonyme
[SiD.]			[i.]	du	silicone	[on.]		**sinon**
	du	cidre	[in.]	un	cylindre	[u.]		sinueux, -euse
	le	sida		une	cylindrée		une	sinuosité
	un	side-car			cylindrique		un	sinus
	être	sidéré.e	[o.]	un	silo		une	sinusite
	la	sidérurgie	[ou.]	une	silhouette			
		sidérurgique	[T.]		**s'il te plaît** ou	**[SiP.]**		
	un	sidérurgiste			**s'il te plait**		un	cyprès (= arbre)
			[V.]		**s'il vous plaît** ou		pas	si près
[Sié.][Siè.]					**s'il vous plait**	**[SiR.]**		
	le	**ciel**		la	sylviculture			
	un	cierge				[a.]	le	**cirage**
	j'ai	scié	**[SiM.]**			[K.]	la	circoncision
	être	scié.e					une	circonférence
		scier	[a.]	des	simagrées			circonflexe
	un	**siècle**	[an.]	le	**ciment**		la	circonscription
	un	**siège**		le	cimentage			circonspect.e
		siéger			cimenter		une	circonstance
	la/les	**sienne(s)**	[é.]	la	cime (= sommet)			circonstanciel.le
	la	sieste		un	cimeterre		un	**circuit**
				un	cimetière		une	circulaire
[Sien.]			[é.]	la	symétrie		la	**circulation**
	le	sien			symétrique.ment			circulatoire
	les	siens	[i.]		similaire			circuler
				le	simili-cuir		un	**cirque**
[SiF.]				la	similitude	[é.]	la	cire
		sifflant.e	[ou.]	le	simoun	[eu.]		
	un	sifflement	[u.]	un	simulacre			cireux, -euse
		siffler		une	simulation			sire (= le roi)
	un	**sifflet**			simuler	[é.][è.]	être	ciré.e
	(un.e)	siffleur, -euse		être	simultané.e			cirer
		siffloter			simultanément		une	**sirène**
	un	siphon				[i.]	une	scierie
			[SiN.]•[SiGN.]			[o.]	la	cirrhose
[SiG.]							le	sirocco ou siroco
	une	cigale	[a.]	une	synagogue		du	**sirop**
	un	cigare	[é.]	un.e	cinéaste		une	siroperie
	une	**cigarette**		un	cinéclub			siroter
	une	cigogne		le	**cinéma**	[u.]		sirupeux, -euse
	la	cigüe ou ciguë			cinématographique			
	un	sigle		une	sinécure	**[SiS.]**		
			[i.]		cynique			
[SiJ.]				(un)	sinistre		une	scission
		ci-gît ou ci-git		être	sinistré.e			sismique
		ci-joint.e	•[ ]	un	cygne (= oiseau)			**six** (= 6)
				un	**signal**			systématique.ment
				un	signalement		un	**système**
					signaler			

[SiT.]

[a.]	une	citadelle
		citadin.e
	une	citation
		si tard *(pas si tôt)*
[é.]	un	site
[é.][è.]	une	**cité**
	une	cité-dortoir
	une	cité-jardin
		citer
	une	citerne
[o.]		**si tôt** *(pas si tard)*
	pas de	sitôt
		sitôt *dit*
[oi.]	un.e	**citoyen.ne**
[R.]	un	**citron**
	une	citronnade
	un	citronnier
	une	citrouille
[u.]	une	situation
	être	situé.e
		situer

[Siu.]

	de la	sciure

[SiV.]

	un	civet
	une	civière
	(un)	**civil**
		civil.e.ment
	la	civilisation
	être	civilisé.e
		civique

[SiY.]

	le	sillage
	un	sillon
		sillonner

[SiZ.]

	une	cisaille
	un	ciseau *(menuisier)*
	des	**ciseaux**
		ciseler
		sixième

[Sin.]

[-]	c'est	**sain** *(bon pour la santé)*
	(un)	**saint** *(sainteté)*
	un	sein *(= poitrine)*
	au	sein de
	les	**seins**
[B.]	une	cymbale
	un	saint-bernard
	un	**symbole**
		symbolique.ment
		symboliser
[K.]		**cinq** *(= 5)*
	une	cinquantaine
		cinquante *(= 50)*
	le	cinquantenaire
	le	cinquantième
		cinquième
		synchroniser
	une	syncope
[D.]	le	saindoux
		scinder
		syndical.e.ment
	le	syndicalisme
	(un.e)	syndicaliste
	un	syndicat
		syndicaux
	être	syndiqué.e
[F.]	le	sainfoin
	une	symphonie
		symphonique
[G.]		cinglant.e
	être	cinglé.e
		cingler
	se	singulariser
	la	singularité
	(le)	**singulier**
		singulière.ment
[J.]	un	**singe**
		singer
	une	singerie
[P.]		simple.ment
		simplet, -ète
	la	simplicité
	une	simplification
		simplifier
		simpliste
	la	sympathie
		sympathique
		sympathiser
		symptomatique
	un	**symptôme**
[S.]		sincère.ment
	la	sincérité
[T.]	une	**ceinture**
		ceinturer
	un	ceinturon
	un	cintre
	être	cintré.e
	la	**sainte**.té
		scintillant.e
	un	scintillement
		scintiller
	la	syntaxe
	une	synthèse
		synthétique
	un	synthétiseur

[SL.]

	un	slalom
		slave
	un	slip
	un	slogan
	un	slow

[SM.]

	un	smash
	un	smoking

[SN.]

	un	snack-bar ou snack
		snif(f)
		snob.isme

[So.]

[So]

	le	**saut** *(= sauter)*
	un	sceau *(= cachet)*
	un	**seau** *(d'eau)*
	(un)	**sot** *(= fou)*

[SoB.]

		sobre.ment
	la	sobriété
	un	sobriquet

[SoK.]

	un	soc
		s'occuper
	un	socket ou soquet
	un	socle
	une	socquette

[SoD.]

	un	soda

[SoF.]

		sauf
	un	sofa
		soft
		sophistiqué.e

[SoG.]

		saugrenu.e

[SoJ.]

	la	sauge
	le	soja

[SoL.]

[-]	le	**sol**
		sol *(= la note)*
[a.]		solennel.le
		solennellement
[D.]	un	**soldat**
	une/un	solde
		solder
[é.]	un	saule *(= arbre)*
	une	sole *(= poisson)*
[è.]		solaire
	le	**soleil**
[F.]	le	solfège
		solfier
[i.]		solidaire
	la	solidarité
		solide.ment
		solidifier
	la	solidité
	un.e	soliste
		solitaire
	la	**solitude**
		solliciter
	la	sollicitude
	une	solive
[o.]	un	solo
[S.]	le	solstice
[u.]		soluble
	une	**solution**
[V.]		solvable
	un	solvant

[SoM.]

[a.]		saumâtre
	une	sommation
[é.]	une/un/en	somme
	un.e	sommelier, -ière
	nous	**sommes**
[é.][è.]	(un)	sommaire
		sommairement
	le	**sommeil**
		sommeiller
		sommer *(= ordonner)*
	le	**sommet**
[i.]	un	sommier
	une	sommité
[N.]	(un.e)	somnambule
	(un)	somnifère
	la	somnolence
		somnolent.e
		somnoler
[u.]	la	saumure

[SoN.]

[a.]	un	sauna
	une	sonate
[é.]		**sonner**
[é.][è.]	une	sonnerie
	un	sonnet
	une	**sonnette**
[o.]		sonore
	la	sonorisation
		sonoriser
	la	sonorité

[SoP.]

		saupoudrer
		soporifique
	un.e	soprano

[SoR.]

[-]	un hareng	saur
	il/elle	sort
	un/le	sort
[a.]	il/elle	saura
[B.]	un	sorbet
	une	sorbetière
	un	sorbier
[D.]		sordide
[é.]	je	saurai
	vous	saurez
[G.]	le	sorgho
[i.]	un	saurien
[N.]	des	sornettes
[on.]	nous	saurons
	eux, ils/elles	sauront
[S.]	la	sorcellerie
	un.e	**sorcier, -ière**
		sortant.e
[T.]	une	**sorte**
	être	sorti.e
	une	**sortie**
	un	sortilège
		sortir

[SoS.]

	la	**sauce**
	une	saucière
	une	**saucisse**
	un	**saucisson**
		sociable
		social.e, -aux
		socialement
	le	socialisme
	(un.e)	socialiste
	(un.e)	sociétaire
	la	**société**
	la	sociologie

[SoT.]

	en	sautant
	je/il/elle	**saute**
	une	saute *d'humeur*
	à	saute-mouton
		sauter
	une	**sauterelle**
	(un.e)	sauteur, -euse
	un	sautillement
		sautiller
	un	sautoir
	(une)	**sotte** *(= folle)*
	une	sottise

[SoV.]

		sauvage.ment
	la	sauvagerie
	être	sauvé.e
		sauvegarde.r
		sauve-qui-peut !
	(se)	**sauver**
	le	sauvetage
	un.e	sauveteur, -euse
	à la	sauvette
	un	sauveur
		soviétique

[SoZ.]

	un	sosie

[Soi.]

[-]	(chez)	**soi**
	la	soie
	(eux) qu'ils	soient
	qu'il/elle	**soit**
[D.]		soi-disant
[F.]	la	**soif**
[M.]		**soi-même**
[N.]		soignant.e
[GN.]	être	soigné.e
	(se)	**soigner**
		soigneux
		soigneuse.ment
[R.]	une	soierie
	le	**soir**
	une	soirée
[S.]		**soixante** *(= 60)*
		soixante-dix *(= 70)*
	une	soixantaine
		soixantième
[T.]		soit !
[Y.]		soyeux, -euse
		soyez

[Soin.]

	le/j'ai	**soin**

[Son.]

[-]		**son** (= le sien)
		(son *papa*)
		(son *devoir*)
	le	son (= *bruit*)
	eux, ils/elles	**sont**
[B.]		**sombre**
		sombrer
	un	sombrero
[D.]	un	sondage
	une	sonde
		sonder
[J.]	un/il	songe
		songer
	une	songerie
		songeur, -euse
[P.]		somptueux, -euse.ment

[Sou.]

[Sou]

	un	sou
	il est	soûl ou soul ou saoul (= *ivre*)
	des	sous
		sous (= *en dessous*)

[SouB.]

un	soubassement
un	soubresaut
un	sous-bois

[SouK.]

une	soucoupe
un	souk
	sous-cutané.e

[SouCH.]

une	souche

[SouD.]

		soudain
		soudaine.ment
		souder
	un.e	soudeur, -euse
		soudoyer
	une	soudure
	(un.e)	sous-développé.e

[Soué.][Souè.]

	un	souhait
		souhaitable
		souhaiter

[SouF.]

[è.]	j'ai	souffert
[L.]		soufflant.e
	un/le	souffle
		souffler
	une	soufflerie
	un	soufflet
	un.e	souffleur, -euse
[R.]	du	soufre
	la	souffrance
		souffrant.e
	je/il/elle	souffre
	un.e	souffre-douleur
		souffreteux, -euse
		souffrir

[SouL.]

[a.]	un	soulagement
	être	soulagé.e
	(se)	soulager
[é.]	elle est	soûle ou soule ou saoule
[é.][è.]		(=*ivre*)
	se	soûler ou souler ou saouler
	un	soulèvement
		soulever
[i.]	un	**soulier**
		souligner

[SouM.]

		soumettre
		soumis.e
	une	soumission
	un	sous-marin

[SouP.]

[a.]	une	soupape
[an.]	une	soupente
[é.]	la	**soupe**
[e.][é.]		**souper**
	(le)	souper
		soupeser
[i.]	une	soupière
	un	soupir
	un	soupirail
	un.e	soupirant.e
	des	soupiraux
		soupirer
[L.]		**souple**
	la	souplesse
[R.]	une	sous-préfecture
	un.e	sous-préfet, -ète
	un	sous-produit
[S.]	un	soupçon
		soupçonner
		soupçonneux, -euse

[SouR.]

[-]		sourd
[D.]		sourde.ment
		sourde-muette
	une	sourdine
[i.]	j'ai	souri
		souriant.e
	un	souriceau
	une	souricière
	(un)	**sourire**
	une	**souris**
[M.]	un	sourd-muet
[N.]		sournois.e.ment
[S.]	une	**source**
	un	sourcier
	un	sourcil
		sourcilier, -ière
		sourciller

[SouS.]

	un	**souci**
	se	soucier
		soucieux, -euse
	une	souscription
		souscrire
	un	sous-sol
	une	soustraction
		soustraire

[SouT.]

[a.]	une	sous-tasse
	une	soutane
[é.][e.]	une	soute
		soutenable
		soutenir
	être	soutenu.e
[è.]		sous terre
	(un)	souterrain
		souterraine
[i.]	un	sous-titre
	un	soutien
	un	soutien-gorge
		soutirer

[SouV.]

[an.]		**souvent**
[é.][e.]	(se)	**souvenir**
	(un)	souverain
		souverain.e
	la	souveraineté
[è.]	un	sous-verre
	un	sous-vêtement
[i.]	ils/elles se	souviennent
	je me	souviens
	il/elle se	souvient

[SouY.]

- être souillé.e
- souiller
- une souillon
- une souillure

[SouZ.]

- sous-alimenté.e
- sous-entendu.e
- sous-estimer
- sous-évaluer
- sous-exploiter
- un sous-officier

[SP.]

[SPa.]

- spacieux, -euse
- des **spaghetti(s)**
- un sparadrap
- un spasme
- spasmodique
- spatial.e, -aux
- une spatule

[SPé.][SPè.]

- [K.] un **spectacle**
- spectaculaire
- un.e **spectateur, -trice**
- un spectre
- un.e spéculateur, -trice
- une spéculation
- spéculer
- [L.] la spéléologie
- un.e spéléologue
- [R.] un spermatozoïde
- le sperme
- [S.] **spécial.e, -aux**
- spécialement
- une spécialisation
- (se) spécialiser
- (un.e) spécialiste
- une spécialité
- spécifier
- spécifique
- un spécimen

[SPi.]

- un speaker
- une speakerine
- une spirale
- le spiritisme
- la spiritualité
- spirituel.le
- spiritueux, -euse

[SPL.]

- la splendeur
- **splendide**

[SPo.]

- spolier
- sporadique.ment
- une spore (= semence)
- un/le **sport**
- **sportif**, -ive.ment
- un spot

[SPon.]

- spongieux, -euse
- sponsor.iser
- spontané.ment
- la spontanéité

[SPR.]

- un spray
- le sprint
- sprinter
- un.e sprinteur, -euse

[SR.]

- un thriller

[ST.]

[STa.]

- [B.] stabiliser
- la stabilité
- stable
- [D.] un **stade**
- [G.] stagnant.e
- la stagnation
- stagner
- [J.] un **stage**
- (un.e) stagiaire
- [L.] un stalactite
- une stalagmite
- une stalle
- [R.] une star
- un starter
- [S.] une **station**
- stationnaire
- le **stationnement**
- **stationner**
- une station-service
- [T.] une statistique
- une **statue**
- statuer
- une statuette
- un statu quo
- une stature

[STan.]

- un stand
- standard
- la standardisation
- standardiser
- un.e standardiste
- le stand-by
- le standing
- un stentor

[STé.][STè.]

- [K.] un steak
- [L.] une stèle
- [N.] la sténo
- un.e sténodactylo
- sténographie.r
- [P.] la steppe
- [R.] un stère
- la stéréo
- la stéréophonie
- stéréophonique
- un stéréotype
- être stéréotypé.e
- stérile
- la stérilisation
- stériliser
- la stérilité
- le sternum
- [T.] un stéthoscope

[STi.]

- [K.] un stick
- [G.] stigmatiser
- [L.] un style
- être stylé.e
- un stylet
- être stylisé.e
- un.e styliste
- un **stylo**
- un stylo-bille
- un stylo-feutre
- [M.] stimulant.e
- stimuler
- [P.] steeple (-chase)
- stipuler
- [W.] un steward

[STo.]

- [K.] un stock
- stocker
- [i.] stoïque.ment
- [P.] **stop**
- l'auto- stop
- **stopper**
- un.e auto- stoppeur, -euse
- [R.] un store

[STR.]

[a.]	le	strabisme
	un	strapontin
	un	stratagème
	une	strate
	une	stratégie
		stratégique
		stratifié.e
	la	stratosphère
[an.]	une	strangulation
[è.]	le	stress
[i.]		strict.e.ment
		strident.e
	une	strie
	être	strié.e
	le	strip-tease
[o.]	une	strophe
[u.]	une	structure

[STu.]

	le	stuc
		studieux, -euse
	un	studio
	la	stupéfaction
		stupéfait.e
		stupéfiant.e
		stupéfier
	la	stupeur
		stupide.ment
	la	stupidité

[Su.] •[Sui.]

[Su]

j'ai	**su**
je/il/elle	sue (= suer)

[SuB.]

[a.]		subalterne
[D.]		subdiviser
	une	subdivision
[i.]	(j'ai)	subi
		subir
		subit.e.ment
[J.]		subjectif
		subjective.ment
	le	subjonctif
		subjuguer
[L.]		sublime
[M.]		submerger
	un	submersible
[o.]		subodorer
	la	subordination
	être	subordonné.e

[R.]		subreptice.ment
[S.]	une	substance
		substantiel.le.ment
	un	substantif
		substituer
	une	substitution
[T.]		subtil.e
		subtiliser
	la	subtilité
[V.]		subvenir
		subvention.ner
		subversif, -ive
[Z.]	un	subside
		subsidiaire
		subsidier
	la	subsistance
		subsister

[SuK.] °[SuKS.]

[-]	le	suc *(des plantes)*
[on.]		succomber
[R.]	le	**sucre**
	être	sucré.e
	une	sucrerie
	(un)	sucrier, -ière
°[ ]	un	succédané
		succéder
	le	**succès**
	un	successeur
		successif, -ive.ment
	la	succession
		succinct.e.ment
	la	succion
[u.]		succulent.e
	une	succursale

[SuD.]

	le	**sud**
		sudiste
	le	sud-ouest

[Sué.][Suè.]

	un	suaire
	une	suée
		suer

[Sueur.]

	la	**sueur**

[SuF.]

[i.]	il a	suffi
		suffire
		suffisamment
	la	suffisance
		suffisant.e
	ça	suffit
	un	suffixe

[o.]		suffocant.e
		suffoquer
[R.]	un	suffrage

[SuG.]

		suggérer
		suggestif, -ive
	une	suggestion

•[Sui.]

[-]	la	suie
	je	**suis**
	il/elle	suit (= suivre)
[F.]	le	suif
[S.]		suicidaire
	un	suicide
	se	suicider
[T.]	la	**suite**
[V.]		**suivant.e**
	(un.e)	suiveur, -euse
	j'ai	suivi
	être	suivi.e
		suivre

[Suin.]

	un	suintement
		suinter

[SuJ.]

	le	**sujet**

[SuL.]

	un.e	sultan.e

[SuP.]

[é.][è.]		**super**
		superbe
	un	supercarburant
	une	supercherie
	la	superficie
		superficiel.le.ment
		superflu.e
		supérieur.e
	la	supériorité
	un	**supermarché**
		superposer
	une	superposition
		supersonique
[L.]		supplanter
	un.e	suppléant.e
		suppléer
	un	**supplément**
		supplémentaire
	une	supplication
	un	supplice
		supplier

[o.]	un	support	[P.]	(se)	surpasser		**[SuZ.]**	
		supportable		être	surpeuplé.e		un.e	suzerain.e
		supporter		le	surpeuplement			
		supposer			surplomb.er		**[SV.]**	
	une	supposition		le	surplus		être	svelte
	un	suppositoire		la	surpopulation		la	sveltesse
[R.]	la	suprématie			surprenant.e			
		suprême.ment			**surprendre**		**[Ta.]**	
	la	suppression		être	**surpris.e**		**[Ta]**	
		supprimer		une	**surprise**			
[S.]	une	substance		une	surproduction			ta (= la tienne)
		substantiel.lement	[S.]	un	sursaut			(ta maison)
	un	substantif			sursauter		il/elle/on	t'a...
		substituer		un/en	sursis		(il	t'a frappé.e)
[T.]		subtil.e	[T.]	la	sûreté ou sureté		un	tas
		subtiliser			**surtout**			
	la	subtilité	[u.]		surhumain.e		**[TaB.]**	
[u.]		suppurer	[V.]	la	surveillance	[a.]	le	tabac
				un.e	surveillant.e		la	tabagie
[SuR.]				être	surveillé.e		le	tabagisme
[-]		**sur** (= dessus)		(se)	**surveiller**			tabasser
	c'est/il est	**sûr**			survenir		une	tabatière
		sur (= le goût)		un	survêtement	[è.]	un	tabernacle
[a.]		surabondant.e		la	survie	[i.]	tu	t'habilles
		suralimenter		il/elle	survient	[L.]	une	**table**
	être	suranné.e		la	survivance		un	**tableau**
[an.]	une	surenchère			survivant.e			tabler
[K.]		surclasser			survivre		une	tablette
	un/de	surcroît ou surcroit		le	survol		un	**tablier**
[CH.]		surcharge.r			survoler	[ou.]		tabou
		surchauffe.r		être	survolté.e		un	**tabouret**
[D.]	la	surdité						
[é.]	elle est	**sûre**	**[SuS.]**			**[TaK.]** •[TaKS.]		
		sûrement ou	[-]	en	sus	[è.]	un	taquet
		surement			sus à...	[i.][in.]		taquin.e.r
	la	sûreté ou sureté	[é.][é.]	je/il/elle	suce		une	taquinerie
[é.][è.]		suraigu.ë ou suraigü.e		eux, ils/elles	sucent	[o.]	un	tacot
	être	surélevé.e			**sucer**	•[ ]	une	**taxe**
		surestimer		une	**sucette**		être	taxé.e
	être	surexcité.e		la	susceptibilité			taxer
	(un.e)	surréaliste			susceptible		un	**taxi**
[F.]	une	**surface**	[i.]	la	succion		un.e	taxidermiste
		surfait.e			susciter	[T.]	le	tact
[J.]		surgeler	[P.]		suspect.e		une	tactique
	il/elle a	surgi			suspecter			
		surgir			**suspendre**	**[TaCH.]**		
[L.]		sur-le-champ			suspendu		une	**tache** (= saleté)
	le	surlendemain		en	suspens (en attente)		une	**tâche** (= travail)
[M.]		sûrement ou surement		le	suspense		être	taché.e (= sali.e)
	le	surmenage		la	suspension		(se)	**tacher** (= salir)
	être	surmené.e		la	suspicion		je vais	**tâcher** (= essayer)
		surmonter	[u.]		susurrer		être	tacheté.e
[N.]		surnager					je vais	t'acheter qq chose
	être	surnaturel.le	**[SuT.]**					
	un	surnombre		une	suture			
		surnom.mer						

[TaF.]

| | le | taffetas |

[TaG.]

| | un | tag |

[TaL.]

[an.]	un	**talent**
		talentueux, -euse.ment
[K.]	du	talc
	un	talkie-walkie
		talquer
[i.]	un	talisman
[o.]	une	taloche
[on.]		
	un	**talon**
		talonner
[u.]	un	talus

[TaM.]

	un	tamanoir
	un	tamaris
	un	tamis
	être	tamisé.e
	le	tam-tam

[TaN.]

	une	tanière
	le	tannage
		tanner
	une	tannerie
	un.e	tanneur, -euse

[TaP.]

[a.]	le	tapage
		tapageur, -euse
[ǝ.]	une/il/elle	tape
[é.][è.]		**taper**
	une	tapette
[i.]	en	tapinois
	du	tapioca
	un/se	tapir
	un	**tapis**
	le	tapissage
		tapisser
	une	tapisserie
	un.e	tapissier, -ière
[o.]		tapoter

[TaR.]

[-]		**tard**
[a.]	être	tarabiscoté.e
		tarabuster
[an.]	une	tarentule
[D.]		tarder
		tardif, -ive.ment

[ǝ][é.]	la/une	tare
	être	taré.e
[G.]	se	targuer
[i.]	un	tarif
		tarir
[J.]	une	targette
[o.]		tarauder
	un	tarot
[T.]		tartare
	une	**tarte**
	une	tartelette
	une	**tartine**
		tartiner
	le	tartre

[TaS.]

		tacite
		taciturne
	une	**tasse**
	être	tassé.e
	un	tassement
		tasser

[TaT.]

	un	tatami
		tâter
		tatillon.ne
	à	tâtons
	le	tâtonnement
		tâtonner
	un	tatou
	le	tatouage
		tatouer

[TaV.]

| | être | tavelé.e |
| | une | taverne |

[TaY.]

	la	**taille**
		taillader
	un	**taille-crayon**
		tailler
	un.e	tailleur, -euse
	un	taillis

[Tan.]

[-]		**tant** (= tellement)
	un	taon (= insecte)
	le	**temps**
	à	temps
	en même	temps
	il/elle	tend (= tendre)
[B.]	un	**tambour**
	(un)	tambourin.er

[K.]	un	tank
		tant que...
	en	tant que...
[CH.]	une	tanche
[D.]	un	tandem
		tandis que
	il y a	**tant de...**
	une	tendance
		tendancieux, -euse
	un.e	tendeur, -euse
	la	tenderie
	une	tendinite
	un	tendon
		tendre.ment
	la	**tendresse**
	la	tendreté
	être	**tendu.e**
[G.]	le	tangage
	(le)	tango
		tanguer
[J.]	la	tangente
		tangible
[M.]		**tant mieux**
[P.]	un	tampon
		tamponner
		tamponneur, -euse
		tant pis
	une/la	tempe
	le	tempérament
	la	tempérance
	la	**température**
	être	tempéré.e
	une	**tempête**
		tempêter
		tempétueux, -euse
	un	**temple**
		temporaire.ment
		temporal.e, -aux
		temporel.le
		temporiser
[S.]	la	**tension**
[T.]	une/ma	**tante** de mon oncle
	un	tantinet
		tantôt
	un	tentacule
		tentaculaire
		tentant.e
	(un.e)	tentateur, -trice
	la	tentation
	une	tentative
	une	**tente** de camping
	il/elle	tente (= tenter)
	être	tenté.e
		tenter
	une	tenture
[Z.]	de	**temps en temps**

[Te.]

[-]		te
[N.]		tenable
		tenace
	une	tenaille
		tenailler
	des	**tenailles**
	un.e	tenancier, -ière
	en	tenant
		tenant.e
	la	teneur
	(vous)	tenez
		tenir
	(nous)	tenons
	être	**tenu.e**
	la	**tenue**
[R.]	le	turf
	un.e	turfiste

[Té.][Tè.]

[Té][Tè.]

	je	**t'ai...**
	(je	t'ai *touché.e*)
	une	taie *d'oreiller*
		tes *(= les tiens)*
		(tes *affaires*)
	tu	**t'es...**
	(tu	t'es *trompé.e*)
	du	**thé**

[Téa.]

		théâtral.e
	le	**théâtre**

[TèK.] •[TèKS.]

[-]	le	teck ou tek
[è.]	un	teckel
[N.]	(la)	**technique**
		techniquement
	un.e	technicien.ne
	la	techno
	la	technologie
•[ ]	un	**texte**
	(le)	**textile**
		textuel.le.ment
	la	texture

[Téi.]

| | une | théière |

[TéJ.]

| | un | T.G.V. |

[TéL.][TèL.]

[TèL.][TèL∉.]

	(un)	**tel**
	(une)	**telle**
		tellement

[TéLé.][TéLè.]

[-]	la	**télé**
[K.]	une	télécabine
	être	télécommandé.e
		télécommande.r
	une	télécommunication
	un	télex
[F.]	un	téléfilm
	un	téléphérique ou
		téléférique
	le	**téléphone**
		téléphoner
		téléphonique
[G.]	un	**télégramme**
	le	télégraphe
		télégraphier
		télégraphique
	un.e	télégraphiste
	être	**téléguidé.e**
[M.]	la	télématique
[o.]	un	téléobjectif
[P.]	la	télépathie
[S.]	un	télescope
	(se)	télescoper
		télescopique
	un	télésiège
	un	téléski
	un.e	téléspectateur, -trice
[u.]		tellurique
[V.]	être	télévisé.e
	un	téléviseur
	la	**télévision**
		télévisuel.le

[TéM.][TèM.]

		téméraire
	la	témérité
	un	témoignage
		témoigner
	un	témoin
	un	tempo
	un	thème

[TéN.] •[TèGN.]

[a.]	la	ténacité
[é.][è.]	les	ténèbres
		ténébreux, -euse
[i.]	le	ténia
	le	**tennis**
•[ ]	une	teigne
[o.]	un	ténor
[u.]		ténu.e

[Téo.]

	la	théologie
	un	théorème
	la	théorie
		théorique.ment

[TéR.][TèR.]

[-]		ter *(= 3ème)*
[a.]	une	terrasse
	un	terrassement
		terrasser
	un	terrassier
		terre à terre
	(une)	thérapeutique
[∉.][e.]	se	**taire**
[eu.]	la	**terre**
		terreux, -euse
	la	terreur
[é.][è.]	la	térébenthine
	être	terré.e
	se	terrer
		terrestre
[G.]	le	tergal
[i.]		**terrible.ment**
		terrien.ne
	un	terrier
		terrifiant.e
		terrifier
	un	terril ou terri
	une	terrine
	un	**territoire**
		territorial.e, -aux
[in.]	un	**terrain**
[J.]		tergiverser
[M.]	un/le	terme
	la	terminaison
	la	terminale
		terminal.e, -aux
		terminer
	la	terminologie
	un	terminus
	un	termite
	une	termitière
		thermal.e, -aux
	les	thermes *(= bain)*
		thermique
	un	**thermomètre**
		thermonucléaire
	un.e	thermos
	un	thermostat

[N.]		terne
		terni.r
[o.]	le	terreau
	être	terrorisé.e
	le	terrorisme
	(un.e)	terroriste
[oi.]	le	terroir
[P.]	un	terre-plein
[S.]	(le)	tertiaire
		tertio
[T.]	un	tertre

[TèS.]

	un	tesson
	un	**test**
	un	testament
		tester
	un	testeur
	un	testicule

[TéT.][TèT.]

[a.]	le	tétanos
	un	têtard
[é.]	la	**tête**
	un	tête-à-queue
	un	tête-à-tête
		tête-bêche
[é.]	une	tétée
		téter
[i.]	une	tétine
[oi.]		tais-toi
[u.]	être	têtu.e

[TèZ.]

	qu'il se	taise
		thésauriser
	une	thèse

[Ti.] •[Tien.]

[TiB.]

	un	tibia

[TiK.]

	un	tic
	une	tique
		tiquer
	un	**ticket**
	le	tic-tac

[TiCH.]

	un	tee-shirt *ou* T-shirt

[Tiè.]

		tiède
	la	tiédeur
		tiédir
	la	**tienne** (= à toi)
	les	tiennes
	eux, ils/elles	tiennent (= tenir)
	le	tiercé
	un/le	tiers

•[Tien]

	le	**tien** (= à toi)
	il/elle	tiendra
	je	tiendrai
		tiens !
	je/tu	tiens
		tiens-toi *bien !*
	il/elle	**tient**

[TiF.]

	un	typhon

[TiG.]

	un	**tigre**
	être	tigré.e
	une	tigresse

[TiJ.]

	une	**tige**

[TiM.]

		timide
		timidement
	la	timidité
	un	timonier
	être	timoré.e

[TiN.][TiGN.]

	une	tignasse

[Tiou.]

	un	tuner

[TiP.]

	un	**type**
		typique
		typiquement
	un.e	typographe
		typographie.r

[TiR.]

[-]	le	**tir**
[a.]	une	tirade
	le	tirage
	un	tiraillement
		tirailler
	un	tirailleur
	la	tyrannie
		tyrannique
		tyranniser
[an.]	en	tirant
	un	tirant *d'eau*
	un/le	tyran (= *dictateur*)
[é.][e.]	un	tire-bouchon
[eu.]	à	tire *d'aile*
	une	**tirelire**
	un.e	tireur, -euse
[é.][è.]		**tirer**
	un	tiret
	une	tirette
[o.]	la	thyroïde
[oi.]	un	**tiroir**
	un	tiroir-caisse

[TiS.]

	le	tissage
		tisser
	un.e	tisserand.e
	un	**tissu**

[TiT.]

	un	**titre**
		tituber
	(un.e)	titulaire
		titulariser

[TiY.]

	un	tilleul

[TiZ.]

	une	tisane
	un	tison
		tisonner
	un	tisonnier

[Tin.]

[-]	le	tain *(du miroir)*
	le	**teint** (= *couleur*)
	du	thym (= *plante*)
[B.]	une	timbale
	un	**timbre**
	être	timbré.e
		timbrer
[D.]		teindre
[P.]	le	tympan
[T.]	une	**teinte** (= *couleur*)
	être	teinté.e
		teinter (= *colorer*)
	une	teinture.rie
	un.e	teinturier, -ière

le	tintamarre	
le	tintement	
	tinter *(= sonner)*	

[To.]

[To]

le	taux *(= %)*
c'est	**tôt**

[ToB.]

un	**toboggan**

[ToK.] [ToKS.]

le/du	toc
le	tocsin
une	toquade ou tocade
une	toque
	toquer
	toxique

[ToD.]

un	taudis

[ToJ.]

une	toge

[ToL.]

la	taule *(= prison)* ou tôle
une	tôle *(= métal)*
	tolérable
la	tolérance
	tolérant.e
	tolérer
un	tollé

[ToM.]

une	**tomate**
un	tome
la	tomme ou tome
une	tommette ou tomette

[ToN.]

[a.]	la		tonalité
	un		tonnage
[é.]	une		**tonne**
[é.][è.]	un		tonnelet
	un		tonnelier
	une		tonnelle
			tonner
	le		**tonnerre**
[i.]			tonifier
			tonique
			tonitruant.e

[o.]	un	**tonneau**
[u.]	le	tonus

[ToP.]

une	**taupe**
une	taupinière
une	topaze
un	top-modèle ou top-model
le	top-niveau
la	topographie

[ToR.]

[-]	il/elle	tord *(= tordre)*
	avoir	**tort**
[a.]	le	thorax
[an.]	un	**torrent**
		torrentiel.le
[CH.]	une	torche
	le	torchis
	un	**torchon**
		torchonner
[D.]		tordant.e
		tordre
	être	tordu.e
[é.]	un	toréador
		torréfier
[i.]		torride
[N.]	une	tornade
[o.]	un	**taureau**
	la	tauromachie
[P.]	la	torpeur
	une	**torpille**
		torpiller
[S.]	une	torsade
	(le)	torse
	une	torsion
[T.]	un	torticolis
	se	tortiller
	une	**tortue**
		tortueux, -euse
	la	**torture**
	être	torturé.e
		torturer

[ToS.]

un	toast

[ToT.]

(le)	**total**
	totale.ment
	totaliser
	totalitaire
la	totalité
les	totaux
un	totem

[Toi.]

c'est	**toi**
	toi *et moi*
une	**toile**
la	**toilette**
aux/les	toilettes
	toi-même
une	toise
	toiser
une	toison
un	**toit**
une	toiture

[Ton.]

[-]	le/du		**thon** *(= poisson)*
			ton *(= le tien)*
			(ton *papa*)
	le		ton *(= la voix)*
	le		ton *(= couleur)*
	il/elle		tond *(= tondre)*
	eux, ils/elles		**t'ont...**
	(ils		t'ont *poussé.e*)
[B.]			tombal.e
	en		**tombant**
	un		tombeau
	une		**tombe**
	je/il/elle		tombe
	la		tombée
	être		tombé.e
	un		tombereau
			tomber
	la		**tombola**
[D.]	une		tondeuse
			tondre
	être		tondu.e
[S.]	la		tonsure
[T.]	la		tonte
			tonton

[Tou.]

[Tou]

	tout
c'est	tout
la	toux *(= tousser)*

[TouK.]

un	toucan

[TouCH.]

(une)	touche
un.e	touche-à-tout

[TouD.]

tout de même
tout de suite
tout droit
tout d'un coup

[TouF.]

| une | **touffe** |
| être | touffu.e |

[TouJ.]

toujours

[TouL.]

tous les
(tous les *enfants*)
(tous les *jours*)
(tous les *matins*)
tout le...
(tout le *long*)
(tout le *monde*)
(tout le *temps*)
(tout le *travail*)

[TouN.]

il fait	tout noir
ils sont	tout nus
il est	tout nu

[TouP.]

le	toupet
une	toupie
	tout partout
un	tout-petit
	tout près
à	tout prix

[TouR.]

[-]	un/le	**tour**
[B.]	la	tourbe
	une	tourbière
	un	tourbillon
		tourbillonner
[è.]	une	tourelle
[i.]	le	tourisme
	un.e	**touriste**
		touristique
[M.]		tourment.e.r
[N.]	le	tournage
	un/en	**tournant**
	un	tourne-disque
	un	tournedos
	une	tournée
	en un	tournemain
		tourner
	un	tournesol
	(un.e)	tourneur, -euse
	un	tournevis
	un	tourniquet
	le	tournis

un	tournoi
le	tournoiement
	tournoyer
une	tournure
un	tourteau
une	**tourterelle**

[TouS.]

	tous
la	**Toussaint**
	tousser
un	toussotement
	toussoter
il est	**tout seul**

[TouT.]

[a.]		**tout à fait**
		tout à coup
	un	tout-à-l'égout
		tout à l'heure
[é.]		toutefois
		toute la...
		(toute la *journée*)
		toutes les
		(toutes les *couleurs*)
	elle est	toute nue
	elle est	toute seule
		toutes sortes
[è.]		tout-terrain
[o.]		tout autour

[TouV.]

| le | tout-venant |

[TouZ.]

tous ensemble

[TR.]

[TRa.]

[K.]	le	trac
[KS.]	un	tracas
	se	tracasser
	une	tracasserie
	une	traction
	un	tract
	une	tractation
	un	**tracteur**
	un	traquenard
		traquer
[CH.]	la	trachée
[D.]	une	tradition
		traditionaliste
		traditionnel.le.ment

un.e	traducteur, -trice
une	traduction
	traduire
[F.]	le	trafic
	un.e	trafiquant.e
		trafiquer
[i.]		trahir
	une	trahison
[J.]	une	tragédie
		tragique.ment
	une	trajectoire
	un	trajet
[M.]	un	tram
	(une)	trame.r
	un	tramway
[P.]	un	trapèze
	un.e	trapéziste
	une	trappe
	un	trappeur
		trapu.e
[S.]	une	trace
	j'ai	tracé
	un	tracé
		tracer
[V.]	un/le	**travail**
	en	travaillant
		travailler
	un.e	travailleur, -euse
	des	**travaux**
	une	travée
	à/de	**travers**
	une	traversée
		traverser
	un	traversin
	se	travestir

[TRan.]

[B.]		tremblant.e
	un peuplier	tremble
	un	tremblement
		trembler
		trembloter
[K.]		**tranquille.ment**
		tranquillisant.e
		tranquilliser
	la	tranquillité
[CH.]		tranchant.e
	une	**tranche**
	une	tranchée
		trancher
[P.]	un	trampoline
	être	trempé.e
	(se)	**tremper**
	un	tremplin
[S.]		transcrire
	une	transe
		transférer
	un	transfert

		transfigurer	[N.]		traînard.e ou trainard.e	[CH.]		tricher
		transformateur, -trice		(à) la	traîne ou traine		une	tricherie
	une	transformation		un	**traîneau** ou **traineau**		(un.e)	tricheur, -euse
	être	transformé.e		une	traînée ou trainée	[D.]	un	trident
	(se)	**transformer**			**traîner** ou **trainer**	[é.]		**trier**
		transfrontalier, -ière	[P.]	le	trépas	[M.]	un	trimaran
	un	transfuge			trépasser			trimer
	une	transfusion			trépidant.e		un	trimestre
		transgresser		la	trépidation			trimestriel.le.ment
		translucide		un	trépied	[o.]	un	trio
		transmettre			trépigner	[on.]		triomphal.e, -aux
		transmissible	[R.]		traire			triomphant.e
	la	transmission	[S.]	un	tressaillement			triomphateur, -trice
		transparaître ou			tressaillir		un	**triomphe**
		transparaitre			tressauter			triompher
	la	transparence		une	**tresse**	[P.]	des	tripes
		transparent.e			tresser			triple
		transpercer	[T.]		traitant.e		un	triplé
	la	transpiration		une	traite			tripler
		transpirer		un	traité		des	triplés, -ées
	une	transplantation		être	traité.e		un	triporteur
		transplanter		un	traitement		une	tripotée
	le	transport			**traiter**			tripoter
		transporter		un	traiteur	[S.]	un	tricycle
	un	transporteur		(un.e)	traître.sse ou traitre.sse			**triste**.ment
		transvaser		la	traîtrise ou traitrise		la	**tristesse**
		transversal.e, -aux		un	tréteau	[T.]	un	triton
[T.]		**trente** = 30	[V.]	une	trêve			triturer
	une	trentaine	[Y.]	une	trayeuse	[V.]		trivial.e, -aux
		trentième		un	treillage	[Y.]	une	trille
[Z.]	une	transaction		une	treille			
	un(e)	transat		un	treillis		**[TRin.]**	
	(un)	transatlantique	[Z.]		**treize** (= 13)			
	la	transhumance			treizième		un	**train**
		transi.e		un	**trésor**		en	train de
		transiger		la	trésorerie		le	train-train ou traintrain
	un	transistor		un.e	trésorier, -ière			trimbaler ou trimballer
	le	transit					une	tringle
		transitif, -ive		**[TRi.]**				trinquer
	la	transition						
		transitoire	[-]	un	tri		**[TRo.]**	
				il/elle	trie			
[TRe.]			[a.]	le	triage	[-]	(c'est)	**trop**
			[an.]	un	**triangle**		le	trot (= trotter)
	un	treuil			triangulaire	[K.]	le	troc
				en	triant			troquer
[TRé.][TRè.]			[B.]	à	tribord	[è.]	le	troène
				une	tribu	[F.]	un	trophée
[-]	un	**trait**		les	tribulations	[G.]	un	troglodyte
	il/elle	trait (= traire)		un	**tribunal**	[ï.]	une	troïka
		très		les	tribunaux	[L.]	un	trolley.bus
		(très beau)		une	tribune	[M.]		traumatiser
		(très vite)		un	tribut		un	traumatisme
[B.]		trébucher			tributaire	[N.]	une	trogne
[D.]	un	trait d'union	[K.]		tricolore	[GN.]	un	trognon
[F.]	un	trèfle		un	**tricot**		un	trône
[M.]	un	tréma			**tricoter**			trôner
	un	trémolo		une	trique			
	se	trémousser						

[P.]		tropical.e, -aux
	(un)	tropique
	un	trop-plein
[T.]		**trop tard**
		trop tôt
		trotter
	(un.e)	trotteur, -euse
		trottiner
	une	**trottinette**
	un	**trottoir**

[TRoi.]

		trois (= 3)
		troisième.ment
	les	trois-quarts

[TRon.]

[-]	un	**tronc**
[B.]	une/en	trombe
	un	tromblon
	un	trombone
[K.]		tronquer
[P.]	une	trompe
	je me suis	trompé.e
	un/en	trompe-l'œil
	(se)	**tromper**
	une	tromperie
	une	**trompette**
	un.e	trompettiste
	(un.e)	trompeur, -euse
[S.]	un	tronçon
		tronçonner
	une	tronçonneuse

[TRou.]

[-]	un	**trou**
	des	trous
[B.]	un	troubadour
		troublant.e
	le	trouble
	être	troublé.e
	un.e	trouble-fête
	(se)	**troubler**
[é.]	être	troué.e
	une	trouée
		trouer
[P.]	une	troupe
	un	**troupeau**
[S.]	une	**trousse**
	un	trousseau
[V.]	une	trouvaille
		trouver
	un	trouvère
[Y.]	la	trouille

[TRu.]•[TRui.]

[an.]	un.e	truand.e

[K.]	un	**truc**
	un	trucage ou truquage
		truculent.e
	être	truqué.e
[CH.]	le	truchement
[è.]	une	truelle
[F.]	une	truffe
	être	truffé.e
		truffer
•[ ]	une	truie (= cochon)
	une	**truite**

[TS.]

	un	tsar
	une mouche	tsé-tsé

[Tu.]•[Tui.]

[-]		**tu** (= toi)
		(tu es gentil)
	je/il/elle	**tue** (= tuer)
	il/elle s'est	tu.e (= se taire)
	eux, ils/elles	tuent
[B.]	un	tuba
	un	**tube**
		tubeless
	un	tubercule
		tuberculeux, -euse
	la	tuberculine
	la	tuberculose
		tubulaire
	une	tubulure
[e.][eu.]	un.e	tueur, -euse
[é.][è.]	être	tué.e
	(se)	tuer
		tu es...
		(tu es malade)
•[ ]	une	**tuile**
	un	**tuyau**
	la	tuyauterie
	des	tuyaux
	une	tuyère
	du	tweed (= tissu)
[L.]	une	**tulipe**
	le	tulle
[M.]		tue-mouches
	être	tuméfié.e
	une	tumeur
	le	tumulte
		tumultueux, -euse
[N.]	un	tuner
	une	tunique
	un	**tunnel**

[R.]	une	tuerie
	un	turban
	une	turbine
	(moteur)	turbo
	un	turbot (= poisson)
		turbulent.e
	le	turf
	un.e	turfiste
	une	turpitude
	(une)	turquoise
[T.]	à	tue-tête
	la	tutelle
	un.e	tuteur, -trice
	le	tutoiement
		tutoyer
	un	tutu

[u.]•[ui.]

[u]

	j'ai	**eu**
	il/elle a	eu
	on a	eu
		hue ! (= cheval)
	il/elle	hue (= crier)

[uB.]

	un	hublot
	l'	ubiquité

[uCH.]

	une	huche

[ué.][uè.]

	les	huées
		huer
	un	U.L.M.

•[ui.]

[K.]	à	huis clos
[L.]	de l'	**huile**
		huiler
		huileux, -euse
[S.]	un	huissier
[T.]		**huit**
	une	huitaine
		huitante
		huitième
	une	huître ou huitre

[uL.]

	un	hululement ou ululement
		hululer ou ululer
	un	ulcère
	être	ulcéré.e

un	ultérieur.e.ment	
un	ultimatum	
	ultime	
un	ultrason	
	ultraviolet.te	

[uM.]

[a.]		humanitaire
	l'	humanité
[e.]	l'	**humeur**
	la bonne	humeur
[é.][è.]		**humaine.ment**
		humecter
		humer
	l'	humérus
[i.]		**humide**
		humidifier
	l'	humidité
		humiliant.e
	une	humiliation
	être	humilié.e
	l'	humilité
[in.]		**humain**
[o.]		humoristique
[ou.]	l'	**humour**
[u.]	de l'	humus

[uN.]

[a.]		unanime.ment
	l'	unanimité
[é.]		**une**
		(une *maison*)
	les	unes
		unetelle
[i.]		unicolore
	être	uni.e.s
	une	unification
		unifier
	(un)	uniforme
		uniformément
		uniformiser
	l'	uniformité
		unijambiste
		unilatéral.e.ment
		unilingue
		unique
		uniquement
	l'	**union**
		unir
	à l'	unisson
		unitaire
	l'	**unité**
	l'	**univers**
	l'	universalité
		universel.le
		universellement
		universitaire
	l'	**université**

[uP.]

	une	huppe
	être	huppé.e
	un	uppercut

[uR.]

[a.]	l'	uranium
[B.]		urbain.e
	l'	urbanisation
	l'	urbanisme
	un.e	urbaniste
[i.]	l'	urine
		uriner
	un	urinoir
[J.]	l'	urgence
		urgent.e
[L.]	un	hurlement
		hurler
	un.e	hurluberlu.e
[N.]	une	urne
[T.]	l'/une	urticaire

[uS.]

	un.e	hussard.e
	les	us
	un	ustensile

[uT.]

[-]	la note	ut (= do)
[ɛ.]	une	**hutte**
[é.]	l'	utérus
[i.]		**utile.ment**
		utilisable
	un.e	utilisateur, -trice
	l'	utilisation
		utiliser
		utilitaire
	l'	utilité
[o.]	une	utopie
		utopique

[uZ.]

[a.]	l'	usage
	être	usagé.e
	un.e	usager, -ère
[é.]	être	**usé.e**
	(s')	**user**
[i.]	une	**usine**
		usiner
	être	usité.e
[u.]		usuel.le
	l'	usufruit
	l'	usure
	un.e	usurier, -ière
	(un.e)	usurpateur, -trice
		usurper

[Va.]

[Va]

il/elle/on	**va**
	va !
tu	vas

[VaK.][VaKS.]

un.e	vacancier, -ière
les	**vacances**
	vacant.e
le	vacarme
un	vaccin
	vaccinal.e, -aux
la	vaccination
	vacciner
la	vacuité
	vaquer

[VaCH.]

une	**vache**
c'est	vache !
	vachement
un.e	vacher, -ère
une	vacherie
une	vachette

[VaD.]

un	vade-mecum
une	vadrouille
un.e	vadrouilleur, -euse

[Vaé.]

| un | va-et-vient |

[VaG.]

[a.]		vagabond.e
	le	vagabondage
		vagabonder
[ɛ.]	une	**vague**
[e.][é.]	c'est	vague
	une	vaguelette
		vaguement
		vaguer
[o.]	un	**wagon**
[on.]	un	wagon-lit
	un	wagonnet
	un	wagon-restaurant

[Vaï.]

| une | vahinée |

[VaJ.]

le	vagin
	vagir
un	vagissement

[VaL.]

[-]	un	val
[a.]		valable.ment
[D.]		valdinguer
[e.]	la	**valeur**
		valeureux, -euse
[é.][è.]	la	valériane
	un	valet
	une	**vallée**
[i.]		valide
		valider
	la	validité
	une	**valise**
[o.]	un	vallon
[on.]		
	être	vallonné.e
		valoriser
[oi.]		valoir
[S.]	la	valse
		valser
	un.e	valseur, -euse
[V.]	une	valve

[VaN.]

	la	vanille
	être	vanillé.e
	la	vanilline
	la	vanité
		vaniteux, -euse
	une	vanne
	être	vanné.e
	la	vannerie
	un.e	va-nu-pieds

[VaP.]

	les	vapes
	la	**vapeur**
		vaporeux, -euse
	un	vaporisateur
		vaporiser

[VaR.]

[a.]	une	varappe
[an.]	un	varan
[eu.]	une	vareuse
[è.]	le	varech
[i.]		variable
		variant.e
	une	variation
	une	varice
	la	varicelle
	être	varié.e
		varier
	la	variété
	la	variole

[VaS.]

		vaciller
		vasculaire
	une	vasque
	un.e	vassal.e
	des	vassaux
		vaste

[VaT.]

		va-t-en !
	un	va-tout

[VaV.]

à la		va-vite

[VaY.]

		vaillamment
	la	vaillance
		vaillant.e

[VaZ.]

	un	**vase**
	la	vase
	la	vaseline
		vaseux, -euse
	un	vasistas
		vas-y

[Van.]

[-]	un	van (= voiture ou panier)
	il/elle	**vend**
	je/tu	vends
	le	**vent**
[D.]	un	vandale
	le	vandalisme
	le	vendable
		vendanger
	les	vendanges
	un.e	vendangeur, -euse
	la	vendetta
	un.e	vendeur, -euse
		vendre
	(le)	**vendredi**
	j'ai	**vendu**
	être	vendu.e
[J.]	la	vengeance
		venger
		vengeresse
		vengeur
[P.]	un	vampire
	le	vampirisme
[T.]		vantard.e
	la	vantardise
		vanter (= flatter)
	une	**vente**

		venter (= faire du vent)
un		**ventilateur**
la		ventilation
une		ventouse
		ventral.e, -aux
un		**ventre**
un		ventriloque
		ventripotent.e
		ventru.e

[Ve.][Veu.]

[-]	il/elle	**veut**
	je/tu	veux
	un	**voeu**
	des	voeux
[D.]	une	**vedette**
[F.]	un	**veuf**
[L.]	le	**velours**
	être	velouté.e
	être	velu.e
	être	veule
	ils/elles	veulent
[N.]	à tout/en	venant
		venimeux, -euse
	le	**venin**
		venir
	être	**venu.e**
	la	venue
[V.]	une	**veuve**
[Y.]	qu'il/elle	veuille
		veuillez

[Vé.][Vè.]

[Vè]

je		**vais**

[VéK.][VèKS.]

	un	**vecteur**
	j'ai/le	**vécu**
	histoire	vécue
		vexant.e
	une	vexation
		vexatoire
	être	vexé.e
		vexer

[Véé.]

	la	véhémence
		véhément.e.ment

[Véi]

		véhiculaire
	un	véhicule
		véhiculer

[VéJ.]

(un)	végétal
(elle est)	végétale
(un.e)	végétalien.ne
	végétarien.ne
	végétatif, -ive
la	**végétation**
les	végétations
(les)	végétaux
	végéter

[VéL.][VèL.]

[é.]		vêler
		velléitaire
	une	velléité
[i.]	un.e	véliplanchiste
[o.]	un	**vélo**
		véloce
	la	vélocité
	un	vélodrome
	un	vélomoteur

[VéN.][VèN.]

		veinard.e
	la/une	**veine**
	être	veiné.e
		vénal.e, -aux
		vénéneux, -euse
		vénérable
	la	vénération
		vénérer
	la	vénerie ou vènerie

[VèP.]

les	vêpres

[VéR.][VèR.]

[-]	un	**ver** (= animal)
	un/du	**verre**
		vers...
		(vers l'école)
		(vers midi)
	c'est	**vert**
[a.]	la	véracité
	il/elle	**verra**
	tu	verras
	un	verrat (= porc)
[an.]	une	véranda
[B.]		verbal.e, -aux
		verbalement
		verbaliser
	un	**verbe**
		verbeux, -euse
[D.]		verdâtre
	un	**ver de terre**
	la	verdeur
	un	verdict

		verdir
		verdoyant.e
	la	verdure
	le	vert-de-gris
[é.]	un/du	**verre**
	la	verrerie
[eu.]		véreux, -euse
[é.][è.]	je	verrai
	je/tu	verrais
[G.]	être	verglacé.e
	le	**verglas**
	sans	vergogne
	une	vergue
[i.]		véridique
		vérifiable
	la	vérification
		vérifier
		véritable.ment
	la	**vérité**
	(un.e)	verrier, -ière
[J.]	une	verge
	un	**verger**
[L.]	le	verlan
[M.]		vermeil.le
	du	vermicelle
	un	vermifuge
	(le)	vermillon
	la	vermine
	un	vermisseau
	être	vermoulu.e
[N.]	être	verni.e
		vernir
	du	**vernis**
	le	vernissage
		vernissé.e
[o.]	la	vérole
	la	verroterie
[ou.]	un	verrou
		verrouiller
[S.]	un/en	versant
		versatile
	(à)/je	verse
	le	verseau
	un	versement
		verser
	un	verset
	(un.e)	verseur, -euse
	une	version
	le	verso
[T.]		**verte**
		vertébral.e, -aux
	une	vertèbre
		vertébré.e
		vertement
		vertical.e, -aux
		verticalement

	le	**vertige**
		vertigineux, -euse
	la	**vertu**
		vertueux, -euse
[u.]	une	verrue
[V.]	en/la	verve
	la	verveine

[VèS.]

[é.]	une	vesse-de-loup
[è.]	la	**vaisselle**
[i.]	la	vessie
[o.]	un	vaisseau
[T.]	une	**veste**
	un	**vestiaire**
	un	vestibule
	un	vestige
		vestimentaire
	un	veston

[VèT.][VèT.]

	un	**vêtement**
	un	vétéran
	un.e	**vétérinaire**
	une	vétille
		vêtir
	le	véto ou veto
	être	**vêtu.e**
		vétuste
	la	vétusté

[VéY.][VèY.]

	la	**veille**
	la	veillée
		veiller
	un.e	veilleur, -euse

[VéZ.]

une	vésicule

[Vi.] •[Vien.]

[Vi]

	la	**vie**
	je/tu	**vis**
	il/elle/on	**vit**

[Via.]

		via
	la	viabilité
		viable
	un	viaduc
		viager, -ère

[Vian.]

| | la | **viande** |

[ViB.]

		vibrant.e
	une	vibration
		vibrer

[ViK.]

	un	vicaire
	un.e	vicomte.sse
	une	**victime**
	la	**victoire**
		victorieux
		victorieuse.ment
	les	victuailles

[ViD.]

	une	vidange
		vidanger
		vide
	être	vidé.e
	la	vidéo
	une	vidéocassette
	un	vide-ordures
		vider

[Vié.][Viè.]

	un	vieil *homme*
	un	**vieillard**
	une/elle est	**vieille**
	la	**vieillesse**
	être	vieilli.e
		vieillir
	le	vieillissement
		vieillot.te
	une	vielle *(= musique)*
	eux, ils/elles	viennent
	(une)	vierge

•[Vien.]

	il/elle	viendra
	je	viendrai
	je/tu	viens
		viens !
	il/elle	**vient**

[Vieu.]

| | être/un/des | **vieux** |

[ViF.]

| | | vif |

[ViG.]

	une	vigogne
		vigoureux, -euse.ment
	la	vigueur

[ViJ.]

	la	vigie
	la	vigilance
		vigilant.e
	un.e	vigile

[ViL.]

[-]	il est	vil *(= vilain)*
[a.]	une	villa
	un	**village**
		villageois.e
[é.]	elle est	vile *(= vilaine)*
	un	vilebrequin
	une	vilenie
	une	**ville**
[é.][è.]		**vilaine**
	une	villégiature
[in.]		**vilain**

[ViN.][ViGN.]

	un.e	vigne.ron.ne
	une	vignette
	un	vignoble
	du	**vinaigre**
	être	vinaigré.e
	une	vinaigrette
		vinicole
	la	vinification

[VioL.]

[-]	un	viol
[a.]		violacé.e
	la	violation
		violemment
[an.]	la	**violence**
		violent.e
[é.]	une	viole
[é.][è.]		violer
		violet
	(une)	violette
[o.]	un	violon
[on.]		
	un	violoncelle
	un.e	violoncelliste
	un.e	violoniste

[ViP.]

| | une | **vipère** |

[ViR.]

[a.]	un	**virage**
		viral.e
[é.]	un	virement
		virevolter
[é.]		virer
[G.]	une	**virgule**

[i.]

		viril.e
	la	virilité
[T.]		virtuel.le.ment
	un.e	virtuose
	la	virtuosité
[u.]	un	virus

[ViS.]

[-]	un	vice *(= défaut)*
	une	**vis**
[K.]		visqueux, -euse
[é.]	un	vice *(= défaut)*
	le/la	vice-président.e
		vice-versa ou vice versa
[é.][è.]		viscéral.e, -aux
	les	viscères *(masculin)*
		visser
[i.]	être	vicié.e
		vicieux, -euse
		vicinal.e, -aux
	les	vicissitudes

[ViT.]

[a.]		vital.e
	la	vitalité
	une	**vitamine**
[é.]		**vite**
[è.]	la	**vitesse**
[i.]		viticole
	un.e	viticulteur, -trice
	la	viticulture
[o.]	ils sont	vitaux
[R.]	un	vitrage
	un	vitrail
	des	vitraux
	une	**vitre**
	être	vitré.e
	la	vitrerie
		vitreux, -euse
	un	vitrier
		vitrifier
	une	**vitrine**
	le	vitriol
[u.]		vitupérer

[ViV.]

[a.]		vivable
		vivace
	la	vivacité
	un	vivarium
	(un)	vivat
[an.]		**vivant.e**
[é.]		**vive**
		vive *les vacances !*
		vivement
	eux, ils/elles	**vivent**

[i.]	un	vivier		**[VoK.]**			**[VoM.]**	
		vivifiant.e	le	**vocabulaire**		j'ai/du	vomi	
		vivipare		vocal.e, -aux			**vomir**	
	la	vivisection	des	vocalises		un	vomissement	
[o.]		vivoter	une	vocation		(un)	vomitif, -ive	
[V.]		**vivre**		**[VoD.]**			**[VoR.]**	
	les	vivres	(le)	vaudou		(un.e)	vaurien.ne	
		vivrier, -ière	cela	vaudra			vorace.ment	
			la	vodka		la	voracité	

[ViZ.]

[VoG.]

[VoS.]

[a.]	un	visa	la	vogue			vociférer	
	un	**visage**		voguer			**[VoT.]**	
	(un)	vis-à-vis		**[VoL.]**		[a.]	une	votation
[an.]	en	visant	[-]	un	**vol**	[an.]	en	votant
[é.][e.]	je/il/elle	vise		il/elle	vole		un.e	votant.e
	un	viseur	[a.]		volage	[é.]	un/il/elle	vote
[é.]	la	visée		la	**volaille**	[é.]		**voter**
		viser		un.e	volailler, -ère	[ou.]	un	vautour
[i.]	la	visibilité		être	volatil.e	[R.]	(se)	vautrer
		visible.ment		un	volatile			**votre** (= à vous)
	une	visière		(se)	volatiliser			(votre *maman*)
	la	vision	[an.]	un/en	volant			(votre *maison*)
	une	visionneuse			volant.e		le/la	**vôtre**
	(un.e)	visionnaire	[K.]	un	**volcan**		les	vôtres
	une	**visite**			volcanique			**[VoZ.]**
		visiter		un.e	volcanologue			
	(un.e)	**visiteur, -euse**	[é.]	il/elle	vole			**vos**
	un	vizir		eux, ils/elles	volent			(vos *affaires*)
[on.]	un	vison			voleter			(vos *enfants*)
[u.]		visualiser	[e.]	un.e	**voleur, -euse**			
		visuel.le.ment	[eu.]					**[Voi]**
			[é.][è.]	une	volée	[-]	une	**voie** (= chemin)
					voler		une	voie de chemin de fer

[Vin.]

				un	volet		je/tu	vois
[-]	c'est	vain (= inutile)		le	volley		il/elle/on	**voit**
	du	**vin**		le	volley-ball		la	**voix** (de la bouche)
	je/tu	vins (= venir)	[i.]	une	volière	[L.]		**voilà**
	il/elle	vint (= venir)	[o.]	à	vau-l'eau		un	voilage
[K.]		**vaincre**		un	vol-au-vent		un/une	**voile**
	être	**vaincu.e**	[on.]	la	**volonté**		être	voilé.e
	un	**vainqueur**			**volontaire.ment**		(se)	voiler
[D.]		vindicatif, -ive			volontiers		une	voilette
[T.]		**vingt** (= 20)	[T.]		voleter		un	**voilier**
	une	**vingtaine**		un	volt		la	voilure
		vingtième		le	voltage	[R.]	je vais	**voir** (= la vue)
				un	volte-face			voire (= et même)

[Vo.]

				la	voltige		la	voirie
[Vo]					voltiger	[S.]		**voici**
	cela	vaut		un.e	voltigeur, -euse	[T.]	une	**voiture**
	ça ne	vaut *rien*	[u.]		volubile			voiturer
	un	**veau**		la	volubilité		une	voiturette
	des	veaux		un	**volume**			
		vos (= les vôtres)			volumineux, -euse			
		(vos *affaires*)						

[Y.]	un	**voyage**
		voyager
	(un.e)	**voyageur, -euse**
	eux, ils/elles	voyaient
	je/tu	voyais
	il/elle	voyait
	un.e	voyant.e
	une	voyelle
	(vous)	voyez
	(nous)	voyons
	un	voyou
	des	voyous
[Z.]	(un)	**voisin**
	le	voisinage
		voisine

[Von]

eux, ils/elles **vont**

[Vou.]

[-]		**vous**
[D.]	il/elle	voudra
	je	voudrai
	vous	voudrez
[é.]	(se)	vouer
[L.]	eux, ils/elles	voulaient
	je/tu	voulais
	il/elle	**voulait**
	vous	**voulez**
		vouloir
	nous	voulons
	c'est/j'ai	**voulu**
[M.]		**vous-même(s)**
[T.]	une	voûte ou voute
	être	voûté.e ou vouté.e
[V.]	le	vouvoiement
		vouvoyer
[Z.]		**vous avez**
		vous êtes

[VR.]

[a.]	en	vrac
[è.]	c'est	**vrai**
	un	vrai...
	une	vraie...
		vraiment
		vraisemblable.ment
	la	vraisemblance
[i.]	une	vrille
[on.]		vrombir
	un	vrombissement

[Vu.]

j'ai		**vu**
la		**vue**
un.e		vulcanologue
		vulgaire.ment
la		vulgarisation
		vulgariser
la		vulgarité
		vulnérable
la		vulve

[W.]

[Wa.]

[-]	une	**oie**
[L.]		wallon.ne
[S.]	une	wassingue
[T.]	l'	**ouate**
		ouaté.e
	le	water-polo
	les	**waters** (= w-c)
	un	watt (= électricité)
[Y.]	les	ouailles
	le	white-spirit
[Z.]	un	**oiseau**
	un	oiseau-mouche
	un	oiselet
	un	oiseleur
		oiseux, -euse
	(un)	oisif
	un	oisillon
	(l')	oisive.té

[Wè.]

[-]		ouais ! (= oui)
[D.]	un	oued
[S.]	l'	**ouest**
	un	western
[T.]		où est-il ?

[Wi.]

[-]		**oui** (= non)
	l'	ouïe (oreille)
[K.]	le	**week-end**
[D.]		ouï-dire
[R.]		ouïr
[S.]	un	ouistiti
	le	whisky

[Wo.]

un		walkman
la		world music

[Y.]

[Ya.]

un	yack
un	yaourt
un	yard

[Yan.]

un	yankee

[Yè.]

un	yen

[Yo.]

un	yacht
le	yachting
le	yoga
un	yoyo ou yo-yo

[You.]

un	youyou

[Z.]

[Za.]

		zapper
	le	zapping

[Zé.][Zè.]

[-]	je le	s **ai**
[B.]	un	**zèbre**
	être	zébré.e
	une	zébrure
	un	zébu
[L.]	le	zèle
	être	zélé.e
[N.]	le	zénith
[R.]	(un)	**zéro**
[S.]	un	zeste
[T.]	vou	s **êtes**
[Z.]	le	zézaiement
		zézayer

[Zeu]

de	s euros
de	s heureux
de	s œufs

[Zi.]

	le	s **yeux**
		zigouiller
	un	zigzag
		zigzaguer
	la	zizanie

[Zin.]

du	zinc
être	zingué.e
un.e	zingueur, -euse

[Zo.]

le	s **autos**
le	s **autres**
	zodiacal.e, -aux
le	zodiaque
un	zona
	zonal.e
une	**zone**
un	**zoning**
un	**zoo**
	zozoter
la	zoologie
	zoologique

[Zon.]

ils/elles	**ont**

[Zou.]

un	zoom
un	zouave

[Zu.]

le	s unes
le	s usines
	zut !

GUIDE ORTHOGRAPHIQUE USUEL

		le plus souvent	exemples
1	[an]	**en**—	**en**core, *****em**brasser, *****em**ploi, *****em**mener
2		—**ment**	monu**ment**
3	[K]	**cu**, **co**, **ca**, **que**, **qui**	**cu**be, é**co**le, **ca**rte, pi**que**, é**qui**pe
4	[ø]	une —**e**	une rou**e**
5			(!!! la — **té** : la véri**té**)
6	[eu]	(un) —**eux**	cur**ieux**, génér**eux**
7	[é]	(un) —**ier**	un poir**ier**
8	[è]	un —**et**	un jou**et**
9		eb, ec, ef, eg, **el**, em, en, ep, **er**, **es**, **ex**	h**eb**domadaire, b**ec**, ch**ef**, toua**reg**, b**el**ge, tot**em**, abdom**en**, ad**ep**te, la m**er**, v**es**te, t**ex**te, **ex**aminé
10		ecc, **eff**, **ell**, enn, epp, **err**, **ess**, **eff**	imp**ecc**able, **eff**acer, b**elle**, étr**enn**es, st**epp**e, t**erre**, bl**ess**é, d**ett**e
11	[G]	**gu**, **go**, **ga**, **gue**, **gui**	lé**gu**me, fri**go**, **ga**re, ba**gue**, **gui**de
12	[J]	**ju**, **jo**, **ja**, **ge**, **gi**	**ju**pe, **jo**urnal, **ja**rdin, **ge**nou, fra**gi**le
13	[N]	—**onn**—	li**onn**e, ét**onn**é
14	[o]	(un.e) —**eau**	un bat**eau**, la p**eau**
			(!!! explicable : tricot → tricoter
			dos → dossier
			repos → reposer)
15	[S]	ᵥ**ssu**, ᵥ**sso**, ᵥ**ssa**, ᵥ**sse**, ᵥ**ssi**	a**ssu**ré, poi**sso**n, pa**ssa**ge, ta**sse**, po**ssi**ble
16			(!!! re**ç**u, le**ç**on, fa**ç**ade, **ce**rise, fa**ci**le)
17		(une) —**tion**	la nata**tion**, atten**tion**
18		une —**mission**	la per**mission**
19	[Y.]	un —**ail**, —**eil**, —**euil**	un r**ail**, le rév**eil**, un écur**euil**
20		**ill**.e, **aill**.e, **eill**.e, **euill**.e, **ouill**.e	f**ille**, la p**aille**, ab**eille**, f**euill**age, gren**ouille**
21			(!!! un cer**cueil**, l'or**gueil**, **cueill**ir, or**gueill**eux)
22		(ai/**ay** - oi/**oy** - ui/**uy**)	(essai/ess**ay**er - roi/r**oy**al - bruit/br**uy**ant)
23	[Z]	ᵥ**s**ᵥ	une ro**s**e
24	*	**m** devant b, p, m	cha**m**bre, po**m**pe, e**m**mener, li**m**pide
25	**	**consonnes doubles**	jamais après é : épine
			rarement après i, u : frite, plume
			parfois après o, a : école, collage,
			banane, année

légende : ᵥ = voyelle